D1683792

Grammophone

Geschichte
in Bildern

Daniel Marty

Grammophone

Geschichte in Bildern

G. BRAUN KARLSRUHE

CIP-Kurztitelaufnahme der Deutschen Bibliothek

Marty, Daniel:

Grammophone: Geschichte in Bildern / von Daniel Marty.
[Dt. Übers. u. Bearb.: Stefan Reisner]. — Karlsruhe: Braun, 1981:
    Einheitssachtitel: Histoire illustrée du Phonographe (dt.)
    ISBN 3-7650-7170-6

Ne: Reisner, Stefan [Bearb.]

Deutsche Übersetzung und Bearbeitung: Stefan Reisner
Gesamtredaktion: Anne Reichert
Verlag G. Braun (vorm. G. Braunsche Hofbuchdruckerei und Verlag)
Karl-Friedrich-Straße 14-18, 7500 Karlsruhe 1
Titel der französischen Originalausgabe:
Histoire illustrée du Phonographe

Copyright © 1981 Daniel Marty und Edita S.A. Lausanne

ISBN 3 7650 7170 6

INHALT

Vorwort	7
Die Anfänge	9
— Dichter und Erfinder	9
— Charles Cros (1842-1888)	13
— Thomas Alva Edison (1847-1931)	17
Der Phonograph in Amerika	25
— Graphophone und Columbia	25
— Gramophone	39
— Edison	55
— Bettini	65
Der Phonograph in Europa	71
— Die Weltausstellung in Paris 1889	71
— Henri Lioret	75
— Die Brüder Pathé	85
— Die Amerikaner in Europa	105
— Zonophone	107
— Französische Marken	113
— Deutsche Firmen	129
— Andere europäische Marken	135
Das Grammophon wird populär	143
— Die ersten Plattenstars	143
— Grammophon auf Raten	153
Möglichkeiten der Sprechmaschine	159
— Musikautomaten	159
— Diktiergeräte	162
— Korrespondenzapparate	166
— Sprachlehrgeräte	167
— Wecker und Uhren	169
— Spielzeug-Grammophone	171
— Sonderausführungen	175
— Stroh-Geigen	178
Rund ums Grammophon	181
— Schachteln für die Nadeln	181
— Nadelspitzer	183
— Geschwindigkeitsmesser	184
— Walzenbehälter	185
— Schallplatten und Plattenhüllen	187
Bibliographie	189

VORWORT

Das späte neunzehnte Jahrhundert war die ideale Zeit für den Erfinder. Er war der neue Abenteurer, auf seine Ideen und Pläne wartete eine hungrige Industrie. Der Ingenieur, davon war man überzeugt, konnte die Welträtsel in den Griff bekommen. Was zu Anfang oft noch belächelte Spinnerei war, so wußten die Kaufleute und Finanziers, konnte bald schon Ruhm und Reichtum bringen.

Dieses Buch erzählt die Geschichte einer Erfindung, die aus unserem Leben nicht mehr wegzudenken ist. Am Anfang war es eine Spielerei: eine Tonmaschine aus Holz und Draht und Paraffin — heute lebt eine riesige Industrie davon, immer neue Entwicklungen, Geräte und Verfahren der Tontechnik vorzustellen und zu vermarkten. Es ist nicht mehr der nimmermüde Erfinder in irgendeinem Hinterzimmer, der den Traum der Menschheit träumt, heute sind es die großen Forschungsabteilungen der Platten- und Geräteherstellter, die perfektionieren und kombinieren, was schon bekannt ist. Dieses Buch soll uns daran erinnern, daß am Beginn einer technologischen Entwicklung die Phantasie steht, der Mut, das scheinbar Unmögliche zu denken und zu probieren.

Was uns an den frühen Phonographen und Grammophonen vor allem fasziniert, das ist der ästhetische Gestaltungswille. In diesen damals hochmodernen Geräten ersteht das Bild einer Epoche, in der sich der Konstrukteur und Ingenieur auch als Künstler verstand. So drücken diese Apparate mit dem großen Trichter, «des Spießers Wunderhorn», auch in ihrem Erscheinungsbild das Lebensgefühl ihrer Zeit aus.

Es ist ein langer Weg von Edisons «sägendem Mann» bis zum heutigen «Walkman». Kulturkritiker mögen zu Recht einwenden, es sei uns nicht immer zuträglich, Ohren und Kopf akustisch vollzustopfen. Was jedoch hätten unser Verstand und unser Gefühl nicht alles vermissen müssen, wäre es nicht gelungen, den «flüchtigen Ton» festzuhalten — wie es Jahrhunderte vorher erträumt hatten. Für die Musikgeschichte brachte der kleine Kasten mit Kurbel und Walze beziehungsweise Platte eine Zeitenwende. Und in wie großen Schritten die Geschichte der Tonmaschine voranschritt, das sehen wir, wenn wir die Grammophone von einst mit den heutigen elektronischen Plattenspielern vergleichen.

Wie man sich 1632 einen Sprechapparat vorstellte: Die Botschaft wird in einen Schwamm gesprochen und später wieder herausgedrückt (aus «Le Courrier véritable»).

Die Anfänge

DICHTER UND ERFINDER

Seit jeher war es ein Wunschtraum der Menschheit, die menschliche Stimme einzufangen. Schon in chinesischen, griechischen und ägyptischen Schriften werden komplizierte und seltsame Maschinen zur Nachahmung oder Verstärkung der Stimme beschrieben. Es wird von Zauberern erzählt, die den flüchtigen Ton in Felsenhöhlen oder gewundenen Gängen festhalten konnten.

Immer wieder versuchte man auch, «sprechende» Apparate zu bauen, Statuen oder Köpfe, ausgestattet mit ledernen Blasebälgen oder mit geheimen Tonleitungen verbunden. Von Bischof Gerbert, dem späteren Papst Silvester II., ist überliefert, er habe um das Jahr 998 auf Grund astrologischer Berechnungen eine Figur aufgestellt, die er zuweilen um Rat fragte. Auch der deutsche Gelehrte Albertus Magnus besaß angeblich im Dominikanerkloster zu Köln eine geheimnisvolle Frauenfigur; sie soll hinter einem Vorhang gestanden und den Besucher auf lateinisch angeredet haben — so jedenfalls wird aus dem Jahr 1256 berichtet. Wahrscheinlich handelte es sich in beiden Fällen um einen verborgenen Schalltrichter, in den ein Mensch hineinsprach.

Auch der gelehrte Jesuit Athanasius Kircher benutzte offenbar die gute Schalleitung in Röhren, um in dem «Museo Kircheriano» in Rom sprechende Büsten und Köpfe aufzustellen — zur großen Verblüffung der Besucher. Seine Versuche, eine sprechende Maschine zu bauen, über die er 1673 berichtete, führten allerdings zu keinem Erfolg, so daß er schließlich resignierte: «Die menschlichen Worte lassen sich nicht bannen und einfangen.»

Daß er nicht recht hatte, wissen wir heute — indessen gab es im Laufe der Jahrhunderte viele phantasievolle Vorschläge, wie man die menschliche Stimme festhalten könne.

Der Dichter Rabelais stellte sich vor, Worte könnten, so wie heute Tiefkühlkost, eingefroren und später wieder aufgetaut werden. Im vierten Buch seines Romans «Gargantua und Pantagruel», das 1552 erschien, schreibt er:

«Hier beginnt das Eismeer, wo Anfang vorigen Winters zwischen den Arimaspen und den Nephelibaten eine große blutige Schlacht geschlagen wurde. Alle Worte und alles Geschrei der Männer und Weiber, das Aneinan-

François Rabelais (1494-1553), Schriftsteller, Arzt und Humanist.

derschlagen der Schwerter, das Dröhnen der Schilde und der Harnische, das Wiehern der Rosse, kurz, der ganze Lärm der Schlacht gefror damals. Jetzt, wo der harte Winter vorüber ist, taut das alles bei dem warmen, milden Wetter wieder auf und wird hörbar... 'Seht, seht', sagte Pantagruel, 'da sind noch einige nicht aufgetaut!' Damit warf er uns ein paar Hände voll gefrorener Worte aufs Deck. Sie sahen ganz wie buntgefärbte Zuckerkügelchen aus. Es waren rote, grüne, azurblaue, sandfarbene, auch vergoldete Worte, und nachdem wir sie wie Schnee in den Händen hatten auftauen lassen, vernahmen wir sie auch, verstanden aber nichts, denn sie waren alle in einer barbarischen Sprache... Unter ihnen gabs recht häßliche bitterböse Worte... als sie auftauten, hörten wir: heng, heng, heng, hi, Zecke, Fackel, Schielaug, Scheißdreck, Scheißhaufen, frr, ferr, bu, bu, bu, bu, bu, rr, track, track...»

Mit dem Versuch, Worte in Röhren zu speichern, soll sich einer der einfallsreichsten Naturwissenschaftler Italiens im 16. Jahrhundert, Battista della Porta, beschäftigt haben. In einer deutschen Übersetzung von 1589 heißt es: «Darüber hatte ich mir vorgenommen, die Worte in der Lufft (ehe sie gehöret werden) mit bleyernen Röhren aufzufangen / und so lange verschlossen fortzuschicken / dass endlich / wenn man das Loch aufmachte / die Worte herausfahren müssen. Denn wir sehen / dass der Schall eine Zeit braucht / biss er fort kommt; und wenn er durch eine Röhre gehet / dass er mitten könne verhalten werden. Und weil es etwan darinnen was ungelegen fallen möchte / dass die Röhre sehr lang seyn müsste / so könnte man die Röhren in die Rundte circkelweise krümmen / und also die Länge ersparen; und nur wenig Platz damit einnehmen.»

Johannes Kepler, der bedeutende Astronom, beschäftigte sich auch mit Akustik und Musiktheorie und äußerte in einem seiner Werke 1612 die Vermutung, man werde «einst Sprechmaschinen herstellen, aber sie werden einen schnarrenden Ton haben».

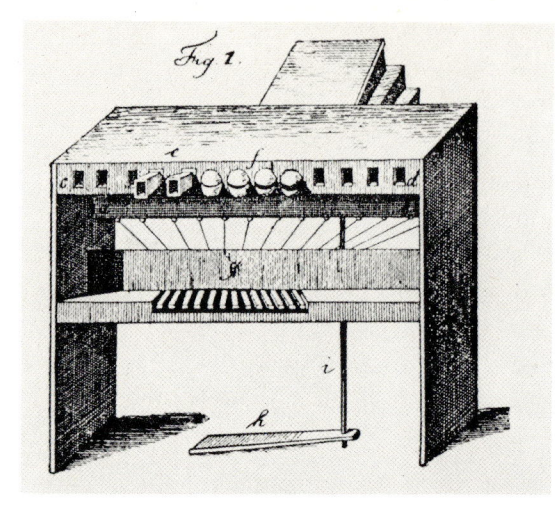

Die Sprechmaschine von Kempelen zur Nachbildung der menschlichen Stimme besaß eine Tretvorrichtung für den Blasebalg (1778).

Pfeifen der Sprechmaschine von Kempelen.

Drei sprechende Köpfe und ihre geheimen Schallzuleitungen nach dem Vorschlag des Jesuiten Athanasius Kircher aus dem Jahre 1650.

Cyrano de Bergerac (1619-1655), Dichter utopischer Werke.

Im April 1632 berichtete ein Kapitän Vosterloch im «Courrier véritable» von einer Reise in australische Gewässer. Er habe dort Eingeborene entdeckt, die Meeresschwämme benutzten, um Nachrichten auszutauschen. Die Botschaft wurde in einen Schwamm hineingesprochen und dann verschickt. Der Empfänger brauchte den Schwamm nur sanft zu drücken, und schon waren die Sätze wieder zu hören. Wenn auch nicht recht klar ist, wie diese Methode funktionierte, so ist sie doch hübsch erfunden.

Eine andere Variante schildert der französische Satiriker und Schriftsteller Cyrano de Bergerac in den «Sonderbaren Geschichten der Staaten und Reiche des Mondes» — das Buch erschien 1656 und war ein Vorläufer heutiger Science Fiction. Cyrano erzählt, wie er zur Sonne emporsteigen wollte, jedoch mit Hilfe von Raketen (!) schließlich auf dem Mond landete. Dort traf er Menschen, die sich durch technische Erfindungen das Leben angenehm machten. So bestanden ihre Bibliotheken nicht aus Büchern, sondern «kleinen Kisten, die unseren Uhren gleichen... voll von kleinen Federn und kaum wahrnehmbaren Maschinen... Bücher, zu denen man, um daraus zu lernen, die Augen nicht mehr nötig hat, sondern nur die Ohren. Wenn einer zu lesen wünscht, dann spannt er die Nerven der Maschine, dreht den Zeiger auf das Kapitel, das er hören möchte, und sofort kommen, wie aus dem Munde eines Menschen oder einem Musikinstrument, unterschieden alle Töne hervor.»

Ein Mechaniker in Nürnberg, Franz Gründel, hat vielleicht von diesen «sprechenden Büchern» Cyranos gehört. Von ihm wird um 1680 berichtet, daß er den Plan gehabt habe, «etliche Worte als ein Echo durch eine Spiral-Linie in eine Flasche zu verschließen / daß man sie wol eine Stunde lang über Land tragen könne und wann man sie eröffne / die Worte erst gehöret werden / ob er aber dieses Concept zum Effekt gebracht / ist mir unwissend...»

Der erste ernsthafte Ansatz für die moderne Schallaufzeichnungstechnik wurde durch eine wichtige Erkenntnis der Naturwissenschaft eingeleitet. Der Professor der Botanik an der Universität Helmstedt, Günther Christoph Schelhammer, erkannte 1688 den Zusammenhang zwischen Schall und wellenförmiger Bewegung der Luft. Systematische Untersuchungen schlossen sich an. Der französische Physiker Joseph Sauveur begründete um 1700 eine neue Wissenschaft, die Akustik, und im Jahre 1761 schrieb der Berliner Mathematiker Leonhard Euler: «Es wäre wohl eine der wichtigsten Entdeckungen, wenn man eine Maschine bauen könnte, welche imstande wäre, alle Klänge unserer Worte mit allen Artikulationen nachzuahmen... Die Sache scheint mir nicht unmöglich.»

Tatsächlich erregte Wolfgang von Kempelen 1778 in Preßburg einiges Aufsehen mit einem Apparat, der mittels Tasten zu bedienen war und aus Blasebälgen kommende Luft durch Ventile in besonders geformte Zungenpfeifen leitete. Mit dieser Maschine konnten wohl einzelne Sprachlaute nachgebildet werden, aber keine zusammenhängenden Silben oder Wörter.

Eine von der Petersburger Akademie der Wissenschaften ausgeschriebene Preisaufgabe führte zu mehr oder weniger seriösen Verbesserungsvorschlägen, aber man kam auf diesem Wege doch nicht recht weiter.

Nicht mit der künstlichen Erzeugung der menschlichen Sprache, sondern mit der Aufzeichnung von Schallwellen beschäftigte sich der englische Physiker Thomas Young (1773-1829). Er baute ein Gerät, das er 1807 so beschrieb: «Mein Apparat ermöglicht es ohne Mühe, Anzahl und Stärke der Schwingungen eines Klangkörpers zu messen, indem dieser — mit einem Stift versehen —

Der Apparat von Thomas Young (1807) konnte die Schwingungen einer Stimmgabel aufzeichnen, aber nicht wiedergeben.

11

eine gewellte Kurve auf einen sich drehenden Zylinder schreibt. Auf einfache Weise können mit Hilfe dieser Schwingungen sehr kleine Zeitintervalle gemessen werden.»

Ähnliche Experimente machte um 1830 der junge Göttinger Physikprofessor Wilhelm Eduard Weber (1804-1891), indem er die Schwingungen einer Stimmgabel mittels eines Stiftes auf einer rußgeschwärzten Glasplatte sichtbar machte. Dieser Apparat wurde rund zehn Jahre später von den französischen Physikern Savart und Duhamel dadurch entscheidend verbessert, daß sie die Schwingungen auf eine sich langsam drehende und zugleich seitlich ein wenig bewegende Walze aufzeichneten. Technisch gesehen war dies einer der wichtigsten Vorläufer des späteren Phonographen.

Allerdings war es damit immer noch nicht gelungen, gesprochene Wörter graphisch zu registrieren. Gerade dies aber hatte sich Léon Scott de Martinville (1817-1879) vorgenommen. Er beschäftigte sich mit dem Bau des menschlichen Ohres und entwickelte einen Apparat mit einem Trichter, der am schmalen Ende von einer Membran (dem Trommelfell entsprechend) abgeschlossen wurde.

Léon Scott de Martinville (1817-1879), der Erfinder des *Phonautographen*.

In der Mitte dieser Membran war eine Wildschweinborste befestigt. Die auftreffenden Schallwellen versetzten die Membran in Schwingungen, und diese Bewegungen wurden mit der Borste auf einem rußgeschwärzten Zylinder aufgezeichnet, der durch ein Schraubgewinde bei jeder Drehung zugleich seitlich verschoben wurde. Scott de Martinville hinterlegte am 26. Januar 1857 eine Beschreibung seiner Erfindung bei der Pariser Akademie. Daraufhin wurde am 25. März unter der Nummer 31470 ein Verfahren registriert, «mittels Ton und Klang zu schreiben und zu zeichnen und diese Aufzeichnungen zur industriellen Auswertung graphisch zu vervielfältigen».

Im November des gleichen Jahres stellte Scott de Martinville seine Erfindung, die er *Phonautograph* nannte, der «Gesellschaft zur Förderung von Talenten und Entdeckungen» vor und ergänzte seinen Vortrag durch Abbildungen seiner neuen «Klangschrift».

Zwei Jahre später schloß Scott de Martinville mit dem Deutschen Rudolf König einen Vertrag, um den Phonautographen kommerziell zu verwerten. Das schlug fehl, und Scott wandte sich enttäuscht von den Naturwissenschaften ab. Er fristete ein bescheidenes Dasein als Bibliothekar und veröffentlichte neben seiner Schrift über das «Problem der sich selbst aufzeichnenden Stimme» auch noch Untersuchungen über Ritterromane und die «Betrachtungen eines Arbeiters über Romane und Feuilletons».

Als 1877 der Phonograph erfunden wurde, kämpfte Léon Scott de Martinville um die Anerkennung seines Beitrags zur Entwicklung dieser Erfindung. Damals lebte er als Händler von Druckbildern in einem dunklen Laden im Hinterhof des Hauses Nr. 5 in der Rue Vivienne in Paris. Er starb, arm und vergessen, am 26. April 1879.

Zu dieser Zeit begann der nie entschiedene Streit, wer denn nun der eigentliche Erfinder der Sprechmaschine sei: der Franzose Charles Cros oder der Amerikaner Thomas Alva Edison.

Der *Phonautograph* von Scott de Martinville (1857).

CHARLES CROS (1842-1888)

Zu seinen Lebzeiten wurde der Dichter, Physiker, Chemiker, Maler und Musiker Charles Cros kaum ernst genommen; zahlreich waren seine Talente, aber jedermann hielt ihn für einen Leichtfuß.

Charles Cros wurde am 1. Oktober 1842 in Fabrezan in den Pyrenäen als viertes und letztes Kind seiner Eltern geboren. Sein Vater, Henry Cros, war Rechtsgelehrter und Philosoph und ging 1844 an die Pariser Universität, die er allerdings wegen seiner republikanischen Gesinnung fünf Jahre später wieder verlassen mußte. Er gab daraufhin Privatstunden, und sein Sohn war sein eifrigster Schüler. 1859 machte Charles seine Abschlußprüfung.

Die Familie war arm, und Charles Cros mußte sich als Hilfslehrer in einer Taubstummenanstalt verdingen. Dort blieb er trotz einiger Schwierigkeiten drei Jahre und konnte sogar noch nebenbei ein Medizinstudium beginnen. Eine ministerielle Verfügung setzte 1863 der Karriere des Hilfslehrers ein Ende. So begann das Künstlerleben von Charles Cros. Je nach Lust und Laune beschäftigte er sich mit Literatur oder mit wissenschaftlichen Erfindungen — und nebenbei genießt er die Freuden des Pariser Lebens.

1865 plant er den Bau einer Telegraphenlinie nach Peru. Das Projekt scheitert, aber auf der Weltausstellung von 1867 zeigt Cros einen von ihm entwickelten automatischen Telegraphen.

Etwas später interessiert er sich für die Farbphotographie; seine erste Veröffentlichung ist wissenschaftlicher Natur und erscheint 1869 bei Gauthier-Villars: «Umfassende Lösung des Problems der Farbphotographie». Erst vier Jahre danach gibt er einen Gedichtband heraus. Cros ist ständiger Gast in den literarischen Cafés und lernt so bedeutende Dichter wie Verlaine und Rimbaud kennen. Aber er beschäftigt sich nicht nur mit Poesie.

Am 16. April 1877 verfaßt er einen Brief an die Akademie der Wissenschaften in Paris. Zwei Tage später notiert er auf dem Umschlag: «Beschreibung eines Verfahrens, die über den Gehörsinn wahrnehmbaren Phänomene aufzuzeichnen und zu reproduzieren, der Akademie der Wissenschaften eingereicht von Charles Cros, Rue Jacob 11, Paris, am 18. April 1877.»

Ein Monsieur Bertrand registriert den Eingang dieses Schreibens am 30. April unter der Nummer 3109 — die Idee der Sprechmaschine ist in die Welt gesetzt. Der Brief hatte folgenden Inhalt:

«VERFAHREN ZUR AUFZEICHNUNG UND WIEDERGABE DER VOM GEHÖRSINN WAHRNEHMBAREN PHÄNOMENE.

Mein Verfahren besteht ganz allgemein darin, die Schwingungen einer Membran aufzuzeichnen und diese Aufzeichnung dazu zu verwenden, die gleichen Schwingungen mit gleicher Dauer und Intensität mit derselben

Charles Cros (1842-1888), Dichter und erfolgloser Erfinder, photographiert von Nadar.

Membran zu reproduzieren oder auch mit einer anderen, die dazu geeignet ist, die Folge von Tönen und Geräuschen zu erzeugen, die aus dem Bewegungsverlauf resultieren.

Es geht darum, die extrem feine Spur, die ein leichter Stift auf einer rußgeschwärzten Oberfläche zeichnet, umzuwandeln in dauerhafte eingeschnittene oder erhabene Spuren, die geeignet sind, ein bewegliches Teil zu lenken, welches seine Bewegungen auf eine Membran überträgt.

Ein leichter Stift ist im Zentrum einer schwingenden Membran befestigt; er endet in einer Spitze (einem Metalldraht, einer Vogelfeder oder ähnlichem), die auf einer rußgeschwärzten Fläche aufliegt. Dabei handelt es sich um die Oberfläche einer Scheibe, die in zweifacher Bewegung sowohl rotiert als auch sich geradlinig fortbewegt. Steht die Membran still, so zeichnet die Spitze eine einfache Spirale. Schwingt die Membran, so zeichnet die Spitze eine gewellte Spirale, und diese Wellenlinie gibt genau die Dauer und Intensität der Schwingungen der Membran wieder.

Die so hergestellte Spur wird mit Mitteln, wie sie die Photographie heute bietet, auf eine widerstandsfähige Platte, etwa aus gehärtetem Stahl, übertragen, und zwar eingeschnitten oder erhaben.

Man legt nun diese harte Platte in einen Apparat, dessen Motor sie mit derselben Geschwindigkeit und in gleicher Weise bewegt wie bei der Aufzeichnung, nämlich rotierend und geradlinig. Eine Metallnadel (bei eingeschnittener Spur) oder ein Stift mit Kerbe (bei erhabener Spur) wird durch Federdruck in beziehungsweise auf der Spur gehalten. Dieser Abtaster ist an seinem anderen Ende im Zentrum der Membran befestigt, welche die Töne hervorbringen soll. Die Membran wird hierbei nicht mehr durch Luftschwingungen bewegt, sondern durch die Nadel, die in der Spur genau in Dauer und Intensität die Bewegungen abtastet, die die aufnehmende Membran vollzogen hat.

Die Spiralspur stellt die einer Umdrehung entsprechenden gleichen Zeitabschnitte je nach Bewegungsrichtung [Abtastung von innen nach außen oder umgekehrt] durch zu- oder abnehmende Spurlängen dar. Das bereitet keine Schwierigkeiten, wenn man nur den äußeren Rand der rotierenden Scheibe benutzt, wobei die Spurrillen dicht nebeneinander liegen. Allerdings verliert man die innere Fläche.

Vorzuziehen ist in jedem Fall wohl eine in einer Schraubenlinie auf einem Zylinder aufgebrachte Spur, und ich beschäftige mich gegenwärtig damit, eine praktische Lösung hierfür zu finden.»

Ohne Zweifel: diese Beschreibung enthält im wesentlichen alle Elemente für den Bau eines Apparates zur Tonaufzeichnung und -wiedergabe. Bemerkenswert ist auch, daß Cros sich auf das Prinzip der Photographie beruft — wir wissen, daß er sich ausführlich damit beschäftigt hat, wobei er allerdings ebenso erfolglos blieb wie in allen seinen Unternehmungen.

Nachdem Charles Cros seine Schrift bei der Akademie der Wissenschaften hinterlegt hatte, machte er sich auf die Suche nach einem Konstrukteur für sein Gerät. Er fand niemanden — und so wurde seine Idee nicht verwirklicht. Einer seiner Freunde, der Abbé Lenoir, veröffentlichte schließlich, um Cros zu helfen, unter dem Pseudonym LeBlanc in der «Geistlichen Woche» vom 10. Oktober 1877 einen Artikel über den Apparat, der noch nicht gebaut war. Zum ersten Mal taucht hier die Bezeichnung *Phonograph* auf! Gewöhnlich wird Charles Cros die Erfindung des Wortes *Paléophone* für seinen Apparat zugeschrieben, aber seine Aufzeichnungen enthalten nichts dergleichen.

In dieser Karikatur wird Charles Cros mit einem sauren Hering dargestellt in Anspielung auf sein berühmtes Gedicht.

Als Cros dann von den Forschungen Thomas Edisons hörte, fürchtete er, von dem Amerikaner überholt zu werden. Sofort — es war der 3. Dezember 1877 — schrieb er an die Akademie der Wissenschaften und bat darum, seine vor Monaten dort hinterlegte Beschreibung des Phonographen zu veröffentlichen, was laut Protokoll der Akademie auch am gleichen Tag geschah!

Nur einmal noch sollte Charles Cros sich zu dieser Erfindung äußern. Ein Abgesandter Edisons führte am 11. März 1878 in der Akademie der Wissenschaften einen Zinnfolien-Phonographen vor. Was Cros darüber schreibt, ist interessant: Er erkennt an, daß es Edison als erstem gelungen ist, die menschliche Stimme wiederzugeben. Er selbst hatte sich einen solchen Apparat nur in seiner Phantasie vorgestellt, ohne ihn in der Praxis verwirklichen zu können.

«Edison hat eine wunderbare Arbeit geleistet!» schrieb Cros, sicherlich nicht ohne Wehmut.

Charles Cros überprüfte das neue Verfahren und erkannte dabei die Unzulänglichkeit der verwendeten Zinnfolie. Er schlug eine mit Gas arbeitende Sonde vor, die der Tonspur folgt, ohne sie zu beschädigen. (In der Tat hat man später Versuche gemacht, die in Tiefenschrift geschnittene Tonrille mit einem Preßluftstrahl abzutasten — doch wurden solche Geräte nie serienmäßig gebaut.) Noch wichtiger ist freilich seine Beschreibung einer transversalen Schallaufzeichnung, die besser ist als eine Aufzeichnung in der Tiefe. Diese Idee wurde 1887 von Emile Berliner aufgegriffen und weiterentwickelt und bei den Schallplatten mit Seitenschrift verwirklicht.

Charles Cros schrieb danach nie wieder etwas über den Phonographen. Vielleicht war seine Enttäuschung doch zu groß, daß es ihm nicht gelungen war, seine Idee zu verwirklichen.

Wir besitzen nicht einmal ein Phonogramm seiner Stimme. Es gibt jedoch Aufnahmen von einigen Balladen und Gedichten, die Cros für einen Freund, den Schauspieler Coquelin Cadet, verfaßt hatte. Coquelin hatte ziemlichen Erfolg mit diesen Stücken, die er überall vortrug. Da er nicht schlecht damit verdiente, Cros dagegen für seine Texte fast nichts erhielt, kam es zu Spannungen zwischen den Freunden.

Im Jahr 1903 spielte Coquelin Cadet, inzwischen fünfundfünfzig Jahre alt, für die COMPAGNIE DU GRAMOPHONE ein Hauptwerk von Charles Cros ein, das Gedicht vom «Sauren Hering». Cros war schon Jahre zuvor verbittert in die Reiche des Absinth hinübergedämmert.

Zum hundertsten Geburtstag des Phonographen gab die französische Post eine Briefmarke mit dem Porträt des Erfinders Charles Cros heraus, der 1877 einen Apparat zur Tonaufzeichnung und -wiedergabe beschrieben hatte.

Eine der ersten Stanniolfolien, die 1877 von Edison selbst besprochen wurde — mit Handschrift Edisons. Charles Cros hatte gleich auf die Unzulänglichkeit der Zinnfolie hingewiesen.

Oben: Am 27. April 1889 macht der Komponist Charles Gounod während der Sitzung der Kunstakademie in Paris eine Tonaufnahme mit Edisons neuem Phonographen.
Unten: Thomas A. Edison in seinem Arbeitszimmer (1905).

16

THOMAS ALVA EDISON
(1847-1931)

Thomas Alva Edison (1847-1931), der selbst schwerhörig war, lauscht einer Aufnahme seines neuen Phonographen.

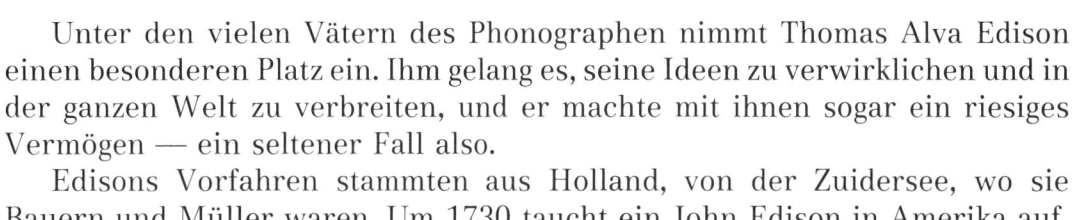

Unter den vielen Vätern des Phonographen nimmt Thomas Alva Edison einen besonderen Platz ein. Ihm gelang es, seine Ideen zu verwirklichen und in der ganzen Welt zu verbreiten, und er machte mit ihnen sogar ein riesiges Vermögen — ein seltener Fall also.

Edisons Vorfahren stammten aus Holland, von der Zuidersee, wo sie Bauern und Müller waren. Um 1730 taucht ein John Edison in Amerika auf. Nach vielen Wechselfällen, wie sie für die Abenteurer in der Neuen Welt üblich waren, findet sich ein Samuel Edison, der 1828 eine Nancy Elliot heiratet, eine Lehrerin schottisch-englischer Herkunft. Sie hatten sieben Kinder, von denen allerdings vier früh starben.

Der jüngste Sohn, Thomas Alva, wurde am 11. Februar 1847 in Milan (Ohio) geboren. Einige Jahre später, 1854, ließ sich die Familie in Port Huron in Michigan nieder. Die Mutter Nancy nahm sich der Erziehung ihres Sohnes an, nachdem er in der Schule nicht zurechtgekommen war. Sie las ihm geschichtliche und literarische Werke vor und kaufte ihm eines Tages ein wissenschaftliches Lexikon. Mit wahrer Leidenschaft stürzte sich der Zehnjährige auf physikalische und chemische Experimente, arbeitete auch am Entwurf eines ersten selbsthergestellten Telegraphen. Seine Rechtschreibung und Grammatik dagegen sollen auch später noch verheerend gewesen sein.

Im Alter von zwölf Jahren ertrotzte sich Thomas die Erlaubnis, in der Eisenbahn von Port Huron nach Detroit Zeitungen und Proviant zu verkaufen. In einem Gepäckwagen des Zuges richtete er sich ein Labor ein und machte dort seine Experimente, oder er besuchte während der langen Wartezeiten in Detroit die öffentliche Bibliothek.

Anfang 1862 kaufte er sich eine alte Druckerpresse und Lettern und produzierte im Zug eine kleine Lokalzeitung, den «Weekly Herald», voll von Rechtschreibefehlern, aber mit aktuellen Meldungen, die per Telegraph hereinkamen. Das Zeitungmachen gab er jedoch bald wieder auf.

Mit sechzehn Jahren war er Telegraphist. Er wechselte mehrmals den Arbeitgeber, bastelte an den Apparaten herum, um sie zu verbessern. Jedes Buch, das er finden konnte, schlang er in sich hinein, und so war er bald mit dem jüngsten Stand der Technik vertraut. Edison war das, was man den klassischen Autodidakten nennen könnte.

Als er zweiundzwanzig war, gelang es ihm, eine seiner Erfindungen mit Gewinn zu verkaufen. Daraufhin gründete er eine eigene Firma. Verschiedene Patente wurden angemeldet und verkauft, wenn er sie nicht selbst ausbeutete. Edisons Erfinderfabrik war entstanden! Die Werkstatt wuchs schnell und wurde mehrmals verlegt. Angefangen hatte es in Newark, danach kam New

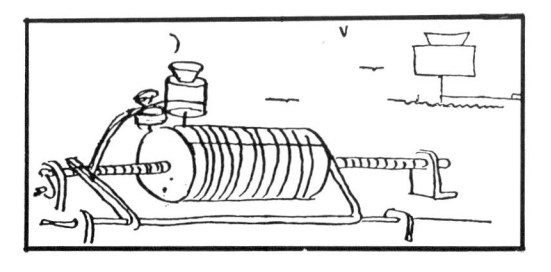

Skizze Edisons zum Phonographen (1877).

York, und endgültig richtete sich Edison dann in Menlo Park ein, einem kleinen Dorf nicht weit von Elizabeth in New Jersey. In den großen Werkstätten dort sollte er von 1876 bis 1886 zahlreiche Erfindungen machen, auch jene, die uns hier interessiert: den Phonographen.

Edison hatte in Menlo Park eine Gruppe von Wissenschaftlern und Technikern um sich versammelt, die sich mit «praktischen» Erfindungen befaßte: Man arbeitete u. a. an Verbesserungen am Telegraphen und am Telephon. Vielleicht war die frühe Schwerhörigkeit Edisons ein Motiv dafür, daß er sich intensiv mit den Möglichkeiten und der Technik von Kommunikationsmitteln beschäftigte.

Das genaue Entstehungsdatum des Phonographen zu bestimmen, ist ziemlich schwierig. Edison arbeitete an einer Verbesserung des automatischen Telegraphen, bei dem die eingehenden Meldungen auf einer Papierscheibe aufgezeichnet wurden. Im Sommer 1877, als er sich mit Bells Telephonhörer beschäftigte, fiel ihm auf, daß die Membran im Gleichklang mit der Stimme vibrierte und mechanische Arbeit leisten konnte.

Lassen wir Edison selbst berichten: «Ich hatte ein Spielzeug gebaut, zu dem ein kleiner Trichter mit Membran gehörte. An der Membran war ein Sperrhaken befestigt, der auf ein Zahnrad einwirkte und damit eine Walze in Bewegung setzte. Diese Walze war durch eine Schnur mit einer Pappfigur verbunden, die einen sägenden Mann darstellte. Wenn man in den Trichter hineinsang ‹Mary had a little lamb...›, dann fing das Männchen an, Holz zu sägen. So kam ich auf die Idee, daß, wenn es möglich war, die Bewegungen der Membran deutlich genug aufzuzeichnen, es auch möglich sein mußte, diese Aufzeichnung der von der Stimme erzeugten Bewegungen einer Membran zu reproduzieren und somit die menschliche Stimme wiederzugeben.»

Unter dem Datum vom 12. August 1877 taucht in Edisons Notizbüchern zum ersten Mal das Wort *Phonograph* auf. Wir wissen nicht, ob Edison von Charles Gros und dessen Projekt gehört hat — manchmal scheint es fast, als ob Erfindungen in der Luft liegen und unabhängig voneinander an verschiedenen Orten zur gleichen Zeit gemacht werden.

Am 29. November 1877 übergab Edison seinem Mitarbeiter John Kruesi eine Skizze der zu bauenden «Sprechmaschine». Statt auf einer Scheibe sollten die Bewegungen der Membran auf einem mit Zinnfolie überzogenen Zylinder aufgezeichnet werden.

Charles Batchelor, einer aus der Mannschaft von Menlo Park, vermerkt am 4. Dezember 1877 in seinem Tagebuch: «Kruesi baut heute den Phonographen.» Und zwei Tage später: «Kruesi stellt den Phonographen fertig.»

Und wieder kam «Mary had a little lamb...» zu Ehren. Dieses Kinderlied wurde zur ersten Testmelodie der Welt.

So unvollkommen Edisons Phonograph noch war — er interessierte alle Welt. 1878 wurden etwa 500 Geräte gebaut. Öffentliche Vorführungen wurden in den Vereinigten Staaten, dann in England veranstaltet, und am 11. März 1878 ließ der Abgesandte Edisons, Mr. Puskas, den Apparat die Herren der Pariser Akademie begrüßen: «Der Herr Phonograph grüßt ehrerbietig die Akademie der Wissenschaften!» sprach Mr. Puskas in den Trichter, und als er die Walze zurückgedreht hatte, wiederholte eine näselnde und ferne Stimme den nun berühmten Satz. Die Begeisterung der anwesenden Wissenschaftler war nahezu einstimmig, nur der Doktor Bouillaud glaubte es nicht und sprach von einer Täuschung durch einen geschickten Bauchredner. Dieser Mann der

Dieser *Edison-Phonograph*, der mit einer Stanniolfolie arbeitete, wurde um 1878 von E. Hardy in Paris gebaut. Das Gerät trägt die Nummer 109 einer kleinen Serie. Die Wiedergabequalität war noch sehr schlecht.

Dieses kleine, nach dem Prinzip des *Edison-Phonographen* in Frankreich gebaute Gerät war sehr billig: Es besteht aus Holz; die Walze ist aus Zement.

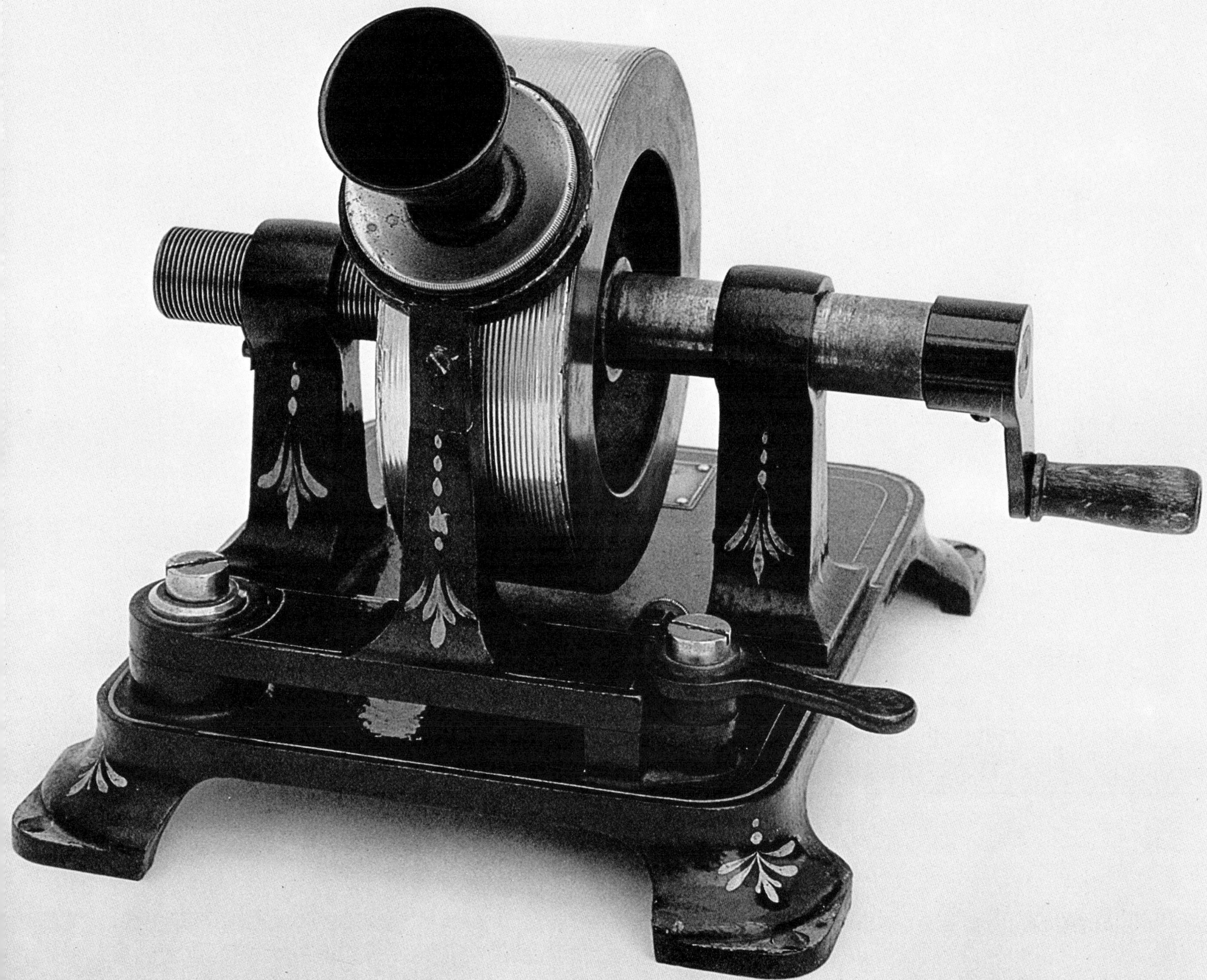

Medizin war nicht irgendwer — Balzac hatte ihn in der Pension der Mama Vauquier in Paris kennengelernt und aus ihm den «Vater Goriot» gemacht!

Weitere Vorführungen folgten — Edison hatte seinen Repräsentanten Anweisung gegeben, ordentlich die Werbetrommel zu rühren. In einer französischen Zeitung vom 24. August 1878 hieß es: «Der Phonograph setzt seinen Siegeszug fort. Wenn man bedenkt, daß die 'Salle des Capucines' jeden Nachmittag und jeden Abend überfüllt ist, genau wie am ersten Tag, dann muß man sich fragen, wohin diese Begeisterung für das Vergnügen des Jahres 1878 noch führen soll! Denn schon sind neue Attraktionen angekündigt!» Nun, HiFi-Geräte wurden nicht gleich erfunden — die «neuen Attraktionen» waren nur ein Werbegag.

Die EDISON SPEAKING PHONOGRAPH COMPANY wurde gegründet. Vertreter führten die Sprechmaschine auf Jahrmärkten und in Vergnügungsstätten gegen Entgelt vor.

Trotz des günstigen Starts kam die Entwicklung des Phonographen aber fast ein Dutzend Jahre nicht recht voran. Die ersten Resultate waren tatsächlich unbefriedigend: Bestimmte Konsonanten ließen sich auf Stanniol schlecht aufzeichnen, insbesondere die S-Anlaute. Die Metallfolie selbst erzeugte

Edison-Phonograph bei Sprachaufnahmen. Die Aufnahmemembran diente auch zur Wiedergabe; es wurde nur ein kleiner Trichter zusätzlich aufgesetzt. Ein solches Modell wurde bei der Demonstration vor der Akademie der Wissenschaften in Paris im März 1878 benutzt.

Diese französische Entwicklung, die im Prinzip Edisons Zinnfolien-Phonographen ähnelt, weist zwei Besonderheiten auf: Der Messingzylinder, der die Zinnfolie trägt, ist herausnehmbar. Ein Uhrwerk mit Flügelregulator dreht die Walze und bewegt gleichzeitig die Membran an der Walze vorbei. Vom Konstrukteur sind nur die Initialen A. D. bekannt.

Die Sprechmaschine faszinierte alle Welt. Edison und sein Phonograph waren ungeheuer populär – wie dieses Sammelbild der Schokoladenfirma Besnier beweist.

beträchtliche Nebengeräusche, und sie konnte nur zwei- oder dreimal abgespielt werden, dann ging der Ton in Kratzgeräuschen unter.

Edison untersuchte noch andere Materialien, zum Beispiel Wachs, und beschäftigte sich auch mit einer anderen Form des Tonträgers, einer runden Platte, aber da er seine Erfindung zunächst selbst als «bloßes Spielzeug, das keinen kommerziellen Wert hat», ansah, wandte er sich anderen Dingen zu.

Er nahm die Arbeit an seinem Phonographen erst wieder auf, nachdem Chichester Bell und Charles Sumner Tainter ein Patent für eine verbesserte Sprechmaschine unter dem Namen *Graphophone* eingereicht hatten. Als Aufnahmeträger verwendeten sie einen mit einer Wachsschicht überzogenen Pappzylinder.

1887 brachte Edison einen neuen Phonographen auf den Markt, der mit einem Elektromotor und jetzt ebenfalls mit einer Wachswalze versehen war. Im gleichen Jahr wurden die Edison-Werkstätten vergrößert und von Menlo Park nach West Orange (New Jersey) verlegt. Dort sind sie heute als Museum zu besichtigen, während von Menlo Park nichts übrig blieb.

Immer noch unzufrieden mit seinem Apparat, brachte Edison 1888 ein verbessertes Modell in den Handel. Dieses Gerät wurde auf allen wichtigen Ausstellungen gezeigt, auch auf der Pariser Weltausstellung 1889. Edison überquerte selbst den Atlantik und begeisterte Tausende von Besuchern, die stundenlang anstehen mußten, um die «magischen Tonwalzen» anzuhören.

Edison sollte bis 1929 ununterbrochen Phonographen produzieren. Mit jeder Verbesserung der Geräte stiegen auch die Verkaufszahlen. Die wichtigsten Daten in der Geschichte der Edison-Phonographen nach 1889 sind:

1903: Vervielfältigen der Wachswalzen durch die sogenannte Vakuumbeschichtung. Die Original-Wachsform wird dazu in eine luftleere Kammer zwischen zwei Blattgoldelektroden gebracht. Durch eine angelegte Hochspannung wird das Blattgold verdampft und auf der Zylinderschablone abgelagert. Diese hauchdünne Schicht enthält sehr genau die Schallrillen und kann leicht mit einer dickeren Metallschicht galvanisch verstärkt werden. Nach Entfernen des Wachsoriginals hat man so eine haltbare Form für Wachskopien.

1908: Beginn der Produktion von sogenannten *Amberol*-Walzen, die zwar genauso groß sind wie die vorherigen, die aber eine Spieldauer von vier Minuten haben.

1912: Edison verwendet erstmals Zelluloid als Material für die Walzen, die nun unzerbrechlich sind und nicht verrotten: *Blue-Amberol*-Walzen.

1923: Edison produziert jetzt Schallplatten, wobei er die vertikale Schallaufzeichnung beibehält: *Edison Diamond Disc*.

Jede dieser Neuentwicklungen wurde sofort patentiert. Edison besaß bald Hunderte von Patenten seines Phonographen. Er zögerte nie, seine Urheberrechte zu verteidigen, und die vielen Prozesse, die er führte und gewann, stellten eine zusätzliche und einträgliche Einnahmequelle dar.

Die Bedeutung von Edisons Erfindung, deren wohlorganisierte Produktion und enorme Verbreitung auf dem Weltmarkt in der langen Zeit von 1878 bis 1929 lassen den heutigen Sammler immer wieder auf Geräte stoßen, die in West Orange hergestellt wurden.

Als Thomas Alva Edison am 18. Oktober 1931 starb, war er weltberühmt; seinen Erben hinterließ er ein solides Vermögen. Es war ihm gelungen, Erfindungsgabe und Geschäftssinn miteinander zu vereinen.

Edison um 1890.

Nach dem Edison-Prinzip bauten viele kleinere Firmen Zinnfolien-Phonographen nach. Diese Geräte wurden mit einer Handkurbel angetrieben.

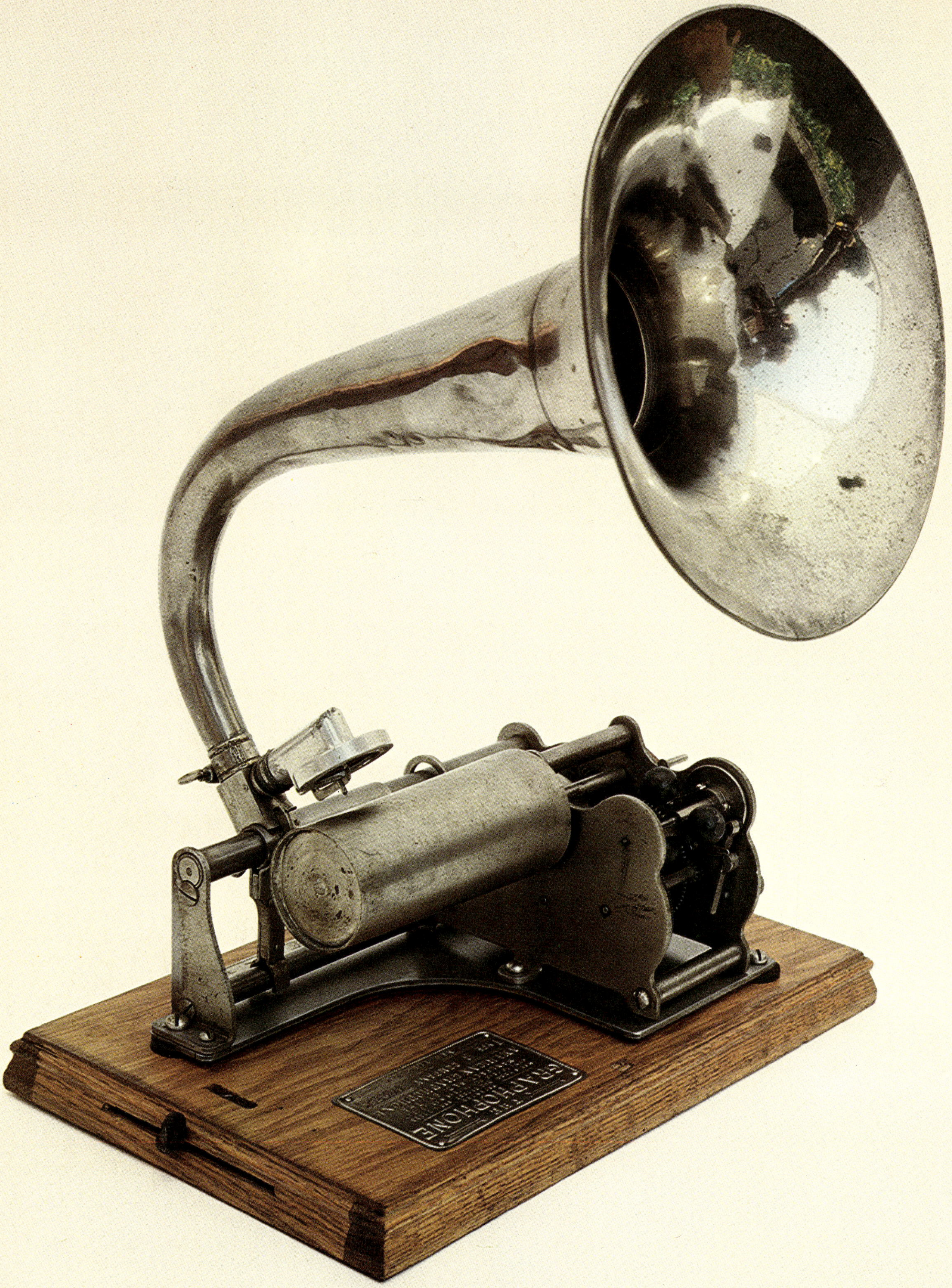
GRAPHOPHONE

Der Phonograph in Amerika

GRAPHOPHONE UND COLUMBIA

Alexander Graham Bell (1847-1922), als Erfinder des Telephons berühmt geworden, erhielt 1881 von der Pariser Akademie der Wissenschaften den Volta-Preis. Die damit verbundene große Geldsumme investierte er in die VOLTA LABORATORY ASSOCIATION, die sich der Forschung auf den Gebieten der Elektrizität und Akustik widmen sollte. In Washington (District Columbia) wurde ein Laboratorium eingerichtet, aus dem sich später die BELL SYSTEM LABORATORIES entwickelten, und Bell suchte sich Mitarbeiter: Aus England ließ er seinen Cousin Chichester Bell, einen Chemiker kommen, und außerdem verpflichtete er Charles Sumner Tainter, einen fähigen Techniker. Zusammen arbeiteten sie an der Verbesserung der Edisonschen Sprechmaschine.

Das Hauptproblem war: Mit dem Material der Walzen ließ sich nur eine ziemlich schlechte Tonqualität erzielen. Nach zahllosen Versuchen ersetzten sie die Zinnfolie durch eine Wachsschicht, die auf einen Pappzylinder aufgebracht war. Damit war die Wachswalze erfunden, und die Entwicklung der Sprechmaschine kam einen großen Schritt voran.

Während sich beim Zinnfolien-Phonographen Edisons die Aufnahmenadel mehr oder weniger tief in das Metall hineindrückte und eine Reihe von größeren und kleineren Punkten hinterließ, grub der Schneidstichel beim Verfahren von Bell und Tainter eine fortlaufende Rille in die Wachsschicht. Das Wachs war durch Zusätze gehärtet, so daß sich die Spur beim Abspielen nicht verformte. Eine weitere wichtige Verbesserung war die bewegliche Nadelhalterung, die Edison später ebenfalls übernahm.

Unter der Nummer 341.214 wurde der neue Apparat am 4. Mai 1886 in den USA patentiert. Im gleichen Jahr wurde die VOLTA GRAPHOPHONE COMPANY gegründet und wenig später die AMERICAN GRAPHOPHONE COMPANY in Bridgeport (Connecticut), die die Geräte produzieren sollte. Die ersten *Graphophone* waren allerdings noch recht primitiv. Sie wurden mit einer Handkurbel angetrieben; ein anderes Modell hatte einen Fußantrieb ähnlich wie bei einer Nähmaschine.

Vorführung von Tainters Graphophon auf der Pariser Weltausstellung 1889.

Das Graphophon Modell B kostete 10 Dollar und wurde nach der amerikanischen 10-Dollar-Münze, die mit einem Adler verziert war, Eagle genannt.

Bell und Tainter hätten gerne mit Edison zusammengearbeitet, den sie als Erfinder der Sprechmaschine durchaus anerkannten, aber der war empört und behauptete, man habe ihm seine Erfindung gestohlen. Da er jedoch selbst die von Tainter ersonnenen Verbesserungen nutzen wollte, kam es nicht zum Prozeß.

Die Firmen entwickelten ihre Geräte, aber mit dem Handel ging es nicht recht voran. Der Geschäftsmann Jesse W. Lippincott kaufte schließlich das *Graphophone*-Patent, erwarb die amerikanischen Rechte für den *Edison-Phonographen* und gründete 1888 die NORTH AMERICAN PHONOGRAPH COMPANY. Diese Verbindung sollte jedoch nicht lange halten, weil Lippincott in einer Fehleinschätzung den Phonographen vor allem als Diktiergerät propagierte, und hierfür war der Bedarf nicht sehr groß.

Einen ungeheuren Erfolg erzielte der Phonograph dagegen auf dem Unterhaltungssektor. Um 1892 wurde er als Münzautomat öffentlich aufgestellt — und wurde bald populär und brachte finanziellen Gewinn. Natürlich waren an diesem Erfolg die Aufnahmen der Künstler und Musiker nicht unwesentlich beteiligt.

Die Manager der COLUMBIA PHONOGRAPH COMPANY wollten den entstandenen Werbeeffekt nutzen und verbündeten sich mit der AMERICAN GRAPHOPHONE COMPANY. Ein gemeinsamer Katalog der eingespielten Walzen wurde herausgebracht. Der Phonograph wurde Mode, und die Orchester und Sänger bekamen reichlich zu tun. Um von einem Musikstück mehrere Walzen herzustellen — die Vervielfältigung der Walzen gelang erst viele Jahre später — wurden mehrere Aufnahme-Phonographen nebeneinander gestellt, aber trotzdem war es unvermeidlich, daß die Künstler Stunde um Stunde immer wieder das gleiche Musikstück in den Trichter sangen.

Nach der erfolgreichen Einführung der Münz-Phonographen in Lokalen und öffentlichen Vergnügungsstätten setzte sich die GRAPHOPHONE COMPANY ein neues Ziel: Sie wollte auch die Wohnzimmer erobern. Die ersten Apparate waren zu teuer — also mußte ein Modell entwickelt werden, das für weite Kreise erschwinglich war. Weihnachten 1897 wurde ein Gerät zum Preis von 10 Dollar in den Handel gebracht. Auf der amerikanischen 10-Dollar-Münze ist ein Adler abgebildet, und so nannte man das neue Graphophon *Eagle*, was durchaus symbolisch gemeint war. Dieses Modell sollte in der ganzen Welt verbreitet werden.

Die Firmen COLUMBIA und GRAPHOPHONE mußten zur Realisierung dieses großen Geschäfts neu organisiert werden. Der Firmensitz wurde von Washing-

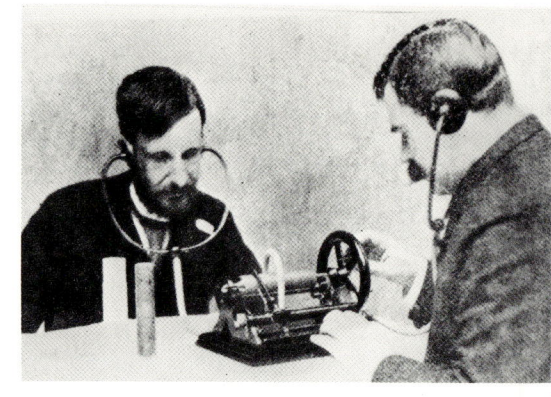

Charles Sumner Tainter mit seinem *Graphophon*.

Ein *Graphophon* mit einem Nähmaschinenunterteil als Antrieb. Die Wachswalzen konnten wieder abgeschliffen und mehrere Male benutzt werden.

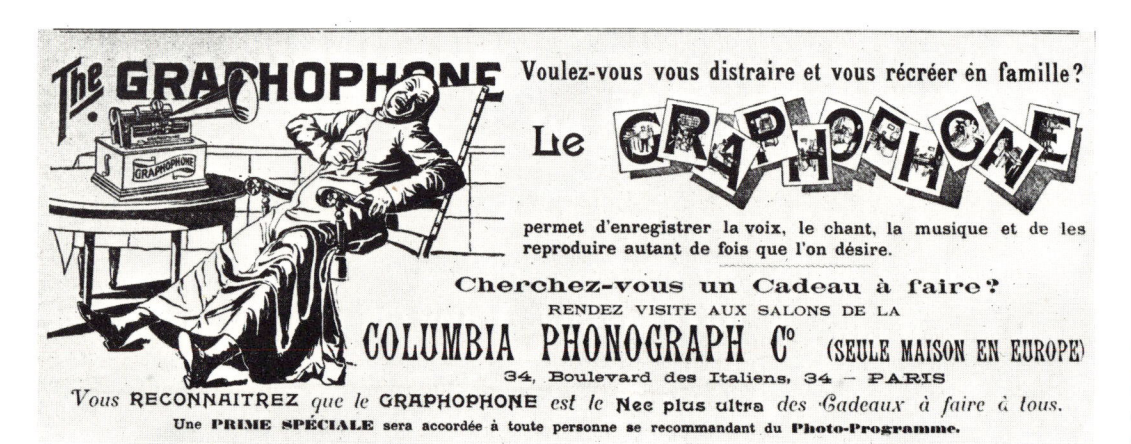

Reklame von 1899 für das *Graphophon*: «Wollen Sie sich amüsieren und im Familienkreis erholen? Mit dem *Graphophon* können Sie Sprache, Gesang und Musik aufnehmen und wiedergeben, so oft Sie wollen.»

Eines der seltenen *Graphophone*, mit denen Stentor-Walzen abgespielt werden konnten. Dieses Modell wurde als *Columbia Grand* bezeichnet.

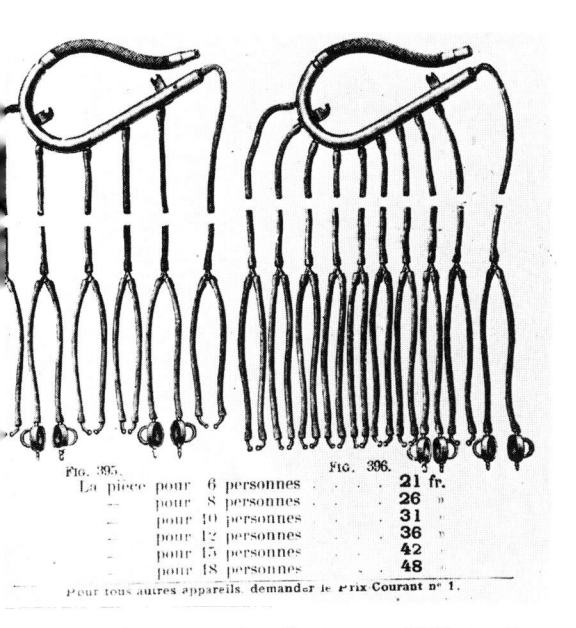

Auszug aus dem Katalog von 1899 der Firma Pathé Frères, die *Graphophone* und Zubehör vertrieb: Schallschläuche für mehrere Hörer.

Zeitungsanzeige der Columbia Phonographe Company vom 25. Februar 1899: «... selbst ein Kind kann dieses Gerät bedienen... das *Graphophon* liefert Ihnen eine echte Photographie der Stimme...»

Ein *Graphophon-Automat*: Die Mechanik des *Eagle* ist in einem mit Glas abgedeckten Kasten untergebracht und mit Hörrohren versehen. Das Gewicht des eingeworfenen Geldstücks setzt das Gerät in Betrieb.

ton nach New York verlegt, aber der Name des Distrikts von Columbia wurde beibehalten. Bezeichnend ist, daß eines der Markenzeichen der Gesellschaft eine in den amerikanischen Nationalfarben gekleidete Frau darstellte, die das Sternenbanner in den Händen hält. In den wichtigsten Städten der USA wurden Zweigstellen errichtet, bald auch in Paris und London.

Ohne die bisherigen Modelle aufzugeben, produzierte die AMERICAN GRAPHOPHONE COMPANY in Bridgeport (Connecticut) Tausende von *Eagle*-Geräten für die Wohnstuben. Diese Apparate waren sowohl für Aufnahme als auch für Wiedergabe geeignet; lediglich die Schalldose mußte ausgetauscht werden.

Wir lesen in einem Katalog: «Wer zu Hause ein Graphophon hat, kann — bei nur geringen Kosten — die neuesten Opern und Operetten kennenlernen und die namhaftesten Künstler wie im Konzertsaal erleben! Sie hören die Stimme eines berühmten Schauspielers, der einen amüsanten Monolog vorträgt, über den sie mächtig lachen müssen! Das Graphophon ist für das Ohr, was für das Auge der Photoapparat ist, mit dem Vorzug einer einfachen und schnellen Handhabung — alles, was ihm vorgespielt wird, zeichnet es sofort und in den feinsten Nuancen auf!»

Der Erfolg des Unternehmens war groß. Neben dem *Adler*-Graphophon gab es ein weiteres billiges Modell: *Mignon*. Es hatte einen 25 cm langen Blechtrichter und war nur zur Wiedergabe geeignet. Um 1906 wurde noch einmal ein neues Gerät mit großem Werbeaufwand auf den Markt gebracht: das Graphophon *Das zwanzigste Jahrhundert*, das für damalige Verhältnisse recht lautstark war, aber die Konkurrenz der Plattenspieler war bereits deutlich zu spüren. Doch beschließen wir zuerst die Geschichte der COLUMBIA-Walzenspieler.

Als 1901 Gußformen zur Vervielfältigung der Walzen hergestellt werden konnten, brachte dies der industriellen Verwertung neuen Auftrieb. Um den Wünschen der ausländischen Kunden nachzukommen, wurden überall Niederlassungen errichtet, die Aufnahmen mit den lokalen Künstlern machten und vervielfältigten. Zentrum für die europäische Walzenproduktion der COLUMBIA war Paris, während die Geräte selbst weiterhin aus den USA eingeführt wurden.

Eine weitere Verbesserung gelang mit der Einführung der unzerbrechlichen Walze. Thomas B. Lambert erhielt ein Patent für Walzen aus Zelluloid, deren aus Karton bestehendes Inneres an beiden Enden von einem Metallring gehalten wurde. Diese Walzen wurden 1908 zum Preis von 35 Cents verkauft. Mit der Zelluloidwalze kam die COLUMBIA schneller heraus als Edison, der die Spieldauer seiner Walzen zuvor auf vier Minuten verlängert hatte (zum Preis von 50 Cents). Trotz aller Anstrengungen konnte die COLUMBIA Walzen jedoch nur bis 1912 absetzen. Dann gab sie die Walzenfabrikation auf und produzierte nur noch Platten und Plattenspieler.

Die ersten Walzen von Tainter aus dem Jahre 1885 waren 15 cm lang und hatten einen Durchmesser von 3,5 cm. Die geschäftlichen Bemühungen Lippincotts führten zu einer Standardisierung der Walzen der GRAPHOPHONE und der EDISON, die nun auf den Geräten beider Firmen gespielt werden konnten. Es gab drei Walzengrößen: *G* für die Geräte *Grand*, *Home Grand* und *Columbia Grand*, *C* für das Graphophon *Universal*, *P* für alle anderen Walzen-Graphophone. In der Größe *P* wurden auch die widerstandsfähigen Zelluloidwalzen hergestellt; sie entsprachen den Normalwalzen der Firma PATHÉ und hatten eine Spieldauer von vier Minuten.

Schalldose des auf der nächsten Seite abgebildeten *Graphophons BC*.

Das *Graphophon Universal C* war eine der ersten Büromaschinen. Die Walze ist ungewöhnlich lang. Die verminderte Geschwindigkeit von 80 Umdrehungen pro Minute ergab eine längere Aufnahmezeit.

Das *Graphophon BC* von der Seite.

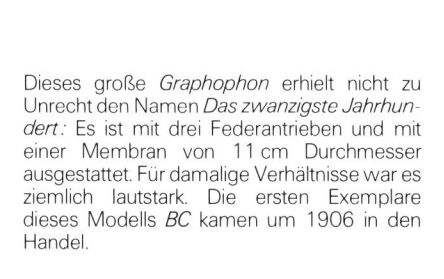

Dieses große *Graphophon* erhielt nicht zu Unrecht den Namen *Das zwanzigste Jahrhundert*: Es ist mit drei Federantrieben und mit einer Membran von 11 cm Durchmesser ausgestattet. Für damalige Verhältnisse war es ziemlich lautstark. Die ersten Exemplare dieses Modells *BC* kamen um 1906 in den Handel.

Das um 1895 hergestellte *Graphophon* Modell *N*. Die Zentrale der American Graphophone Company befand sich noch in Washington. Trotz der Patente von Bell und Tainter wird auf diesem Gerät Mac-Donald als Erfinder genannt (16. Oktober 1894). Der aus den USA stammende Apparat wurde von den Gebrüdern Werner in Paris verkauft.

Ein Billigmodell des *Graphophons* Typ *AQ*: Die Schalldose wird mit Hilfe einer Endlosschraube, auf die eine Gabel aufgesetzt ist, fortbewegt. Mit der Aluminiummembran war eine gute Tonqualität zu erzielen.

Dieses *Graphophon* Typ *AB* war für Stentor-Walzen geeignet, der Motor war jedoch ziemlich schwach. In Europa wurde das Gerät *Double-Eagle* genannt.

Oben rechts: Detail des Typs *N* – Herkunftsbezeichnung mit dem Namen der amerikanischen Bundeshauptstadt.

Die Membran des *Graphophons BK* ist von einem Metallstück in Form einer Lyra eingefaßt. Die Membran selbst ist ähnlich wie bei Edisons Geräten.

The GRAPHOPHONE
COLUMBIA PHONOGRAPH
1155, 1157 AND 1159 BROADWAY
NEW YORK, N.Y.

Mit diesem kleineren Walzenspieler (26,5 x 19 x 24 cm) beginnt eine Zeit, in der die Firma Graphophone die Gehäuse reicher ausstattete und verzierte. Der Typ *AA* (1900/01) weist eine Besonderheit auf: Erstmals wurde beim Bau der Mechanik als Werkstoff Aluminium verwendet.

Eine andere Ausführung des *Eagle*. Das Markenzeichen zeigt eine Abbildung der in das Sternenbanner gekleideten Freiheitsstatue.

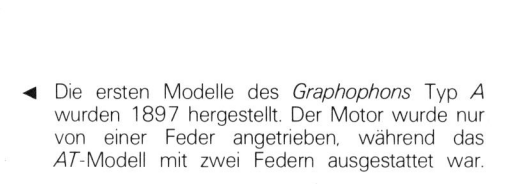

◄ Die ersten Modelle des *Graphophons* Typ *A* wurden 1897 hergestellt. Der Motor wurde nur von einer Feder angetrieben, während das *AT*-Modell mit zwei Federn ausgestattet war.

Einer der großen Erfolge der *Eagle*-Serie war das Modell *QQ Mignon*. Es handelte sich um einen kleinen und billigen Phonographen. Der *Mignon* wurde besonders häufig in Deutschland kopiert (vergleiche die Modelle *Excelsior* und *Angelica*).

33

Als die Manager der GRAPHOPHONE COMPANY schließlich erkannten, welche Bedeutung die von der GRAMOPHONE COMPANY auf den amerikanischen Markt gebrachten Schallplatten mit lateraler Tonaufzeichnung gewannen, reagierten sie schnell. Sie kümmerten sich nicht um die Patente der Firmen VICTOR und GRAMOPHONE, sondern bauten einfach deren Geräte nach. 1902 kamen die ersten Platten-Graphophone heraus, denen im Laufe der Jahre eine ganze Serie von Modellen folgte.

Die Plattengröße mit einem Durchmesser von 17 beziehungsweise 25 cm übernahm man von der VICTOR TALKING MACHINE COMPANY. Allerdings gab es in den ersten Jahren noch nicht sehr viele Platten-Graphophone, da daneben immer noch Walzengeräte produziert wurden. Die Tonqualität der Plattenspieler war jedoch weit besser, so daß die Firma 1912 die Walzenfabrikation einstellte und sich neuen Aktivitäten zuwandte.

PLATTEN-GRAPHOPHONE

Die American Graphophone Company produzierte seit 1902 auch Plattenspieler. Der Tonarm erleichterte die Bedienung des Apparats. Der blütenförmige Schalltrichter ist aus vernickeltem Kupfer.

Dieser Plattenspieler, der von der Standard Talking Machine Company verkauft wurde, ist dem *Columbia AU* baugleich. Einzige Besonderheit: Der Plattenteller ist größer, und die Platten müssen mit einem Loch von 1,4 cm Durchmesser versehen sein. Diese Platten wurden für 60 Cents pro Stück verkauft, während die Platten der Columbia 1 Dollar kosteten.

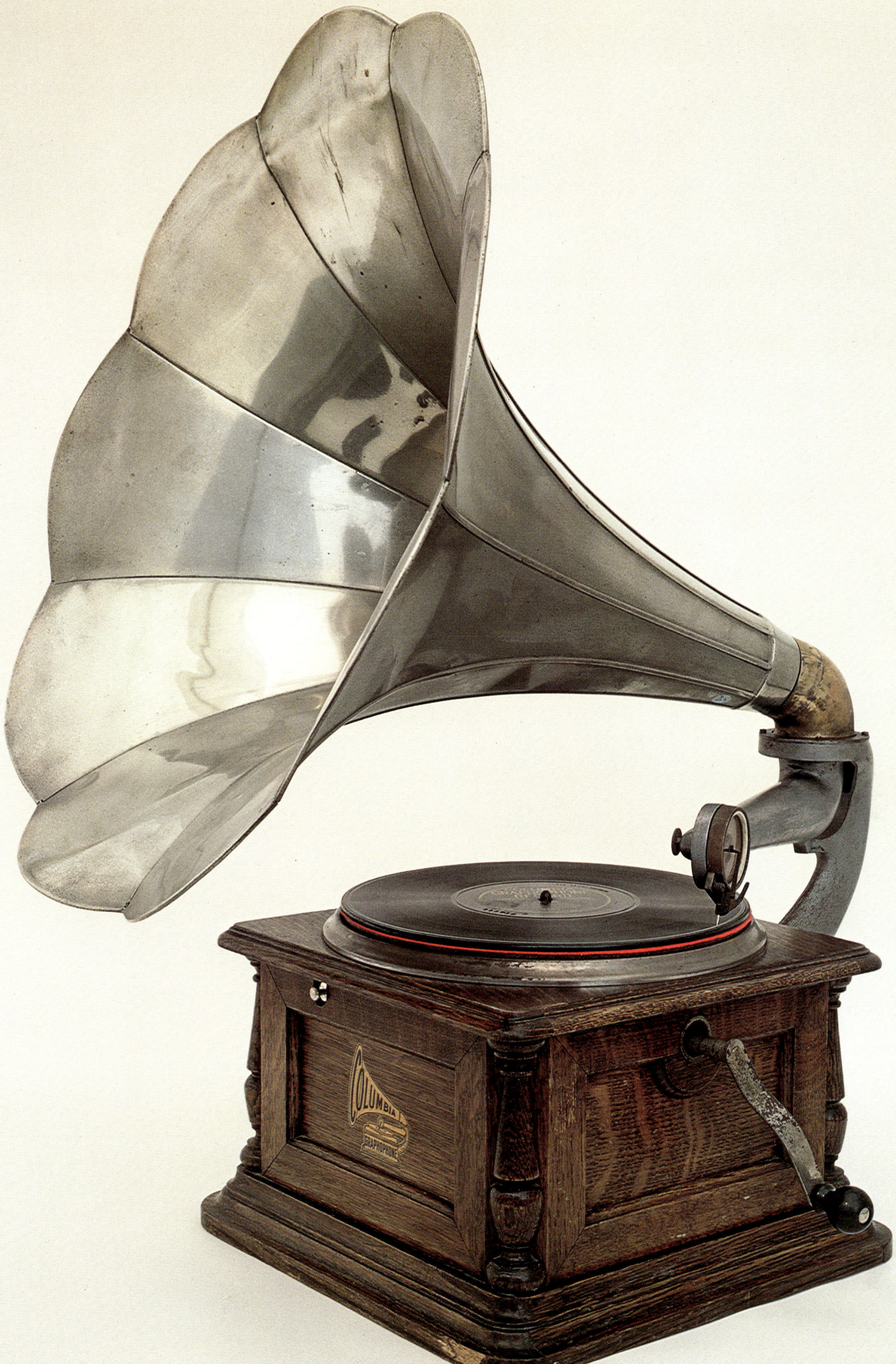
COLUMBIA
GRAPHOPHONE

Das *Graphophon Columbia AJ* ist leicht auseinanderzunehmen und hat einen Tragegriff. Die Halterung des Trichters ist aus Aluminium. Dieser Trichter ist zwar in Amerika hergestellt, gehört aber original nicht zu diesem Modell.

Ein großer kelchförmiger, bemalter Schalltrichter ▶ und ein Gehäuse aus Mahagoni verhelfen diesem *Columbia*-Plattenspieler zu seinem eleganten Aussehen – und seinem hohen Preis.

In Prinzip baugleich mit dem oben abgebildeten Gerät, besitzt dieser *Columbia*-Plattenspieler *AK* einen besonders leichten Trichter aus Aluminium.

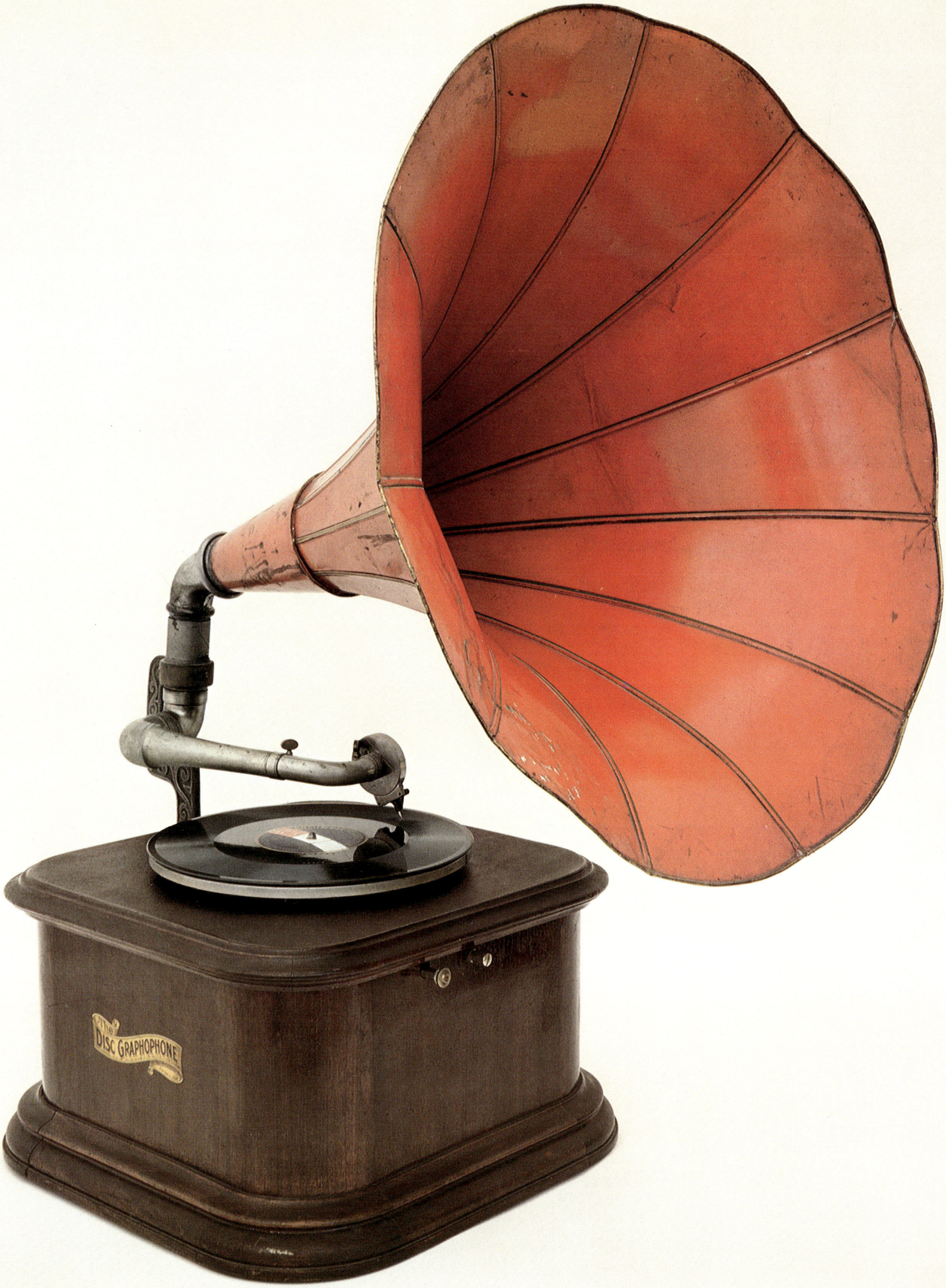
The
DISC GRAPHOPHONE

CARUSO
RENAUD
MELBA
A L'OPÉRA
TOUS LES JOURS
AU
GRAMOPHONE
ENTREZ
LES ÉCOUTER
IL Y A BIEN DES MACHINES PARLANTES
MAIS IL N'Y A QU'UN SEUL
GRAMOPHONE

GRAMOPHONE

Die Geschichte dieser Marke ist einzigartig und soll daher hier erzählt werden. Die Techniker der GRAMOPHONE waren keine originären Erfinder, aber geduldig und geschickt verbesserten und kombinierten sie die schon bekannten Erfindungen, bis sie brauchbare Apparate herstellen konnten. Das beste Werbemittel aber waren ihre hervorragenden Schallplatten. Mit einem weitgespannten, über viele Länder reichenden Vertriebsnetz nahm die GRAMOPHONE bald eine führende Stellung ein und konnte ihre Konkurrenten zwingen, ihr System zu übernehmen oder vom Markt abzutreten.

Wie so oft in dieser Zeit der industriellen Abenteuer gegen Ende des 19. Jahrhunderts stand am Anfang der Name eines Mannes: Emile Berliner. Er wurde 1851 in Hannover geboren, kam sehr jung in die Vereinigten Staaten (wo aus Emil Emile wurde), versuchte sich in mehreren Berufen und arbeitete schließlich als Buchhalter in Washington.

Der junge Mann begeisterte sich für die Naturwissenschaften und verbrachte seine Abende in öffentlichen Bibliotheken. Mit seinen bescheidenen Mitteln richtete er sich in seinem Zimmer ein Labor ein und begann zu experimentieren. 1877 erfand er ein Mikrophon für Fernsprecher. Diese Erfindung wurde ihm sofort von der BELL TELEPHONE COMPANY für 75000 Dollar abgekauft. Berliner selbst wurde bei der Gesellschaft angestellt, wo er ziemlich erfolgreich arbeitete und wohlhabend wurde. Während einer Europareise 1891 gründete er zusammen mit seinem Bruder Joseph die TELEPHON-FABRIK BERLINER mit Sitz in Hannover — einige Jahre später sollte diese Stadt eine wichtige Rolle in der Geschichte der GRAMOPHONE spielen.

Emile Berliner kehrte 1883 nach Washington zurück und beschäftigte sich von da an gründlich mit der Sprechmaschine. Er studierte den *Phonautographen* von Scott de Martinville und die Schriften von Charles Cros, der ja bereits beide Möglichkeiten der Schallaufzeichnung, auf Walze und auf Platte, erwähnt hatte. Er interessierte sich für die von Edison angemeldeten Patente und arbeitete an den Erfindungen Bells und Tainters weiter. Schon um diese Erfindungen nicht nur zu kopieren, konzentrierte Berliner seine Forschungen auf die Schallplatte.

Seine wichtigste Neuerung war die Einführung der Seitenschrift. Während bei Edison die Aufnahme- und Wiedergabenadel eine Berg- und Talfahrt vollführt, wird sie bei Berliner entsprechend der Form der Schallwellen seitlich ausgelenkt; die Rillentiefe bleibt dabei gleich. 1887 meldete er seine Erfindung in Washington zum Patent an. Auf eine dünn mit Wachs beschichtete Zinkscheibe wurde die Tonspur entsprechend den Schwingungen der Aufnahmemembran als geschlängelte Rille gezeichnet. Da das abgeschabte Wachs an der Nadel Klumpen bildete, was zu Tonstörungen führte, wurde die Zinkplatte auf eine gefäßartig ausgebildete Drehscheibe gelegt und mit Wasser oder Alkohol

Emile Berliner (1851-1929), der die Entwicklung der Platte mit lateraler Schallaufzeichnung wesentlich vorantrieb. Er war der Gründer der Marke Gramophone.

◀ Dieses Plakat der französischen Gramophone-Gesellschaft preist Aufnahmen mit berühmten Künstlern der Zeit an: mit dem französischen Bariton Maurice Renaud, mit Enrico Caruso und der Melba. «Es gibt viele Sprechmaschinen, aber es gibt nur ein *Grammophon*.»

Das berühmteste *Grammophon* mit dem Hund «Nipper», der die «Stimme seines Herrn» hört, als Markenzeichen. Die senkrecht angebrachte Kurbel gehört zu den Merkmalen dieses Plattenspielers. Seltsamerweise führte dieses Modell in den verschiedenen Ländern unterschiedliche Namen, obwohl es von den Filialen der Gramophone Company vertrieben wurde. In Frankreich hieß es *Gramophone No. 3*, in Amerika lief es unter der Bezeichnung *Modell B* – hergestellt von E. R. Johnson –, in Kanada wurde es als *The Berliner Standard Gram-o-phone Modell A* verkauft.

Das erste *Grammophon* (wenn man von einem handgetriebenen Spielzeugmodell absieht): hier das einfachste Gerät der Serie, dessen Motor unverkleidet auf eine Sockelplatte montiert ist. Dieser Apparat wurde bald wieder aus dem Handel genommen.

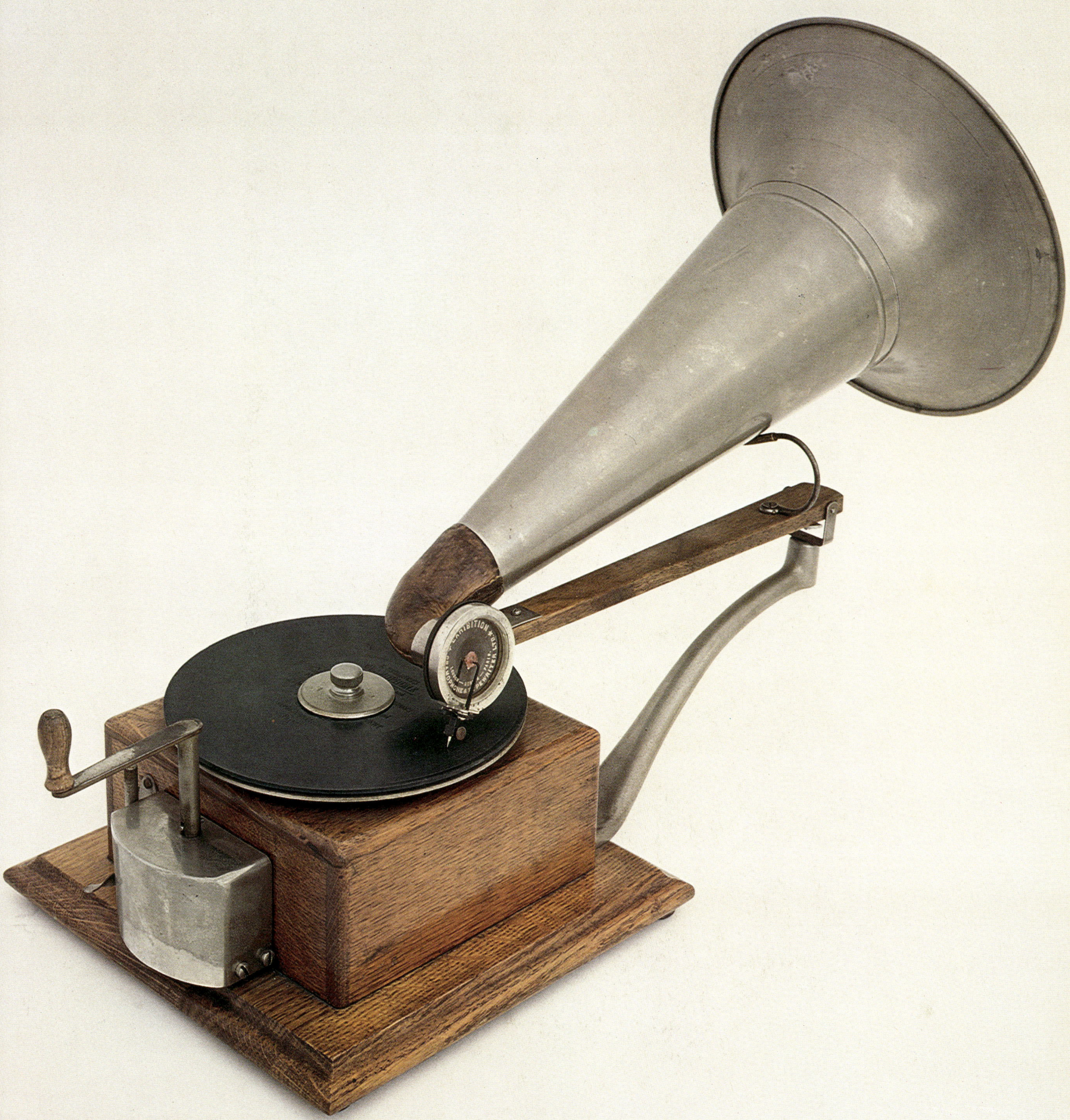

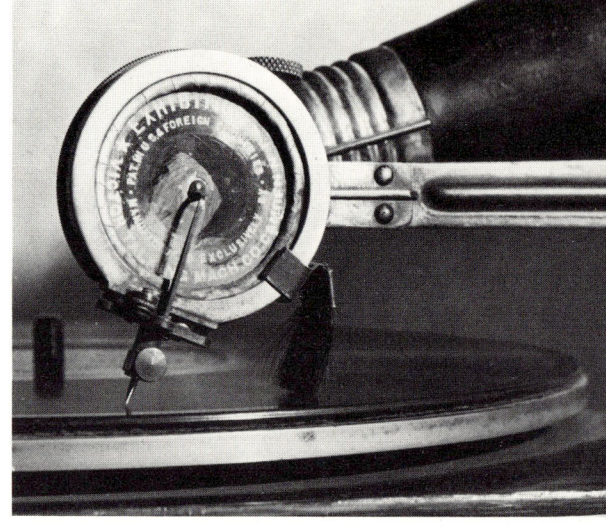

Oben: Detail des Grammophons *Victor Monarch* mit einer *Exhibition*-Schalldose.

Links: Dieser Plattenspieler *Victor Monarch* wurde um 1904 in den USA gebaut. Das Verbindungsstück zwischen Schalldose und Trichter ist aus Kupfer, der Arm aus Eisen.

Diese Postkarte illustriert, wie beliebt das Grammophon war: Es gehörte zu den begehrtesten Weihnachtsgeschenken.

Das *Automaten-Grammophon* wurde öffentlich aufgestellt und spielte nach Einwerfen eines Geldstücks.

Diese etwas größere Ausgabe des im Markenzeichen dargestellten *Grammophons* wurde 1901 in den USA unter dem Namen *Victor C* vertrieben. Der hier abgebildete Plattenspieler wurde von der Compagnie Française du Gramophone verkauft.

Der *Monarch Nr. 7* von 1903 mit einer Halterung aus Holz und einem großen vernickelten Trichter.

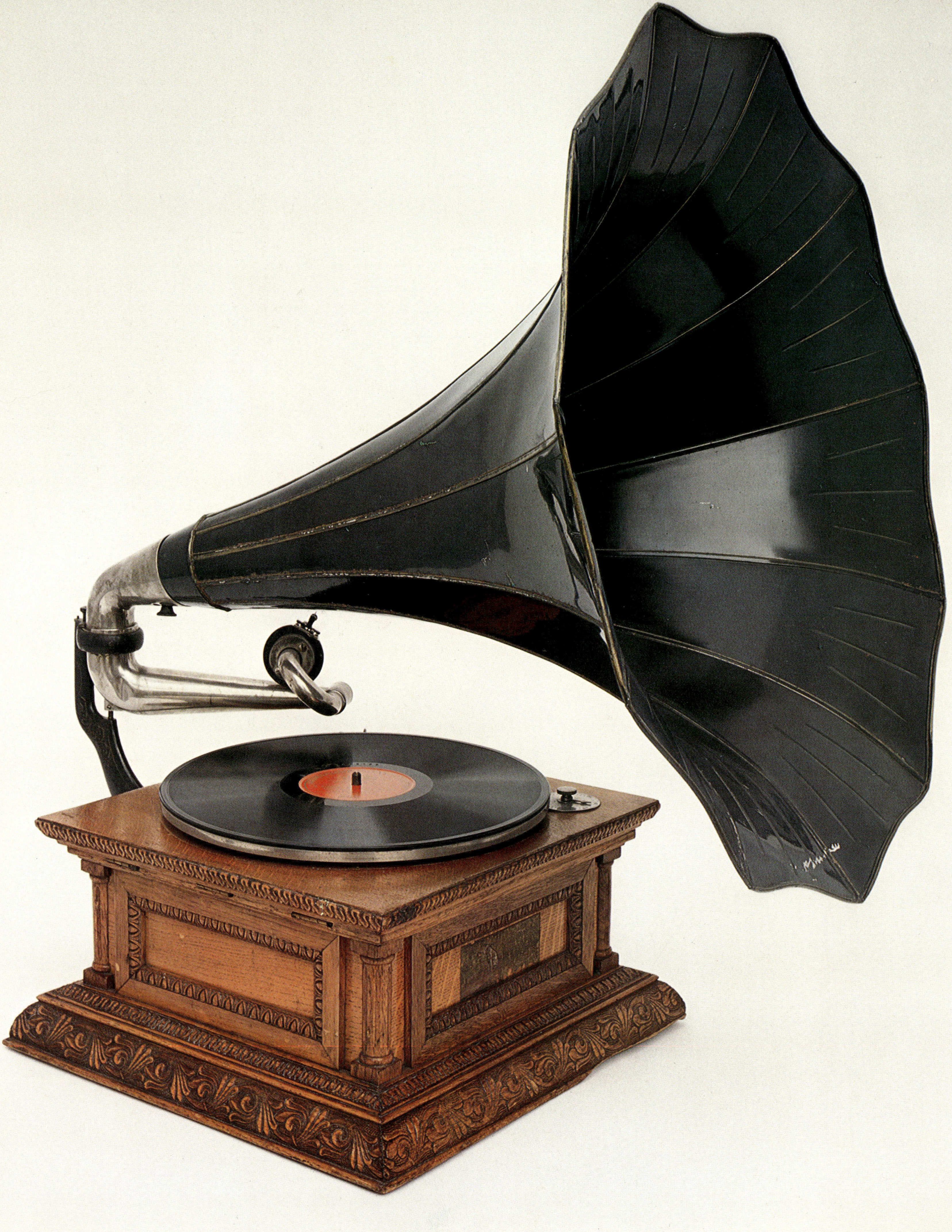

> **Grammophon**
> *mit Trompetenarm.*
> Der vollkommenste Sprechapparat der Welt,
> reproduziert Sprache, Musik, Gesang etc.
> in bisher nicht erreichter Vollkommenheit, Tonreinheit und Tonfülle.
>
> Patent im In- und Auslande angemeldet.
>
> Für **Grammophone** verwende man **nur** die **echten** mit oben ersichtlicher **Schutzmarke** versehenen **Grammophon-Platten** und **Grammophon-Nadeln**. — Man verlange Spezial-Kataloge über unsere neuen Apparat-Typen, neuen deutschen Aufnahmen, neuen Piedestale etc.
> **Deutsche Grammophon-Aktiengesellschaft, Berlin S. 42.**

«Der vollkommenste Sprechapparat der Welt» – Anzeigenwerbung 1903.

◀ Der große blütenkelchförmige Trichter, der zum *Monarch Nr. 13* gehört, ist typisch für die Plattenspieler der Gramophone Company.

bedeckt. Die leichten Wachsspäne schwammen dann in der Flüssigkeit und störten nicht mehr beim Schneiden der Rille. Danach wurde die Platte in Säure getaucht, die das Metall da, wo das Wachs bei der Aufzeichnung entfernt wurde, ätzte. Im Mai 1888 wurde Berliners Entwicklung im Franklininstitut in Philadelphia vorgestellt.

Der von Berliner gebaute Plattenspieler war zunächst sehr einfach: Er besaß nicht einmal einen Federmotor, sondern wurde mit einer Handkurbel aufgezogen. Im Unterschied zu Edisons *Phonograph* und dem *Graphophone* von Bell und Tainter, nannte Berliner seinen Apparat *Gramophone*.

Die kommerzielle Auswertung seiner Erfindung versuchte Berliner zuerst in Deutschland. 1889 beauftragte er die Spielzeugfabrik KÄMMERER & REINHARDT in Waltershausen in Thüringen mit der Herstellung seiner Plattenspieler. Solche Grammophone mit Handkurbelantrieb wurden bis etwa 1891 verkauft — aber der Start der Marke GRAMOPHONE war das noch nicht.

Nach seiner Rückkehr in die USA beschäftigte sich Berliner vor allem mit der Verbesserung der Aufnahme- und Vervielfältigungstechnik. Die mit Wachs beschichteten Zinkplatten, die zur Aufnahme verwendet wurden, verursachten ziemlich starke Nebengeräusche, offenbar eine Folge des Ätzvorgangs. Durch Galvanisieren erhielt man ein negatives Abbild des Originals, eine Matrize, mit deren Hilfe dann die eigentlichen Platten aus thermoplastischen Werkstoffen gepreßt wurden. Seit 1897 verwendete Berliner für seine Platten einen Werkstoff aus Schellack, Schwerspat, Ruß und Tierhaaren, den er — mit einigen nachträglichen Verbesserungen — für lange Zeit beibehielt.

Die UNITED STATES GRAMOPHONE COMPANY mit Sitz in Washington, D. C., wurde 1893 gegründet. Es fehlte jedoch an Kapital, und die Firma konnte sich nur langsam entwickeln.

Im Jahr 1893 schloß sich ein junger Mann der Mannschaft Berliners an: Fred W. Gaisberg. Seine Eltern stammten aus Deutschland. Er wurde 1873 in Washington geboren und erhielt bereits als Kind Musikunterricht. Mit vierzehn arbeitete er für die NORTH AMERICAN PHONOGRAPH COMPANY und betreute die in Lokalen aufgestellten Münz-Phonographen. Da er ein guter Pianist war, stellte er auch selbst Walzen her, das heißt, er begleitete die Sänger auf dem Klavier.

Die ersten Schallplatten, die Gaisberg für die GRAMOPHONE machte, waren: «The Lord's Prayer», das englische Vaterunser, von Berliner selbst mit deutlichem deutschem Akzent gesprochen, und das Lied «The Mocking Bird», gepfiffen von John York Atlee, begleitet von «Professor» Gaisberg. Kunstwerke waren das nicht gerade, aber doch bedeutende Dokumente.

Die Aufnahmetechnik wurde verbessert, die Handkurbelgeräte selbst waren jedoch noch nicht zufriedenstellend. Sie arbeiteten ursprünglich mit 70 Umdrehungen pro Minute, aber es war gar nicht so leicht, bei der Wiedergabe eine konstante Geschwindigkeit zu erreichen. Erst als 1895 der junge Mechaniker Eldridge Reeves Johnson (1867-1945), der in Camden, New Jersey, eine kleine Werkstatt besaß, einen federgetriebenen Motor für die Plattenspieler entwickelte, ging es geschäftlich voran.

Um Berliner war damals eine junge, dynamische Mannschaft versammelt. Diese Leute waren ehrgeizig; sie kamen vom unteren Ende der sozialen Leiter und sollten ganz nach oben steigen und ein Vermögen machen: «Millionäre des Grammophons» — und es sollte viele dieser Millionäre geben: Techniker, Künstler und Kaufleute.

Das Gehäuse dieses Grammophons *Monarch Nr. 15* ist reich dekoriert und harmoniert mit ▶
dem Trichter aus Holz. Der 30-cm-Plattenteller ist für die *Monarch*-Platten bestimmt, die
seit 1903 in dieser Größe gepreßt wurden.

Dieser von der belgischen Gramophone and Typewriter Company vertriebene Plattenspieler
Monarch hat einen Trichter aus Messing. Das eingebrannte Medaillon auf dem Gehäuse trägt
die Nummer 91094. Der Engel mit dem Graveurstichel war das erste Markenzeichen der
Gramophone.

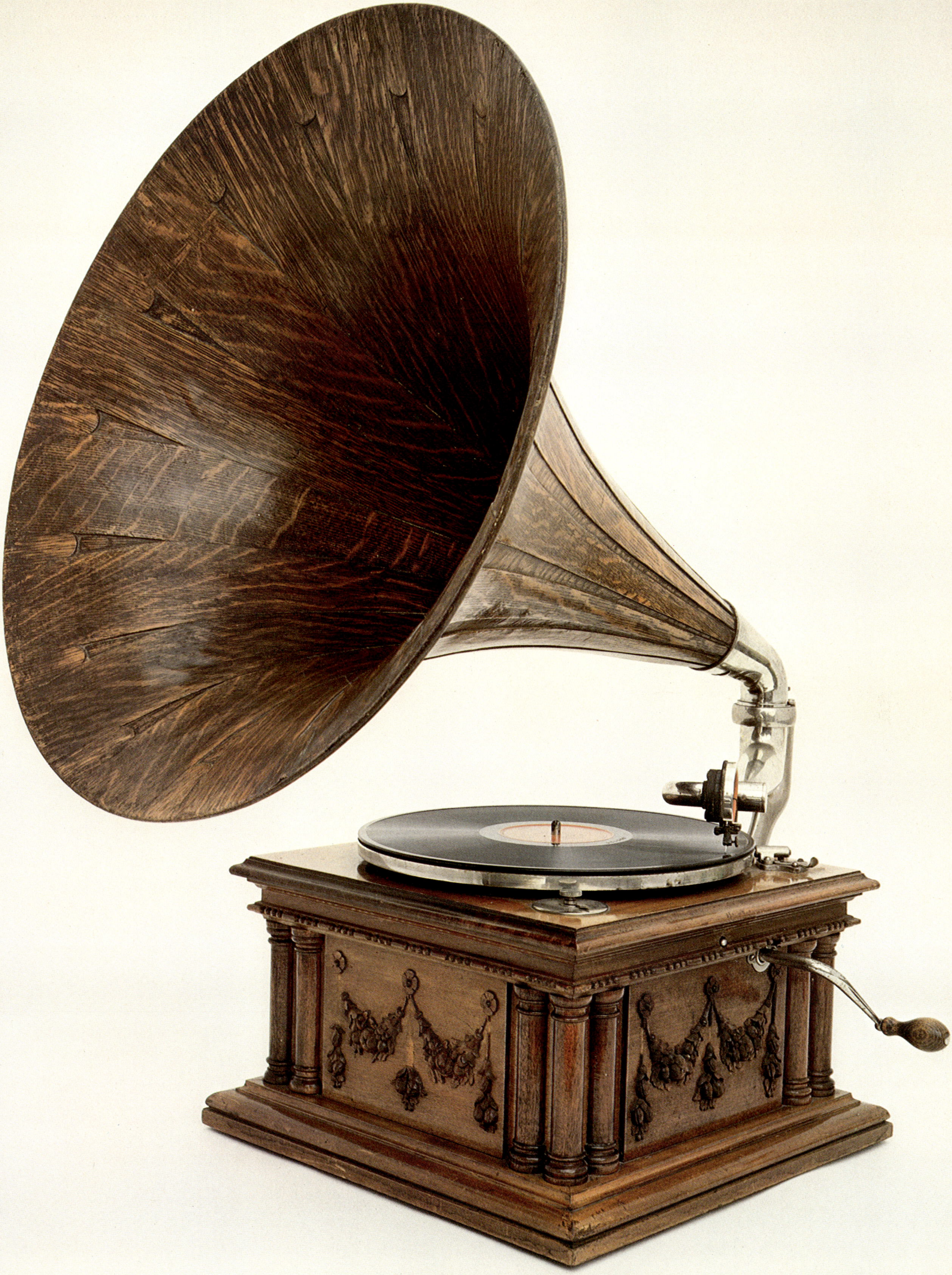

Mit verbesserten Geräten, vor allem aber mit ihren Schallplatten eroberte die GRAMOPHONE den Weltmarkt. In den USA gab es bereits Filialen und Aufnahmestudios in New York und Philadelphia.

Die laterale Schallaufzeichnung brachte ausgezeichnete Ergebnisse, aber im Gegensatz zu den Möglichkeiten der Walze konnte der Käufer mit einem *Grammophon* keine Tonaufnahmen selbst machen. Die Werbung mußte also andere Vorzüge des Gerätes herausstellen. Fred Gaisberg war überzeugt, daß es vor allem darauf ankam, ein attraktives Plattenprogramm vorzulegen — und der Erfolg gab ihm recht.

Gaisberg reiste um die halbe Welt, um die großen Berühmtheiten von Oper und Konzert auf Platte zu bannen: die Patti, die Melba, Caruso, Schaljapin... und sogar den Chor der Sixtinischen Kapelle in Rom. Gleichzeitig entstanden Niederlassungen in England (1898), Frankreich, Deutschland.

In Hannover wurde am 6. Dezember 1898 die DEUTSCHE GRAMMOPHON-GESELLSCHAFT gegründet und damit die größte europäische Produktionsstätte für die *Gramophone*-Scheiben. Alle von Fred Gaisberg gemachten Aufnahmen wurden nach Hannover geschickt, wo dann Millionen Schallplatten für den europäischen Markt gepreßt wurden. Eine weitere Fabrik wurde 1904 in Riga

Anzeige 1905. Karikatur des Sängers Caruso, der hier als Affe dargestellt wird. Caruso sang für «Die Stimme seines Herrn» («His Master's Voice»).

Markenzeichen des links abgebildeten *Victor III*.

Victor III mit *Exhibition*-Tonarm und -Schalldose. Der Trichter aus lackiertem Blech und Messing ist amerikanischer Herkunft und wurde in Europa nicht nachgebaut.

Dieser Plattenspieler von 1903 trägt die Bezeichnung *Gramophone Nr. 4 A*. Die Membran ist mittels einer Achse am Tonarm befestigt; nach einer halben Drehung gibt sie die Nadel frei.

Das Grammophon *Monarch Junior* ist mit einem vernickelten Messingtrichter von 32 cm Durchmesser ausgestattet.

Rechts: Ein kleineres Grammophon deutscher Herstellung mit einem einfachen Schalltrichter aus Holz.

Der *Monarch Nr. 15* besaß drei kräftige Federantriebe. Man konnte mehrere Platten nacheinander abspielen, ohne ihn neu aufzuziehen. Die Wiedergabequalität des hölzernen Schalltrichters war besonders gut.

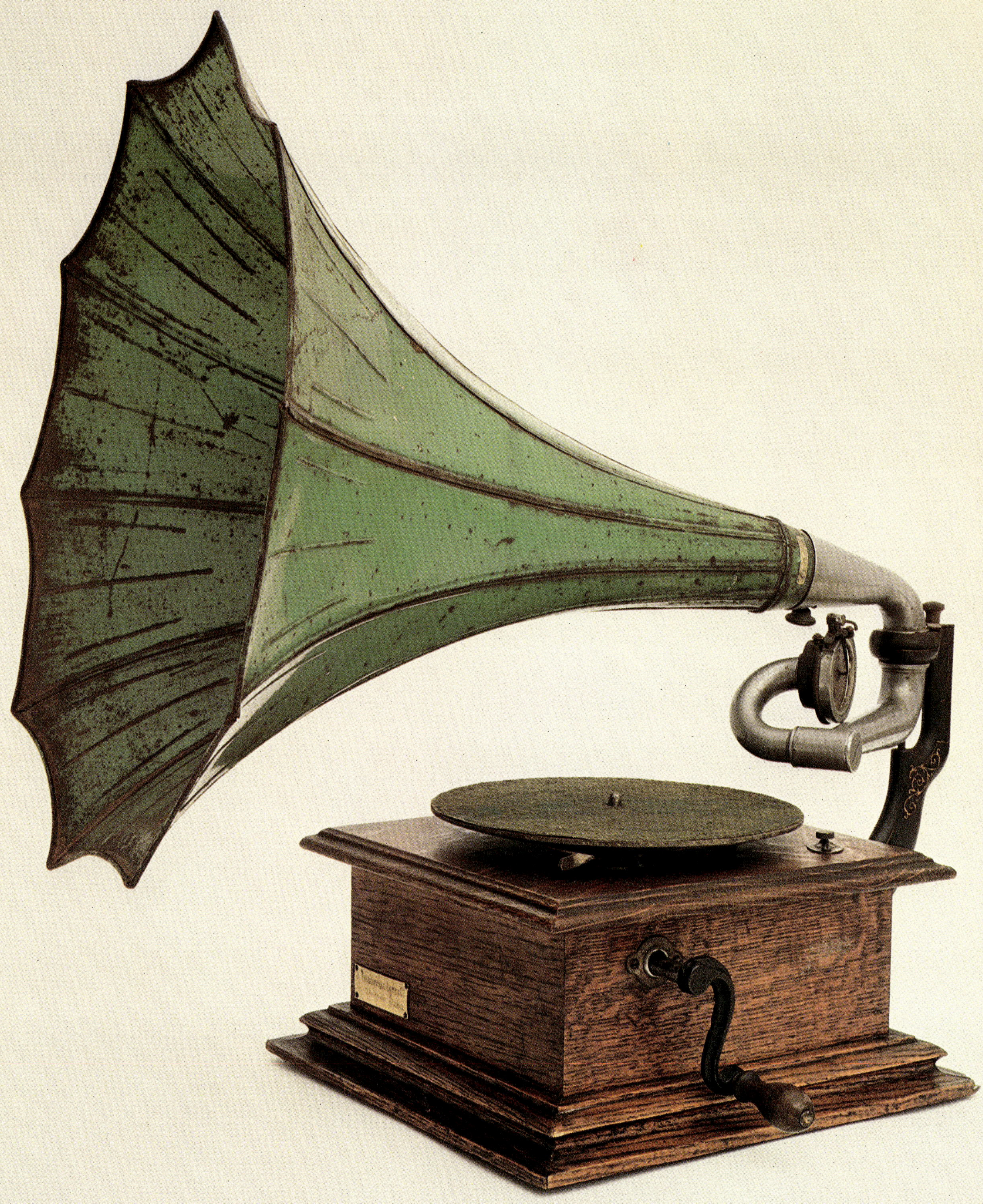

Dieses *Dreier-Grammophon* wurde 1904 in einer Zeitschrift folgendermaßen angepriesen: «Eine Novität mit drei Schalltrichtern, drei Schalldosen und drei Plattentellern, die gleichzeitig von einem Motor angetrieben werden. Dreifache Lautstärke! Absolut gleichmäßige Laufgeschwindigkeit!» Man brauchte natürlich auch drei Platten. Allerdings dürfte es ziemlich schwierig gewesen sein, diesen Dreierklang zu synchronisieren!

Mit dieser Anordnung von zwei Trichtern mit zwei Schalldosen, die allerdings nur eine einzige Schallplatte abtasteten, sollte ebenfalls eine größere Wiedergabelautstärke erreicht werden. Die Nadeln mußten dabei in dieselbe Schallrille gesetzt werden.

◀ Das amerikanische *Victor I*, ein kleines Grammophon mit Kelchtrichter, wurde in Frankreich um 1909 von J. Thibouville Lamy et Cie. verkauft.

in Lettland errichtet. Die Geräte kamen zunächst noch aus Amerika; später wurden nur noch Einzelteile eingeführt und in Deutschland zusammengesetzt.

Die Technik des Grammophons, das in etwa einem Jahrzehnt entwickelt worden war, sollte sich grundsätzlich nicht mehr verändern; sie wurde wesentlich erst verbessert, als 1925 die elektrische Tonaufzeichnung eingeführt wurde. Obwohl das *Gramophone* im Wettrennen der Sprechmaschinen spät gestartet war, überholte es alle Konkurrenten.

Ein wichtiges Element des Erfolgs war zweifellos die gelungene Reklame, die ganz auf berühmte Interpreten und Musiker abgestellt war. Bekannte Komponisten wurden aufgefordert, eigens für die Schallplatte zu komponieren. Das berühmteste Beispiel ist die «Mattinata» von Leoncavallo, gesungen von Enrico Caruso und vom Komponisten am Klavier begleitet — genau eine Plattenseite lang!

Der große Geniestreich der Firmenwerbung sollte jedoch aus London kommen, wo die britische GRAMOPHONE COMPANY residierte.

Der Maler Francis James Barraud, 1856 in London geboren, hatte ein Bild gemalt: einen Hund vor einem Phonographen-Apparat. Er bot es der Firma EDISON-BELL an, aber die Herren waren nicht interessiert — und verpaßten eine Chance! William Barry Owens, der die britische GRAMOPHONE COMPANY leitete, ist schließlich zum Kauf bereit, stellt aber die Bedingung, daß der Walzen-Phonograph mit einem *Grammophon* übermalt werden müsse. Die rührende Geschichte des Hundes Nipper, der vor dem Trichter sitzt und «der Stimme seines Herrn» lauscht — als Sinnbild für naturgetreue Tonwiedergabe — wird in die Reklame der GRAMOPHONE eingebaut und geht um die ganze Welt. Der Name des Malers ist fast vergessen — aber das berühmte Markenzeichen mit dem Hund gibt es noch heute.

Als Emile Berliner nach London kam, gefiel ihm das Bild, und er nahm im Mai 1900 eine Kopie mit in die USA. Das Markenrecht für «His Master's Voice» wurde im Juli 1900 eingetragen — aber Berliners Geschäfte gehen zu diesem Zeitpunkt schlecht. Patentstreitigkeiten mit der AMERICAN GRAPHOPHONE COMPANY und die Gründung der INTERNATIONAL ZONOPHONE COMPANY durch Frank Seaman, seinen früheren Mitarbeiter, schwächen Berliners Position. Der Name *Gramophone*, Berliners Erfindung, wird als Markenzeichen verboten. Daraufhin gründet Eldridge R. Johnson, der bisher die Federmotoren für die Grammophone geliefert hatte, 1901 die VICTOR TALKING MACHINE COMPANY und übernimmt das Markenzeichen «His Master's Voice» für Platten und Geräte.

Die britische GRAMOPHONE COMPANY war im Jahr 1900 in GRAMOPHONE & TYPEWRITER LTD. umbenannt worden, obwohl man Schreibmaschinen nur kurze Zeit herstellte.

Die DEUTSCHE GRAMMOPHON übernahm 1903 die INTERNATIONAL ZONOPHONE COMPANY in Berlin und besaß damit eine bedeutende Marktposition. Schallplatten wurden nach wie vor in Hannover gepreßt, während die Grammophone in Berlin hergestellt wurden.

Nach 1906 wurde der Trichter in das Gehäuse integriert, und die DEUTSCHE GRAMMOPHON AG brachte Tisch- und Schrankapparate unter der Bezeichnung *Gramola* heraus, außerdem die Starktonmaschine *Auxetophon*.

Das Warenzeichen mit dem «schreibenden Engel» wurde 1909 durch die Schutzmarke «Die Stimme seines Herrn» ersetzt.

Der Motor des *Monarch Junior* hatte nur eine Antriebsfeder, was gerade ausreichte, um eine Plattenseite abzuspielen. Der Trichter besteht bei diesem Gerät aus vernickeltem Messing.

Äußerst selten ist der gewellte Aluminiumtrichter dieses *Monarch Junior*, der wahrscheinlich in Frankreich hergestellt wurde.

Seit 1909 hatte Louis Lumière mehrere Patente für eine ▶ Membran aus gefaltetem Papier angemeldet, aber erst 1924 baute La voix de son maître diese große, sehr empfindliche Membran, die sich besonders für die Musikwiedergabe eignete. Der Plattenspieler hatte keinen Trichter; die Schallabstrahlung erfolgte allein über das *Lumière-Diaphragma*.

Dieser Schalltrichter aus Pappmaché ist als Holzimitation bemalt. Der *Monarch*, zu dem er gehört, stammt aus französischer Produktion.

Wahrscheinlich ist dieser Plattenspieler nie in den europäischen Niederlassungen der Gramophone, sondern ausschließlich in den USA von der Victor Talking Machine Company gebaut worden. Der niedrige Preis und der nicht allzu große Trichter gefielen dem Publikum, und so fand das Gerät überall in der Welt einen guten Absatz.

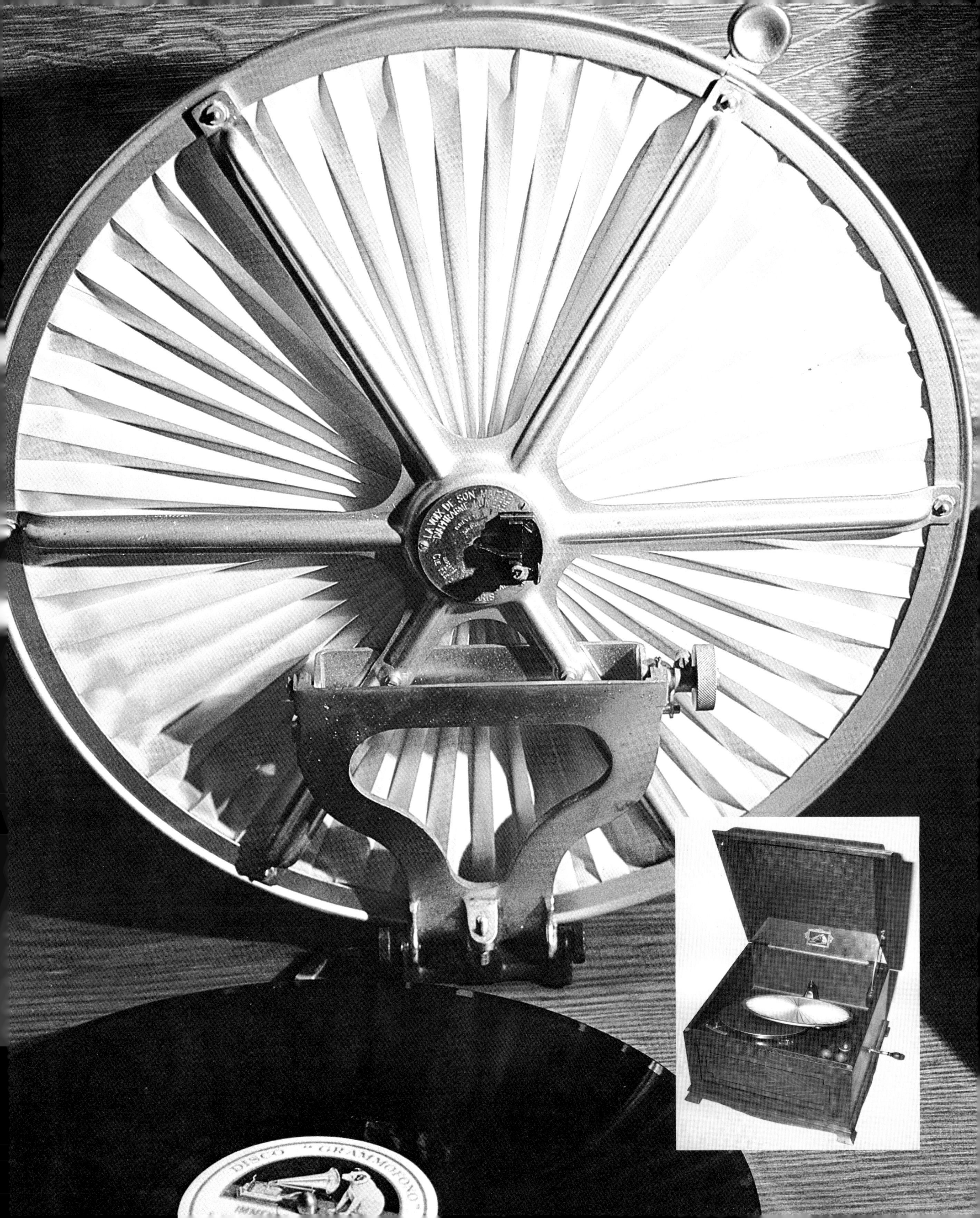
LA VOIX DE SON MAITRE
DISCO "GRAMMOFONO"

Der Phonograph macht Spaß – das sollte diese Farblithographie illustrieren, die in der Werbung der Edison Phonograph Company verwendet wurde. Es gibt noch eine andere Version dieses Bildes, auf dem der Schalltrichter als Blütenkelch dargestellt ist.

EDISON

Nach den ersten Versuchen Edisons mit der Schallaufzeichnung auf Stanniolfolie wurden zu Demonstrationszwecken mehrere kleine Serien der Geräte gebaut. Sie sind gewissermaßen die «Inkunabeln» des Phonographen. In Museen (zum Beispiel im Deutschen Museum in München) kann der Sammler sie heute wenigstens noch bewundern, denn zu kaufen gibt es sie nicht mehr.

Als Edison erkannte, daß die Möglichkeiten der Aufzeichnung auf Zinnfolie begrenzt waren, wandte er sich anderen Erfindungen zu. Erst der von Tainter mit der Wachswalze erzielte Fortschritt lenkte Edisons Aufmerksamkeit erneut auf den Phonographen. Wieder waren die ersten Versuche unbefriedigend, und so kam es nicht zur Produktion einer großen Serie. Erst das neue, ab 1888 in der Fabrik in West Orange gebaute Gerät *Class M* mit einem batteriegespeisten Elektromotor markierte den Beginn der Edisonschen Phonographen-Industrie. Im Juli 1888 wurde — wie berichtet — die NORTH AMERICAN PHONOGRAPH COMPANY gegründet.

Der weltweiten Verbreitung der Geräte standen jedoch einige Hindernisse entgegen: Sie waren zu schwer und zu teuer, und von ihrer Konzeption her waren sie zunächst fürs Büro gedacht und nicht zur Unterhaltung. Thomas A. Edison analysierte die Marktsituation und folgerte:

1. Es ist einfacher, einen Federmotor zu benutzen als einen Elektromotor.
2. Es müssen sowohl billige Geräte mit einfacher als auch teurere mit entsprechend aufwendigerer Ausstattung angeboten werden.
3. Je nach Verwendungszweck müssen unterschiedliche Phonographen gebaut werden.

Es gab Phonographen, die öffentlich aufgestellt wurden, Münzautomaten («Coin-Slot Phonographs»), Apparate für zu Hause und Diktiergeräte fürs Büro.

1895 bot Edison seinen ersten federgetriebenen Phonographen an, der 100 Dollar kostete. Das Gerät erhielt den Namen *Triumph* und wurde in mehreren Versionen gebaut.

Es folgte der *Home*, der in West Orange von 1896 bis 1913 in sieben Varianten hergestellt wurde. Sein Preis: 40 Dollar.

Der Name des *Standard* zeigt schon, daß dieses Modell, das 1898 auf den Markt kam, für die große Masse gedacht war, die einen bescheidenen Preis dafür bezahlte: 20 Dollar. Bis zur Einstellung der Serie im Jahr 1913 gab es ebenfalls sieben Versionen. Edison hatte mit seiner Konzeption recht behalten: Dieses einfache Gerät war außerordentlich verbreitet und ist für den Sammler heute noch am ehesten zu finden.

Als Konkurrenz insbesondere zu dem Modell *Eagle* der GRAPHOPHONE konzipierte Edison den *Gem*, einen kleinen und sehr einfachen Phonographen,

Anzeige der Edison-Gesellschaft, Berlin, um 1906.

der für 7,50 Dollar verkauft wurde. Erstmals 1899 gebaut, wurde die Serie 1913 eingestellt, zusammen mit allen anderen Geräten mit Außentrichter (das Modell *School* ausgenommen).

Die drei Phonographen *Home*, *Standard* und *Gem* fanden eine enorme Verbreitung. Jedes Modell wurde im Laufe der Jahre verbessert: Die Walzen hatten zuerst eine Spieldauer von zwei Minuten, dann von vier; die Schalldose wurde geändert; die Modelle *Home* und *Standard* erhielten einen Schwanenhalstrichter. Alle diese Modelle wurden auch international vertrieben, während andere Phonographen aus der Produktion von West Orange nur auf dem amerikanischen Markt angeboten wurden.

Von den Geräten mit äußerem Schalltrichter muß noch der *Edison-Concert-Phonograph* erwähnt werden, der ab 1899 verkauft wurde und Stentor-Walzen abspielte, das heißt Walzen, deren Durchmesser doppelt so groß war wie der von Normal-Walzen. Es gab verschiedene Versionen dieser Serie: *Opera* mit batteriegetriebenem Motor (2 Volt) und *Oratorio* mit 110/120-Volt-Motor. Diese Modelle wurden auch als Münzautomaten unter den Namen *Climax*, *Ajax* und *Vulcan* angeboten.

Als Spitzenmarke wurde von 1907 bis 1911 der *Idealia* gebaut, der zuerst Walzen von zwei Minuten und dann ab 1908 Walzen von zwei und vier Minuten abspielen konnte. Dieses Luxusmodell wurde jedoch nur wenig verkauft.

Als Nachfolger des *Standard* wurde 1909 der *Fireside* herausgebracht, der in seiner ersten Version Zwei- und Vier-Minuten-Walzen abspielte, im zweiten Modell nur noch Vier-Minuten-Walzen. Der *Fireside* hatte jedoch nur geringen Erfolg; er ist deshalb seltener zu finden als sein Vorgänger.

Der *Edison-Opera-Phonograph* war (wenn man vom *School* absieht, der lediglich begrenzte Verwendung fand), das letzte Gerät mit außen angebrachtem Schalltrichter. Dieser Phonograph, der nur knapp zwei Jahre lang produziert wurde (1911 bis 1913), hat als einziger eine starr montierte Schalldose, an der die Walze seitwärts vorbeibewegt wird. Das Gerät konnte nur Vier-Minuten-Walzen abspielen. Ab Oktober 1912 wurde es als *Edison-Concert-Phonograph* bezeichnet.

Edison-Phonographen lagen wegen ihrer soliden Bauweise lange Zeit an der Spitze. Die Werke in West Orange stellten noch bis 1929 Musikwalzen her. Als der große kelchförmige Trichter aus der Mode kam und seit 1906 die VICTOR TALKING MACHINE COMPANY und dann die COLUMBIA ihre Trichter in die Gehäuse integrierten, war auch Edison gezwungen, diese Neuerung zu übernehmen. Es entstanden die *Amberol-Phonographen*, die ihre Bezeichnung nach den gleichnamigen Vier-Minuten-Walzen erhielten. Auch von den Geräten mit eingebautem Trichter gab es viele Versionen, die allmählich die Phonographen mit Trichterkelch verdrängten. Nach dem 1. Oktober 1913 wurde kein Edison-Phonograph mit außen montiertem Trichter mehr gebaut.

Eine weitere wichtige Etappe in der Geschichte des Edison-Phonographen war natürlich die Einführung der flachen Tonscheibe, der Schallplatte, obwohl die Gehäuse der *Amberol-Phonographen* und der *Edison-Plattenspieler* ganz ähnlich aussahen. Edison änderte sein Aufnahmesystem allerdings nicht, sondern blieb bei der vertikal geschnittenen Tonspur, der Tiefenschrift. Um die Qualität seiner Platten zu beweisen, wurden Vorführabende organisiert, bei denen die Sänger «life» und via Schallplatte dieselbe Arie sangen — und die Zuhörer sollen kaum einen Unterschied bemerkt haben! High Fidelity?!?

Karikatur auf den Phonographen, der hier als «Fälschograph» dargestellt ist. «Wenn Sie ein Geldstück einwerfen, hören Sie das Jaulen eines Hundes, der sich den Schwanz in einer Tür eingeklemmt hat.»

Als Thomas A. Edison 1887 die Arbeit an seinem Phonographen wiederaufnahm, wobei er sich die Entwicklungen Tainters (den Wachszylinder) zunutze machte, konstruierte er einen Phonographen mit Elektromotor, den er jedoch bald wieder zugunsten des neuen *Class M* aufgab. Dieses Modell wurde dann in Serie gefertigt. 1889 wurde es auf der Pariser Weltausstellung gezeigt. Den Vertrieb besorgte die North American Phonograph Company, die Edison später selbst übernahm, nachdem sie in finanzielle Schwierigkeiten geraten war.

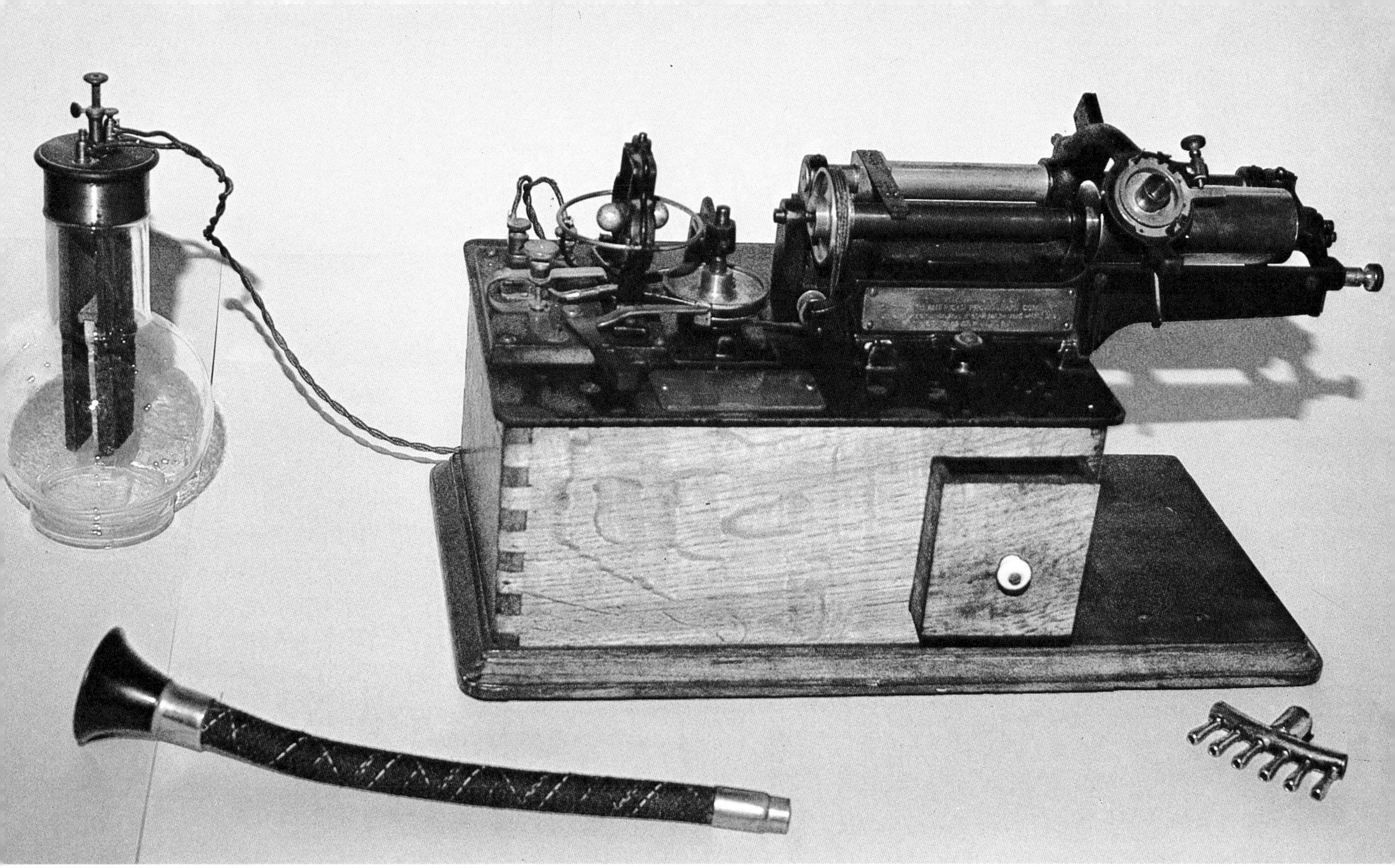

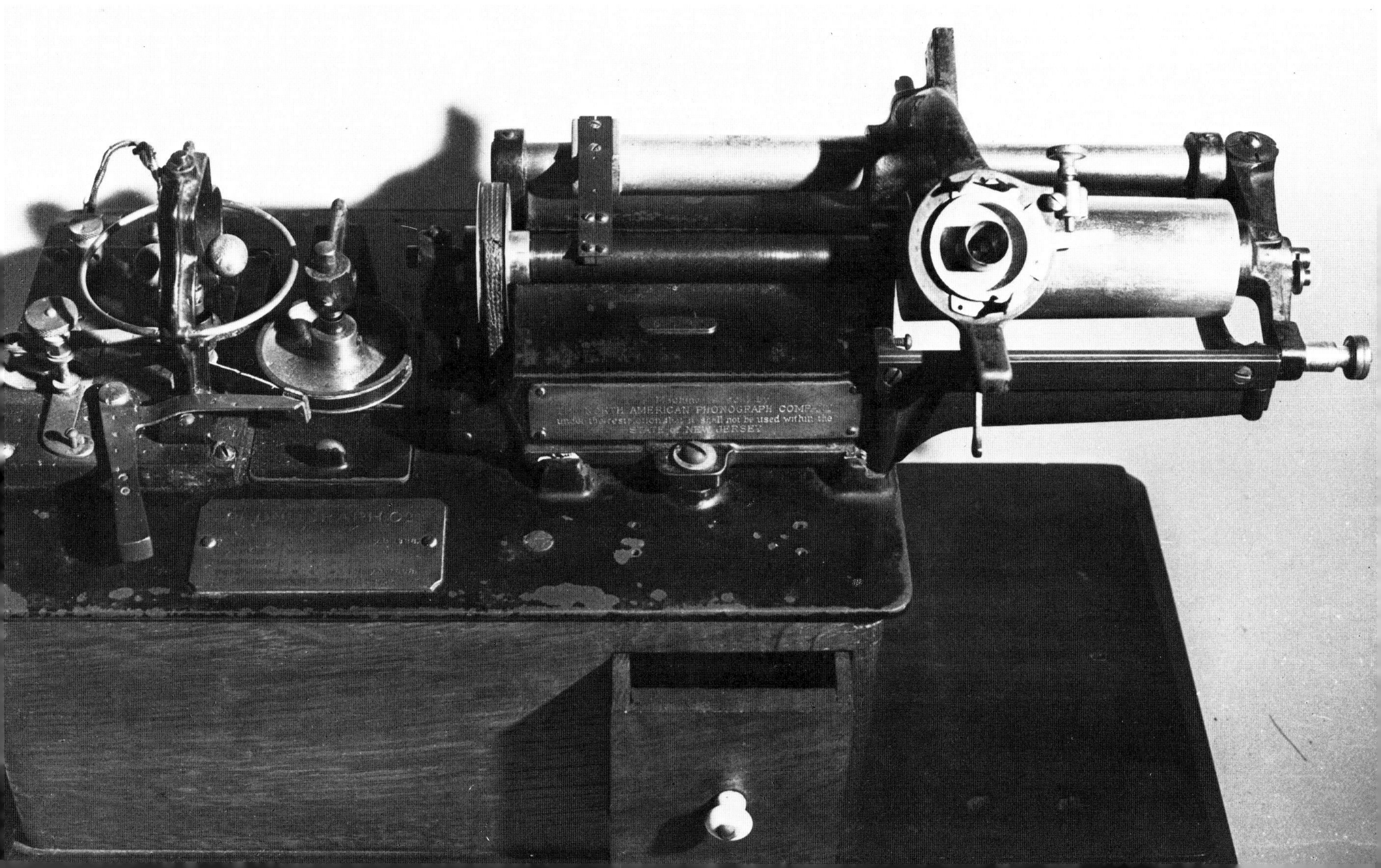
AMERICAN PHONOGRAPH COMP
not be used within the
NEW JERSEY

Jedenfalls bestellte die amerikanische Armee 1917/18 eine Reihe von Phonographen zur Unterhaltung der Soldaten.

Der Vollständigkeit halber sei noch der kleine Phonograph erwähnt, den Edison 1889 in den Körper einer Puppe einbaute. Dessen Tonqualität soll allerdings nicht besonders gut gewesen sein.

Thomas Alva Edison hatte sich im Alter von dreißig Jahren erstmals mit dem Phonographen beschäftigt, und erst mit zweiundachtzig hörte er damit auf. Zwei Jahre später starb er. Sein Leben lang hatte dieser Erfindung sein besonderes Interesse gegolten — und dabei war Edison nahezu taub!

Der *Edison-Home-Phonograph A* wurde von 1896 bis 1901 gebaut. Auf dem gewölbten Deckel prangt der Name in roten Buchstaben.

Gegenüberliegende Seite oben: Der am meisten verbreitete *Edison-Phonograph* war das Modell *Standard,* das gewöhnlich mit einem einfachen Trichter ausgestattet war. Der hier montierte lange Messingtrichter und die dazugehörige Halterung geben diesem Gerät eine besondere Prägung.

Gegenüberliegende Seite links: Fast alle *Edison-Phonographen* – hier das Modell *Gem* — konnten auch mit der *Bettini-Schalldose* ausgestattet werden, wodurch die Tonqualität verbessert wurde.

Gegenüberliegende Seite rechts: Der *Gem* war preiswert, aber das Zuhören war kein reines Vergnügen, da der Mechanismus sehr laut war.

Links: Herstellung von Phonographen-Puppen.

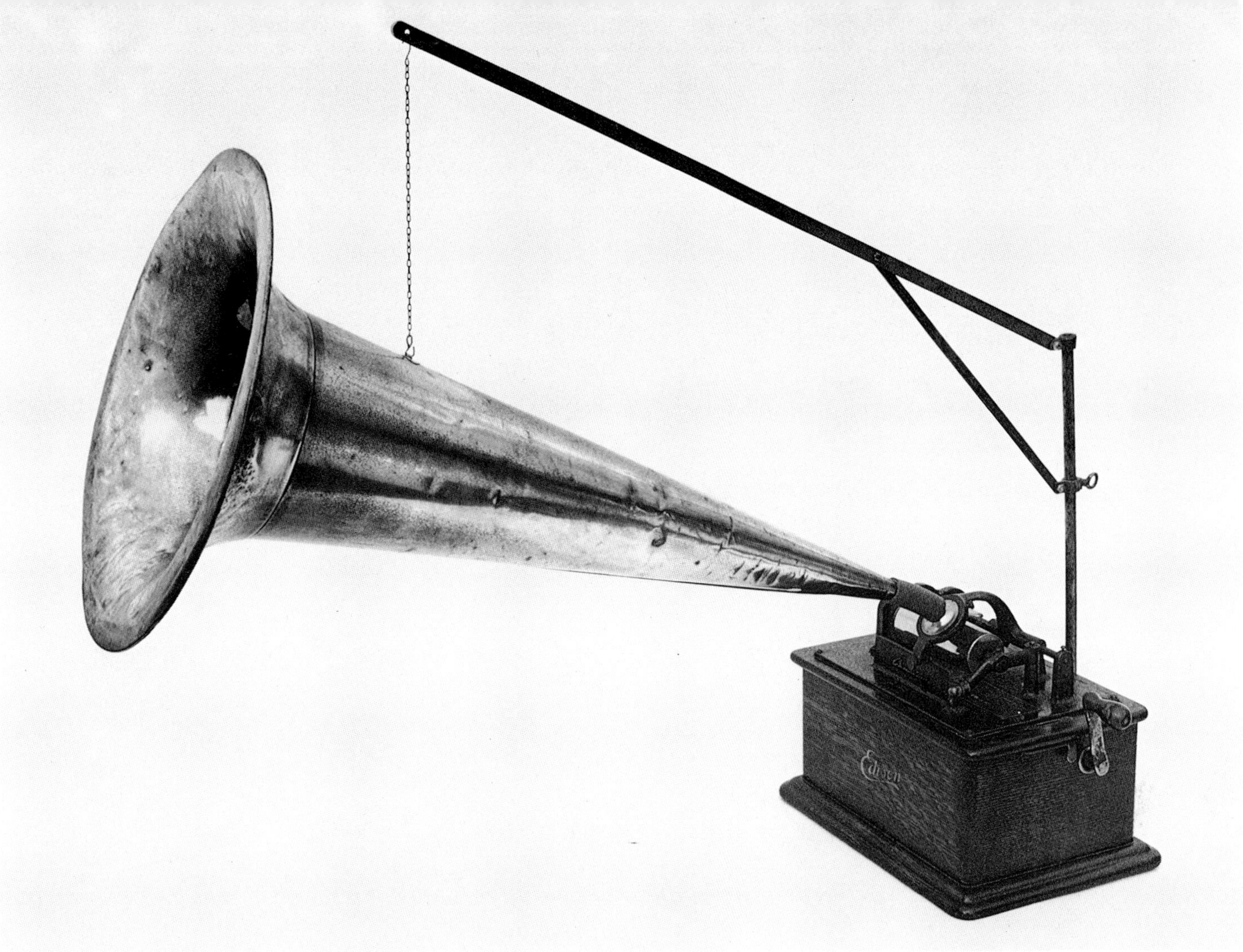
Edison

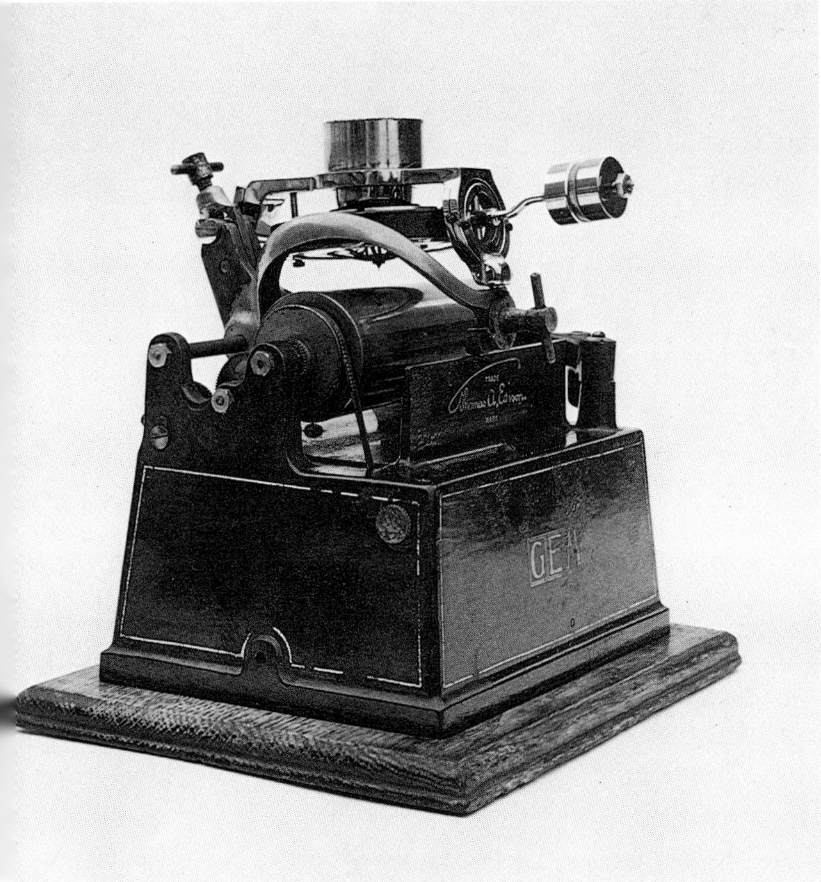
GEM

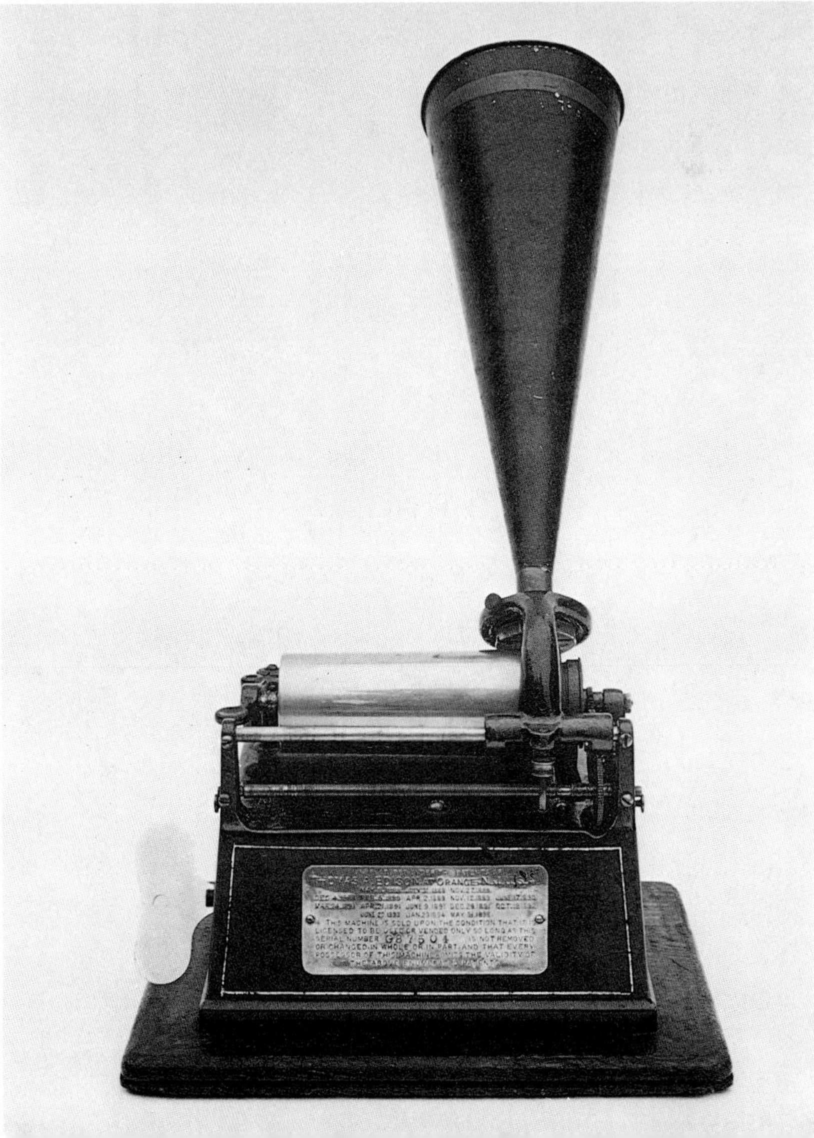

Der *Edison-Concert-Phonograph* wurde nur von 1899 bis 1901 gebaut. Er war mit einem dreifachen Federantrieb ausgestattet und konnte sechs bis acht Stentor-Walzen nacheinander abspielen, ohne aufgezogen zu werden.

Zweite Version des *Edison-Standard-Phonographen* Modell *A*, die nach 1900 entstand. Auf diesem weit verbreiteten Gerät konnten nur Zwei-Minuten-Walzen gespielt werden.

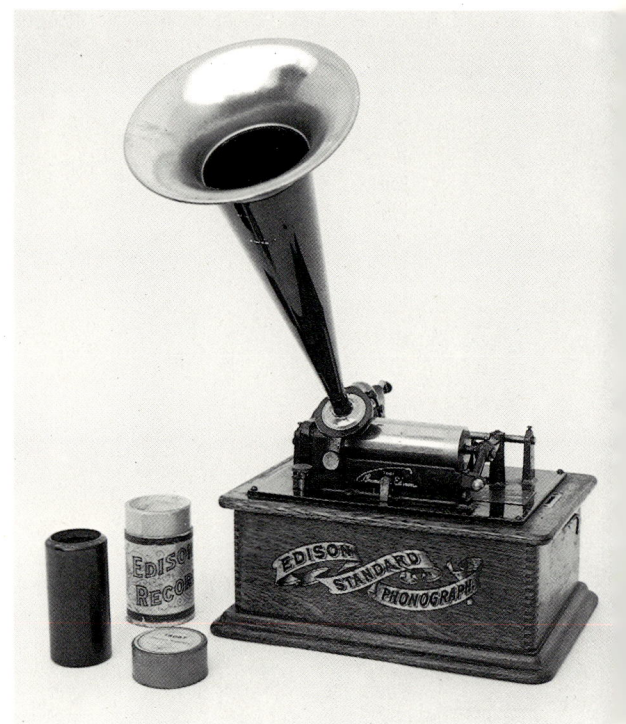

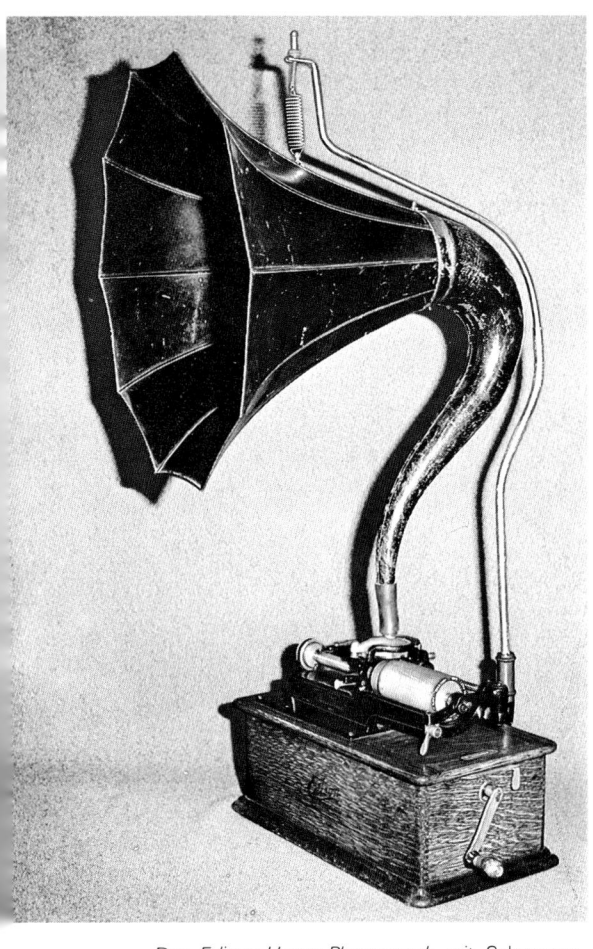

Der *Edison-Home-Phonograph* mit Schwanenhalstrichter konnte Zwei- und Vier-Minuten-Walzen abspielen. Er ist mit einer Schalldose *Diamond* Modell *B* ausgerüstet.

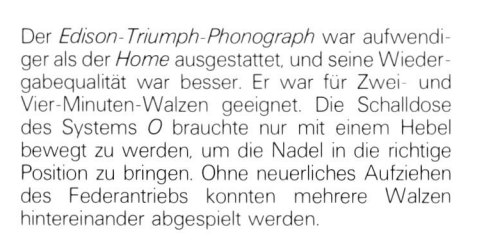

Der *Edison-Triumph-Phonograph* war aufwendiger als der *Home* ausgestattet, und seine Wiedergabequalität war besser. Er war für Zwei- und Vier-Minuten-Walzen geeignet. Die Schalldose des Systems *O* brauchte nur mit einem Hebel bewegt zu werden, um die Nadel in die richtige Position zu bringen. Ohne neuerliches Aufziehen des Federantriebs konnten mehrere Walzen hintereinander abgespielt werden.

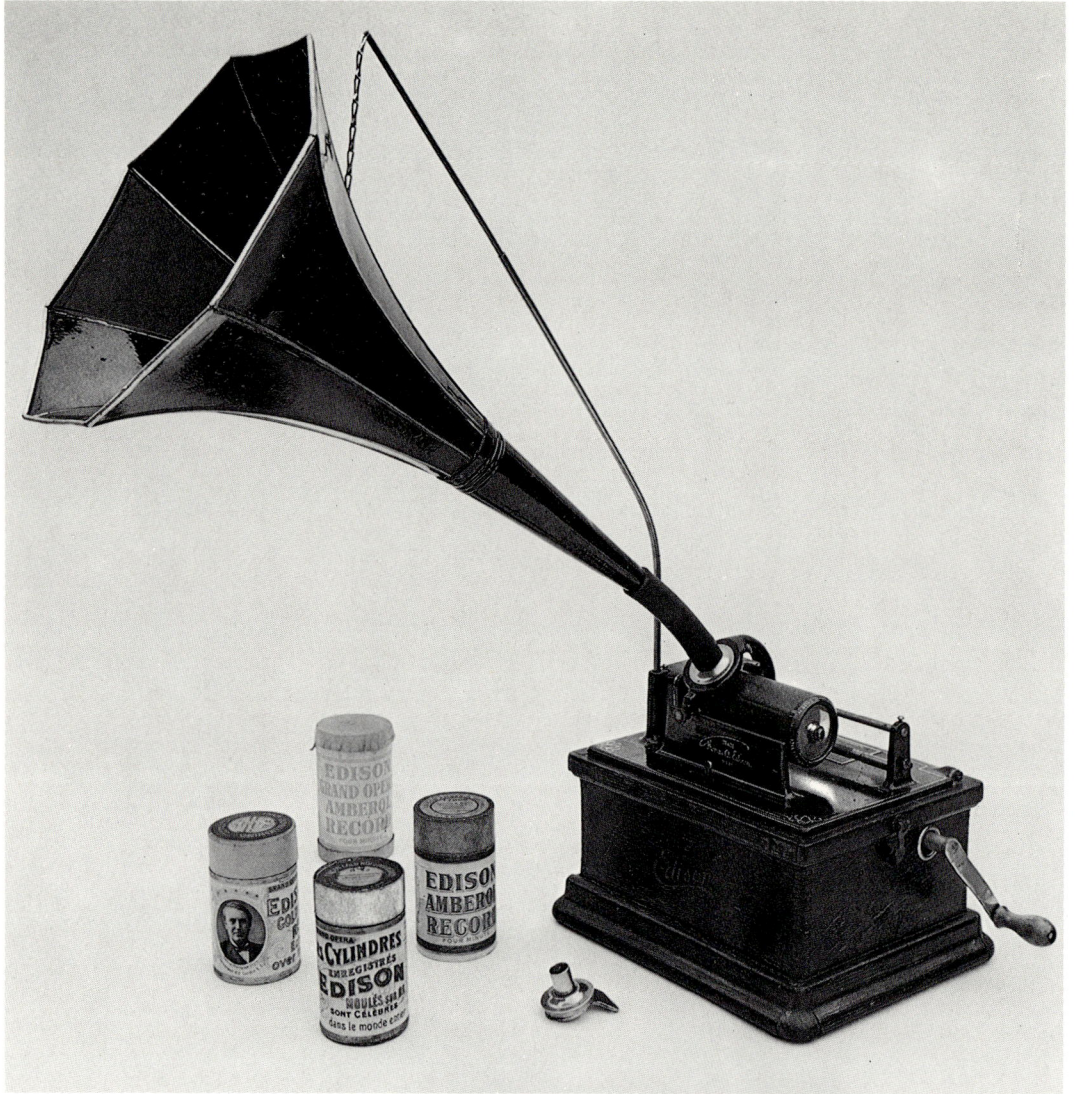

Der *Fireside* kam 1909 gleichzeitig mit den neuen Vier-Minuten-Walzen heraus und konnte Walzen von sowohl zwei als auch vier Minuten Dauer spielen. Das Modell *A*, das hier abgebildet ist, hat einen aus acht Lamellen zusammengesetzten Kelchtrichter.

Der letzte Edison-Walzenspieler mit außen angebrachtem Trichter, der *Opera Phonograph*, kam im November 1911 heraus und blieb nur zwei Jahre im Handel. Seine Besonderheit ist, daß sich die Walze unter dem Tonkopf (hier einem *Diamond A*) vorbeibewegt. Der Trichter aus Ebenholz ist fest montiert.

Diamond-Platten mit Tiefenschrift und sehr feiner Spur konnten nur mit *Edison-Phonographen* abgespielt werden. Die Spezialmembran ist direkt mit dem innenliegenden Trichter verbunden. Dieser Plattenspieler trug die Bezeichnung *London-35*.

Dieses sehr seltene Exemplar wurde während des Ersten Weltkriegs speziell zur Unterhaltung der amerikanischen Soldaten in Europa gebaut. Der Tonarm ist für verschiedene Schalldosen geeignet, die je nach Plattenhersteller gewechselt werden mußten. Das Herkunftsschild trägt die Initalien «A» und «N», was für «Army» und «Navy» stehen könnte. Das Gehäuse ist besonders robust.

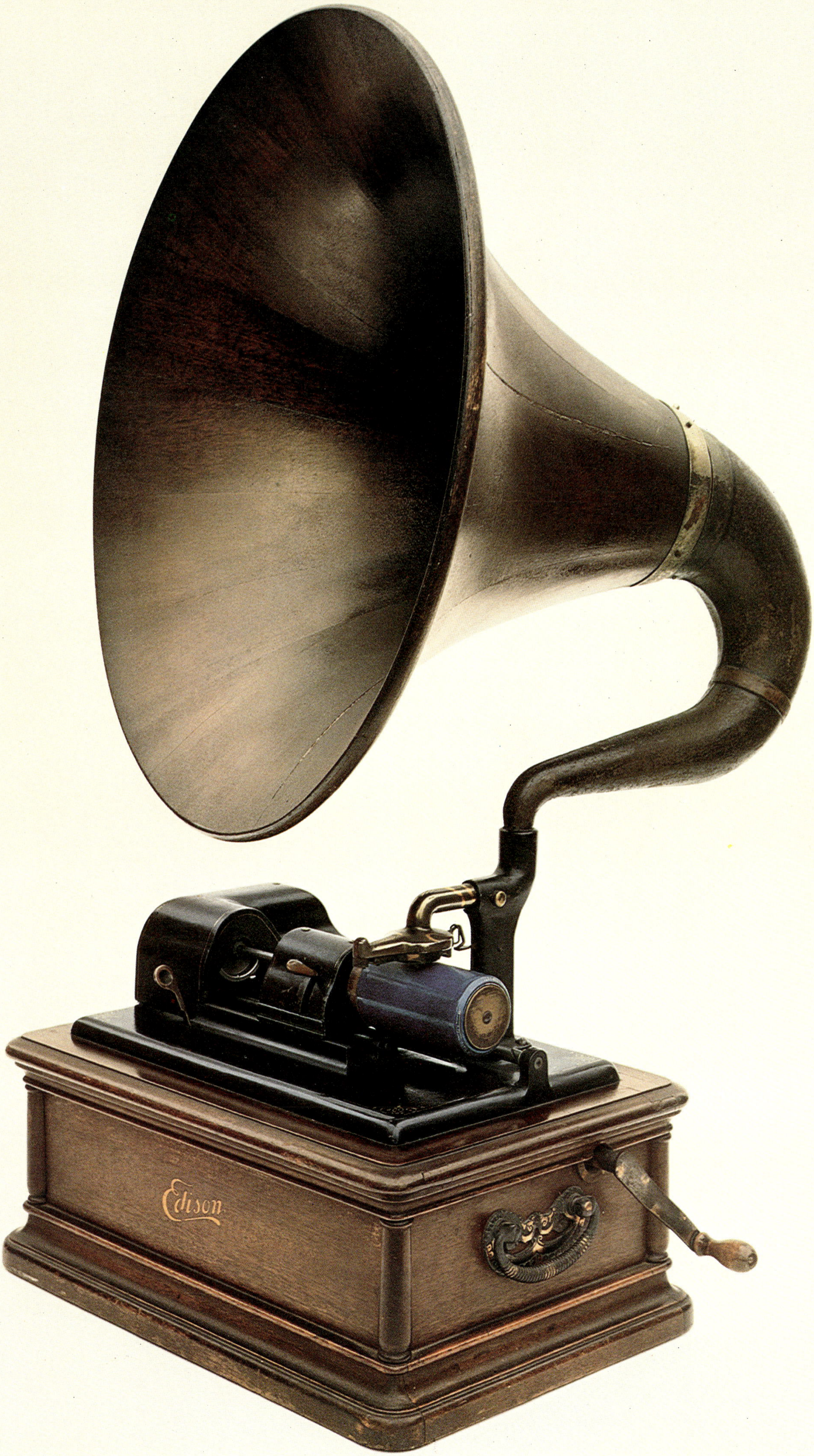
Edison

Eine 1902 in der Zeitschrift «Femina» erschienene Annonce der Société des Micro-Phonographes Bettini. Das Luxusmodell *Le Brillant* kostete damals die stolze Summe von 280 Francs.

In dieser Anzeige werden *Bettini-Phonographen* zu Preisen zwischen 40 und 500 Francs angeboten, außerdem Walzen, eingespielt mit «den besten und berühmtesten Künstlern, Militärkapellen, Zigeunermusik, Symphonieorchestern und neapolitanischen Kapellen mit Gesang. Auch Violinen und Frauenstimmen werden perfekt wiedergegeben!» Fürs Militär gibt's einen Preisnachlaß!

BETTINI

Gianni Bettini, vielleicht eine der temperamentvollsten Persönlichkeiten in der Frühgeschichte des Grammophons, wurde 1860 in Novara im Piemont geboren. Er stammte aus einer sehr reichen Familie, ging zum Militär, trug eine hübsche Kavallerieuniform und war, wie es hieß, ein «Frauenheld». In Paris traf er eine junge Amerikanerin, Daisy Abbott, die sich in den schönen italienischen Offizier verliebte. Der gab seine militärische Karriere kurzerhand auf, heiratete, und das Paar ließ sich zunächst in Paris, dann in New York nieder. Wir wissen nicht, was Bettini nach seiner Heirat trieb; sicher fand er genügend Zerstreuung in der feinen Gesellschaft, zumal die Familie seiner Frau ebenfalls sehr wohlhabend war.

1888 begann er, sich für eine Erfindung zu interessieren, die bereits einigen Erfolg hatte: die Sprechmaschine. Der junge Italiener kaufte sich den neuen Wachszylinder-Phonographen von Edison. Dieses Gerät war eigentlich nur zur Aufzeichnung und Wiedergabe des gesprochenen Wortes gedacht. Aber Bettini, der nichts zu diktieren hatte, wollte damit Lieder aufnehmen. Er liebte eben die Musik. Doch was aus dem Kasten wieder herauskam, befriedigte ihn keineswegs, und so bastelte er an dem Apparat herum. Die Schalldose mußte verbessert werden. Der Abtastgriffel war nur in der Mitte der Membran befestigt — warum nicht an mehreren Punkten? Bettini konstruierte eine sogenannte Spinne mit gleich langen Metallbeinen, die den Saphir hält und die Schwingungen an die Membran weitergibt.

Dann war er nur noch von *einer* Idee besessen: Er wollte alle berühmten Stimmen seiner Zeit aufzeichnen — und davon gab es eine ganze Menge. Bettini kannte viele Künstler persönlich, und so richtete er sich in der Fifth Avenue in New York ein Aufnahmestudio ein und stellte seine Freunde vor den Trichter: darunter die Sänger Emilio de Gogorza, Dante del Papa, Mario Ancona, Frances Saville...

Bettinis Musikwalzen und seine Wiedergabeschalldose, die auch an den Sprechmaschinen der EDISON und COLUMBIA verwendet werden konnte, hatten einen guten Ruf, wenn die Firma auch klein blieb und ihre Produkte nicht allzu weit verbreitet waren. 1896 erschien in der Fachzeitschrift «The Phonoscope» ein Bericht über das Studio in der Fifth Avenue und die dort produzierten Phonogramme, deren Qualität hervorragend gewesen sein soll.

Bettini brachte allmählich eine einzigartige Sammlung von Tondokumenten berühmter Leute zusammen, und als 1897 das Verfahren, Walzen zu reproduzieren, verbessert wurde, legte er einen umfangreichen Katalog vor. Zur gleichen Zeit wurden auf seinen Namen einige Patente für neue Geräte eingetragen. In den USA war die Konkurrenz jedoch zu stark. 1898 gründete er deshalb in Paris die SOCIÉTÉ DES MICRO-PHONOGRAPHES BETTINI.

Gianni Bettini im Jahre 1914 vor einem von ihm erfundenen Kinematographen. Der Film wurde hier durch eine Glasscheibe ersetzt, auf der in 36 Reihen je 16 Bilder gruppiert waren. Dieses System war zwar sparsamer als das herkömmliche, fand aber keine Verbreitung, und Bettini verdiente nichts an dieser Erfindung.

Bettini kehrte also nach Europa zurück und nahm vor allem die berühmten Leute der Pariser Gesellschaft auf. Auf der Weltausstellung 1900 wurde ihm eine Goldmedaille verliehen. 1901 bot Bettini folgende Geräte an:

Nr. 6	50 Francs
Rubis	56 Francs
Tandem (für zwei verschiedene Walzengrößen)	190 Francs
Brillant (Luxusmodell)	280 Francs
Aiglon (Luxusmodell, für zwei Walzengrößen)	380 Francs

Äußeres Kennzeichen der Bettini-Phonographen war die horizontale Anordnung der Schalldose. Der Auflagedruck des Saphirs ließ sich mit einem Gewicht verstellen. Bei der Aufnahme wurden meist Trichter aus dünnem Aluminium verwendet, während sich bei der Wiedergabe auch ein Schallhorn aus gedrehtem Instrumentenholz bewährte.

Bettini produzierte unter anderem auch Walzen mit Zigeunermusik, die damals sehr in Mode war. Die Qualität der Aufnahmen war hoch, aber die Produktion blieb doch beschränkt. Die Walzen waren auch ziemlich teuer — zwischen 2 und 6 Dollar, während die anderen Firmen ihre Zylinder schon für 50 Cents verkauften —, und so hat der Sammler heute große Schwierigkeiten, diese Stücke zu finden.

Ein besonderer Augenblick in der Geschichte des Leutnants Bettini soll noch der Vergessenheit entrissen werden: 1903 machte er eine Tonaufnahme von Papst Leo XIII. Hier der Bericht, den Bettini einem italienischen Journalisten gab:

«Bei meiner Ankunft im Vatikan hatte ich Mühe, kaltes Blut zu bewahren und meine Gefühle im Zaum zu halten, handelte es sich doch um ein sehr delikates Vorhaben, das leicht fehlschlagen konnte... Plötzlich öffnete sich die Tür, und weißgekleidet und voller Majestät erschien der Heilige Vater, der die Last seines Alters mit erstaunlicher Kraft trug. Er eilte mit kleinen Schritten auf den Heiligen Stuhl zu und setzte sich. 'Sie sind also dieser Herr Bettini, und Sie wollen einen Versuch machen. Ich weiß, daß Sie seltsame Entdeckungen gemacht haben!' Dann fügte seine Heiligkeit hinzu: 'Was meinen Sie, Bettini, soll ich mich setzen oder stehen bleiben?' Ich hätte es vorgezogen, wenn der Heilige Vater stehen geblieben wäre, aber ich fürchtete, der wackere Greis könnte ermüden, und so bat ich ihn, sitzen zu bleiben. Man schob einen Tisch so nah wie möglich an den päpstlichen Stuhl heran, und sofort stimmte der Papst auf lateinisch die Benedictio an. Der Apparat stoppte, und seine Heiligkeit, die sehr an diesem Wunder der Technik interessiert war, wollte die Worte hören. Nun, die Membran gab sie nicht sehr deutlich wieder, und der Papst war unzufrieden. Aber als der Pontifex nach dem Ave Maria seine Stimme klar und deutlich aus dem Gerät vernahm, drückte er lebhaft seine Genugtuung aus: 'Gut! Sehr gut!' rief er, 'und jetzt noch einmal die Benedictio!' Ich setzte den Apparat in Gang, und dieses Mal war, wie man hören kann, der Erfolg vollkommen.»

Einige Monate später starb Leo XIII. im Alter von dreiundneunzig Jahren. Die ausgezeichnete Aufnahme wurde von Bettini verkauft, später wurde sie von der COLUMBIA GRAPHOPHONE COMPANY übernommen. Es war dies eine der wenigen authentischen Aufnahmen — im Gegensatz zu den Ansprachen des Kaisers, des französischen Präsidenten oder des Zaren, die oft von einem Schauspieler (oder gar vom Walzenproduzenten selbst) in den Trichter des Aufnahmegerätes gesprochen wurden.

Die von Bettini entwickelte Schalldose, hier das Modell *r*, war in den USA im August 1889 und Dezember 1892 patentiert worden.

Ein Walzenspieler der Société des Micro-Phonographes Bettini, Paris. Die Bettini-Wiedergabeschalldose ließ sich auch auf anderen Phonographen befestigen. Der Auflagedruck des Saphirs konnte mit einem Gewicht verstellt werden.

Gianni Bettini in New York vor einem seiner Phonographen.

Die große Sarah Bernhardt bei einer Aufnahme im Studio Bettinis in der Fifth Avenue in New York. Zufällig sind Gerät und Hintergrund auf beiden Bildern die gleichen.

Bettinis einzigartige Sammlung berühmter Stimmen wurde wahrscheinlich während des Ersten Weltkriegs zerstört. Die Sammler heute suchen jedenfalls noch immer nach diesen Schätzen.

Um 1905 beschäftigte sich Bettini auch mit der Schallplatte und konstruierte entsprechende Abspielgeräte. Leider wissen wir über diesen Teil seiner Produktion so gut wie nichts.

Es soll noch erwähnt werden, daß Bettini sich nicht nur mit dem Phonographen beschäftige: Er erfand ein Feuerzeug, verbesserte die Acetylenlampe, entwickelte eine automatische Ballwurfmaschine für Tennisspieler und ein Kinematographensystem mit beweglichen Glasplatten, das ihn lange beschäftigte, sich aber kommerziell nie auszahlen sollte.

1914 wurde Bettini Kriegskorrespondent für die Zeitschrift «Le Gaulois». 1917 kehrte er im Auftrag der italienischen Regierung als Mitglied einer Militärmission in die Vereinigten Staaten zurück. Er starb 1938, ohne sein Heimatland wiedergesehen zu haben.

Es ist nicht bekannt, wann genau Bettini sich mit der Schallplatte und entsprechenden Abspielgeräten beschäftigt hat. Immerhin ist dieser nicht mehr vollständige Apparat ein *Bettini Nr. 22,* mit einem am 6. August 1903 eingetragenen Patent Nr. 334 449 versehen.

Edisons Stand auf der Weltausstellung 1889. Die Phonographen sind halb verdeckt, und die Besucher drängen sich, um einen freien Hörschlauch zu erwischen (aus «L'Illustration» vom 19. Oktober 1889).

Der Phonograph in Europa

DIE WELTAUSSTELLUNG IN PARIS 1889

Paris wollte feiern, und so verband man die Hundertjahrfeier der französischen Revolution von 1789 mit einer großen Schau der modernen Technik. Gustave Eiffel baute einen Turm, der Ausdruck von Optimismus und Unternehmungsgeist sein sollte — und ein Beweis für die Leistungsfähigkeit der französischen Ingenieurkunst. Aus aller Welt strömten die Besucher herbei, und wer mit neuen Erfindungen, kühnen Ideen und seltsamen Maschinen berühmt werden wollte — in Paris konnte er es.

Die jungen amerikanischen Phonographen-Konstrukteure hatten sich voller Ungeduld auf dieses Ereignis vorbereitet, sie waren sicher, daß in Paris Triumphe auf sie warteten. Vom 6. Mai bis zum 6. November 1889 kamen 25 Millionen Besucher in die Ausstellung — zur Freude der französischen Regierung, die das Spektakel finanziert hatte.

Thomas Alva Edison war selbst über den Atlantik gekommen, um seine Erfindungen vorzustellen. Auf 675 Quadratmetern Ausstellungsfläche zeigte er seine elektrischen Lampen, das Telephon und den Phonographen. Die lange Schlange neugieriger Besucher, die diese Wunderwerke betrachten oder anhören wollten, riß nicht ab. Die Phonographen waren auf Tischen aufgestellt, und die Techniker wechselten ab und zu die Walzen aus. Die Besucher warteten hinter den Absperrgittern ungeduldig, bis sie an der Reihe waren — und amüsierten sich über die Zuhörer vor ihnen, die mit Schläuchen in den Ohren dastanden und große Augen machten.

Während der Ausstellung wurden anscheinend keine Phonographen verkauft, aber natürlich war sie eine vorzügliche Reklame. Kurz vor der Eröffnung, am 23. April, war der neue Phonograph Edisons der Akademie der Wissenschaften in Paris vorgestellt worden. Diese zweite Vorführung in der Akademie, elf Jahre nach der ersten, zeigte die deutlichen Fortschritte, die die

Das Kindermädchen lauscht entzückt dem Edisonschen Phonographen — zum Glück bleibt das Kind dabei ganz friedlich.

Sprechmaschine inzwischen gemacht hatte. Die Zinnfolie war durch einen mit gehärtetem Wachs überzogenen Pappzylinder abgelöst worden — und das Ergebnis war hörbar besser. Aber so groß auch das allgemeine Interesse war, der kommerzielle Erfolg blieb noch immer gering.

Von einer anderen bedeutsamen Demonstration berichtete Gouraud, ein Abgesandter Edisons:

«Einer unserer berühmtesten Komponisten, Herr Gounod, hatte sein 'Ave Maria' in den Phonographen hineingesungen und sich dabei am Klavier begleitet, und als er nun zuhörte, rief er aus: 'Wie gut, daß ich keinen Fehler gemacht habe! Welche Genauigkeit, welche Originaltreue! Und wie kommt das alles? Einige Holzstückchen, ein bißchen Eisen und Wachs, alles unbedeutende Kleinigkeiten, die wie bei allen großen Erfindungen sozusagen eine Seele erhalten haben durch das Genie des Mannes, der diese Entdeckung gemacht hat!'»

Der schon sehr berühmte Edison lernte während seines Aufenthalts in Paris natürlich auch den nicht minder berühmten Erbauer des Eiffelturms kennen, den populärsten Mann der Weltausstellung: Gustave Eiffel. Edison schenkte dem Ingenieur einen seiner Phonographen, und Eiffel probierte das Gerät in seiner Wohnung im dritten Stock des Eiffelturms auch gleich aus. Ein zweites Gerät wurde dem städtischen Gewerbemuseum geschenkt — man kann es heute noch dort sehen.

Ob Edison auch den Uhrmacher Henri Lioret getroffen hat, der einige Jahre später im Zusammenhang mit Spielzeug-Phonographen von sich reden machte? Eigenartigerweise stellte Edison seine sprechenden Puppen nicht aus. Die Tonqualität war wohl zu schlecht und hätte vielleicht dem Ruf des Meisters geschadet.

Alle Welt sprach von Edisons *Phonographen*, die wissenschaftlichen Zeitschriften und die Illustrierten sangen Loblieder auf den amerikanischen Erfinder, während einige Schritte von dessen Ausstellungsstand entfernt auf einem sehr viel bescheideneren Platz Charles Sumner Tainter sein *Graphophone* vorführte und sich mühte, im Schatten Edisons seine Stellung zu behaupten. Tainters Apparate sollten vor allem praktischen Zwecken dienen: zum Diktieren von Briefen. Die Geräte funktionierten einwandfrei, aber der bescheidene Tainter, der auch nur über geringe Geldmittel verfügte, blieb neben Edison im Hintergrund.

Der Erfolg der Weltausstellung war enorm. Heute amüsieren wir uns über die Berichte der Journalisten, die sich wunderten, daß diese Maschinen die schwierigsten Silben und Wörter fehlerfrei wiederholen konnten:

«Wir hörten auf der Ausstellung einige Romanzen, die vor mehreren Wochen von einer Sängerin vorgetragen worden waren; und noch immer, obwohl über einen Monat eingelagert, hat die Stimme der Sängerin nichts von ihrer Frische und Unmittelbarkeit verloren. Dieser wunderbare Apparat spricht außerdem alle Sprachen. Der Prinz Taïab-Bey hat arabisch hineingesprochen und Mistral provenzalisch: Der Phonograph hat die Eigenheiten der Stimme und den persönlichen Akzent jedes Sprechers perfekt wiedergegeben!»

Ja, man wollte sogar «eine Art Bibliothek gründen, die die von berühmten Persönlichkeiten besprochenen Phonogramme aufbewahrt und den zukünftigen Generationen erhält». Leider wurde dieser Plan erst viele Jahre später mit dem «Musée de la Parole» in die Tat umgesetzt.

Weltausstellung 1889 in Paris: Alt und jung ist fasziniert von Edisons Phonographen.

Bei den ersten Aufnahmen von Klaviermusik mußte ein ungewöhnlich langer Aufnahmetrichter verwendet werden.

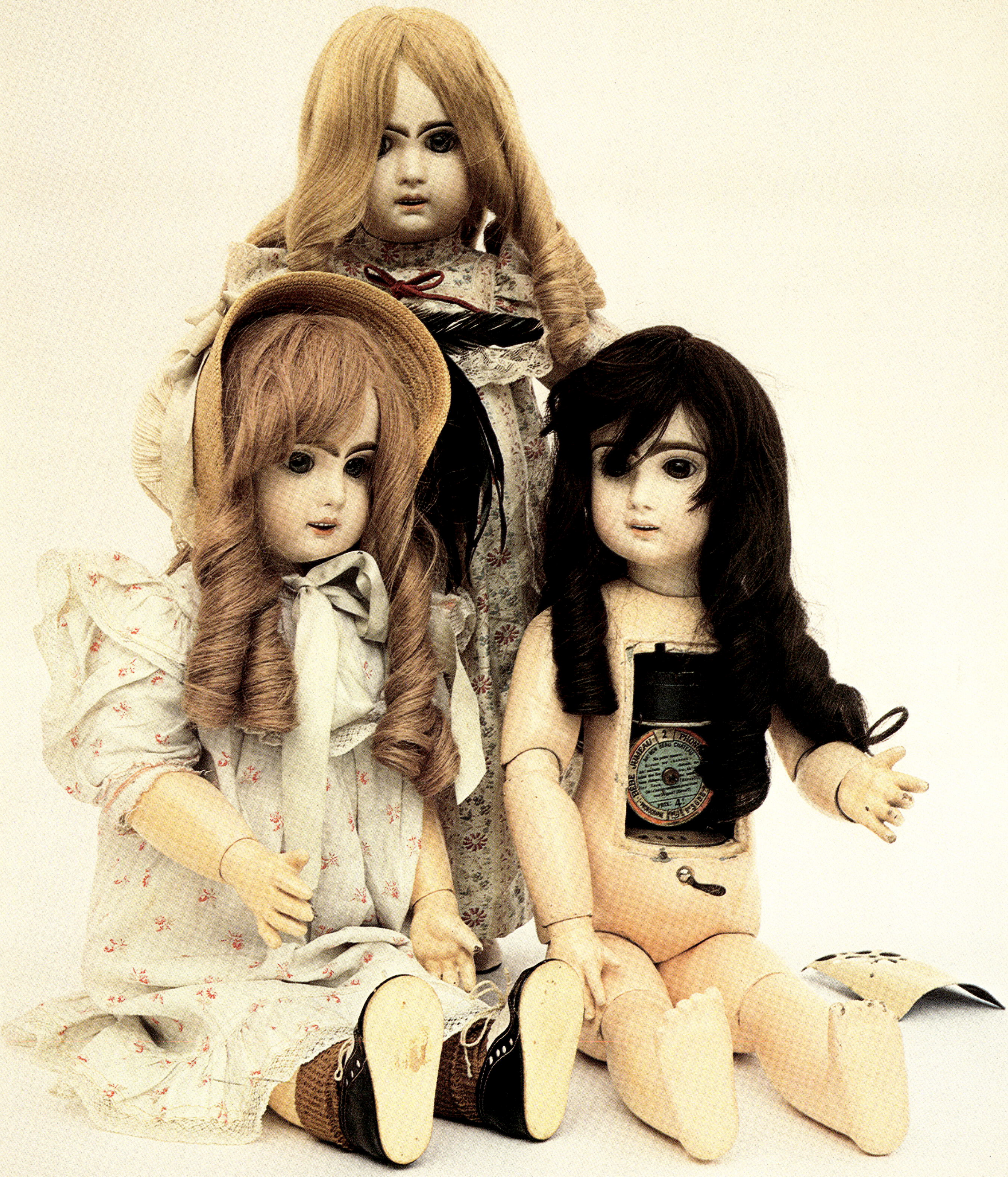
BÉBÉ JUMEAU
2
4f

HENRI LIORET

Der Familie des Uhrmachers Lioret wurde am 26. Juni 1848 ein Sohn geboren: Henri — und der Vater, der sein Geschäft in Moret-sur-Loing (Seine-et-Marne) betrieb, wußte auch gleich, wie die Zukunft des Sohnes aussehen sollte: Er mußte sein Nachfolger werden. Und so geschah es.

Henri Lioret ging 1862 auf die Uhrmacherschule in Besançon. Nach vier Jahren waren seine Studien beendet. Seine Arbeit war erfolgreich, und so gründete er in Paris eine Firma. Er erfand eine Weckeruhr, die er *Le Grillon* (die Grille), nannte. 1878 wurde er auf einer Pariser Ausstellung mit einer Bronzemedaille und 1879 mit einem Ehrendiplom ausgezeichnet. Die französische Regierung bestellte bei Lioret eine prachtvolle Pendeluhr, die Stunden, Tage, Monate und Jahreszeiten anzeigte — ein wahres Kunstwerk, das dem russischen Zaren geschenkt wurde.

Henri Lioret war fünfundvierzig Jahre alt, als eine unerwartete Begegnung seinem Leben eine neue Richtung gab: Er sah ein kleines Mädchen, nur 65 cm groß, das Gesicht aus Porzellan und die Augen aus Glas, aber ohne Stimme. Der «Vater» dieser Puppe war Emile Jumeau, der Lioret vorschlug, das «Kind» sprechen zu lehren. Dieses Wunder wurde gegen Ende 1893 vollbracht, das «Phonographen-Baby» war geboren.

Lioret, der die Erfindungen Edisons und Tainters kannte, hatte sich die Phonographen auf der Weltausstellung 1889 sehr genau angesehen. Er wußte auch von Edisons sprechenden Puppen, und es gelangen ihm einige Verbesserungen. Die Walze konnte jetzt ausgetauscht werden, da Lioret ein festeres Material dafür verwendete: Zelluloid. Vor der Aufnahme wurden die Zelluloidzylinder zur Vorbereitung der Oberfläche in Kampferspiritus getaucht. Dieses Verfahren ließ Lioret am 28. November 1893 patentieren (in Erweiterung eines Patents Nr. 230177 vom 18. Mai 1893).

Dieser erste Phonograph aus französischer Produktion war ein großer Erfolg. Es gab verschiedene Texte und Kinderlieder auf den kleinen Zelluloidwalzen, die Puppe war hübsch — und die Eltern gaben gern die 38 Francs aus, die der *Bébé-Jumeau-Phonograph* kostete. Henri Lioret richtete sich größere Werkstätten ein, erhöhte die Produktion und entwickelte weitere Geräte.

Zunächst baute er den kleinen, für die Puppen konstruierten Sprechapparat in einen Pappkarton ein, den er nicht ohne Ironie *Le Merveilleux* nannte, den Wunderkasten, und schlug vor, ihn zu Reklamezwecken zu nutzen. Am bekanntesten wurde die Werbung der Firma MENIER, einer Schokoladenfabrik, die kleine Modelle der Litfaßsäule aus bedrucktem Blech herstellen ließ, aus denen ein Loblied auf die süße Ware erklang. Die Mechanik dieser Geräte wurde als *Lioretograph Nr. 1* bezeichnet.

Henri Lioret (um 1900).

◀ Puppen der Firma *Jumeau*, für die Henri Lioret die Phonographen produzierte. Diese Puppen, die Ende 1893 angeboten wurden, enthielten den ersten in Frankreich gebauten Phonographen für Walzen aus Zelluloid.

Der *Lioretograph Nr. 2* konnte seine Herkunft aus einer Uhrmacherwerkstatt nicht verleugnen. Der Federmotor zum Aufziehen war sehr gut gearbeitet, während die akustische Mechanik relativ einfach war. Die Wiedergabeschalldose hatte einen ziemlich großen Durchmesser und war mit einem Saphir versehen, der an einem gebogenen Draht befestigt war. Ein kurzer Zelluloidkonus auf einem trommelförmigen Körper diente zunächst als Schalltrichter. Später verwandte Lioret auch große Trichter, deren Wiedergabe durch einen zusätzlichen Resonanzkörper aus Metall, der im Innern mittels Schrauben anzubringen war, verbessert wurde.

Gegenüber den amerikanischen Walzenspielern hatten die Entwicklungen Liorets zwei Vorteile: Sie waren billiger, und durch die Resonanzkörper waren sie auch ziemlich laut. Trotzdem wurden sie noch zusätzlich mit Hörrohren ausgestattet. Die Walzen hatten eine Spieldauer von zwei Minuten, aber sie waren kürzer als die amerikanischen Wachszylinder, da das Zelluloid den Schnitt sehr feiner Spuren zuließ.

Lioret arbeitete weiter an der Erhöhung der Lautstärke. Der *Lioretograph Nr. 3* mit einem zweiteiligen, ineinandergesteckten Trichter wurde 1897 im Trocadéro vorgeführt. Trotz der schlechten Akustik des Saals war das Ergebnis zufriedenstellend. Vielleicht plante Lioret, mit seinem Apparat öffentliche Konzerte und Opernabende zu gestalten, aber die Reklamewirkung war nicht sehr groß. Die Besonderheit dieses Apparates war der Gewichtsantrieb, den Lioret vom Uhrenbau übernahm. Das Gewicht aus Gußeisen wog etwa 6 kg. Das Holzstativ hatte drei Beine, die bei einigen Modellen noch verlängert werden konnten, um die Abspieldauer zu vergrößern.

Lioret, der sich von der wachsenden Produktion der Amerikaner bedroht

Aus dem Katalog der Firma Lioret von 1900.

Eine Karikatur des Uhrmachers Lioret (um 1890).

Es war immer schwierig, die Walzen aufzubewahren, selbst wenn sie so wenig zerbrechlich waren wie die Zelluloidwalzen Liorets. Hier ein Kasten zur Lagerung der Walzen.

Nachbildung einer Litfaßsäule aus bedrucktem Blech, 48 cm hoch. Die Walze des eingebauten *Lioretographen* singt ein Loblied auf die Schokolade von Menier (1895).

sah, vergrößerte um 1900 sein Angebot, indem er die Geräte von EDISON und COLUMBIA GRAPHOPHONE nachbaute und veränderte. Er verbesserte den Federmotor und versah die Geräte mit einer größeren Membran und einem Trichter aus eigener Herstellung. Er baute die Walzenaufhängung um, so daß es möglich war, sowohl Wachs- als auch Zelluloidwalzen abzuspielen. Im Katalog des Jahres 1900 sind alle von der Firma LIORET gebauten oder modifizierten Geräte aufgeführt.

Als die Schallplatte die Walze abzulösen begann, produzierte Lioret auch Platten mit Tiefenschrift. Auf diesem Gebiet sollte er jedoch von den Gebrüdern Pathé überholt werden, die ihre Plattenproduktion seit 1906 industriell betrieben.

In den zehn Jahren, in denen sich Lioret vor allem mit Phonographen beschäftigte, baute er außerdem eine große Zahl von Automaten: einen zeichnenden Clown, Pierrot als Dichter, einen Militärtrompeter und andere. Lioretographen mit entsprechenden Walzen gaben diesen beweglichen Blechfiguren ihre Stimme. Am Eingang des Vorführsaals, den Lioret in seiner Fabrik eingerichtet hatte, stand der Diener François, ein Automat, so groß wie ein Mensch, und begrüßte die Besucher mit höflichen Worten.

Lioret war ein phantasievoller Mann, und so organisierte er für seine Geräte einen regelrechten Werbefeldzug in Zeitungen und öffentlichen Vorführungen. Neben dem Vorführraum in seiner Fabrik und dem Saal im Trocadéro mietete er einen eleganten Laden in der Avenue de l'Opéra, im Zentrum von Paris. Wie Edison 1889, so veranstaltete Lioret auf der Weltausstellung 1900 öffentliche Vorführungen — und verdiente nicht schlecht dabei; der Eintritt kostete immerhin 10 Centimes.

Henri Lioret blieb jedoch zeit seines Lebens ein Handwerker, der das Experimentieren und vor allem eine sorgfältige Arbeit liebte. Als er den Phonographen aufgab, beschäftigte er sich mit der Phonetik und mit dem Kino — und arbeitete mit so berühmten Pionieren der Kinemathographie wie Léon Gaumont, Fernand Ducretet und dem Abbé Rousselot zusammen.

Nach 1925 war Lioret wegen einer Operation gezwungen, ein ruhigeres Leben zu führen. So widmete er sich einer neuen Leidenschaft: der Malerei. Er malte vor allem die Landschaft um seine Heimatstadt Moret-sur-Loing.

Mit neunzig Jahren, am 19. Mai 1938, starb er in Paris und wurde in Moret begraben.

Lioretograph Nr. 1 – hier in einem Pappkarton. Dieser *Le Merveilleux* (der Wunderbare) genannte Apparat spielte Walzen mit einer Dauer von 30 Sekunden ab.

Gebrauchsanweisung für den Metalltrichter und den Resonanzkörper (1897).

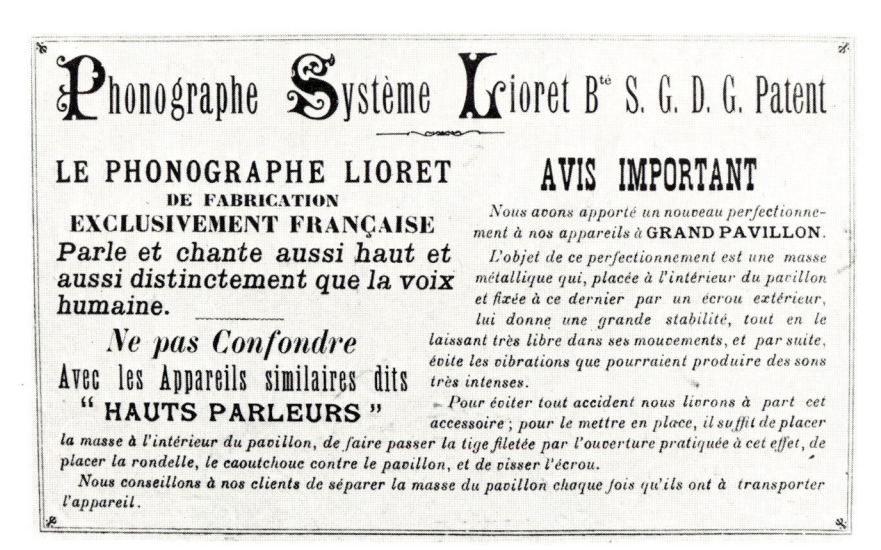

Der *Lioretograph Nr. 3* wird im großen Saal des Pariser Trocadéro vorgeführt (Stahlstich von 1897).

G. Casellaz

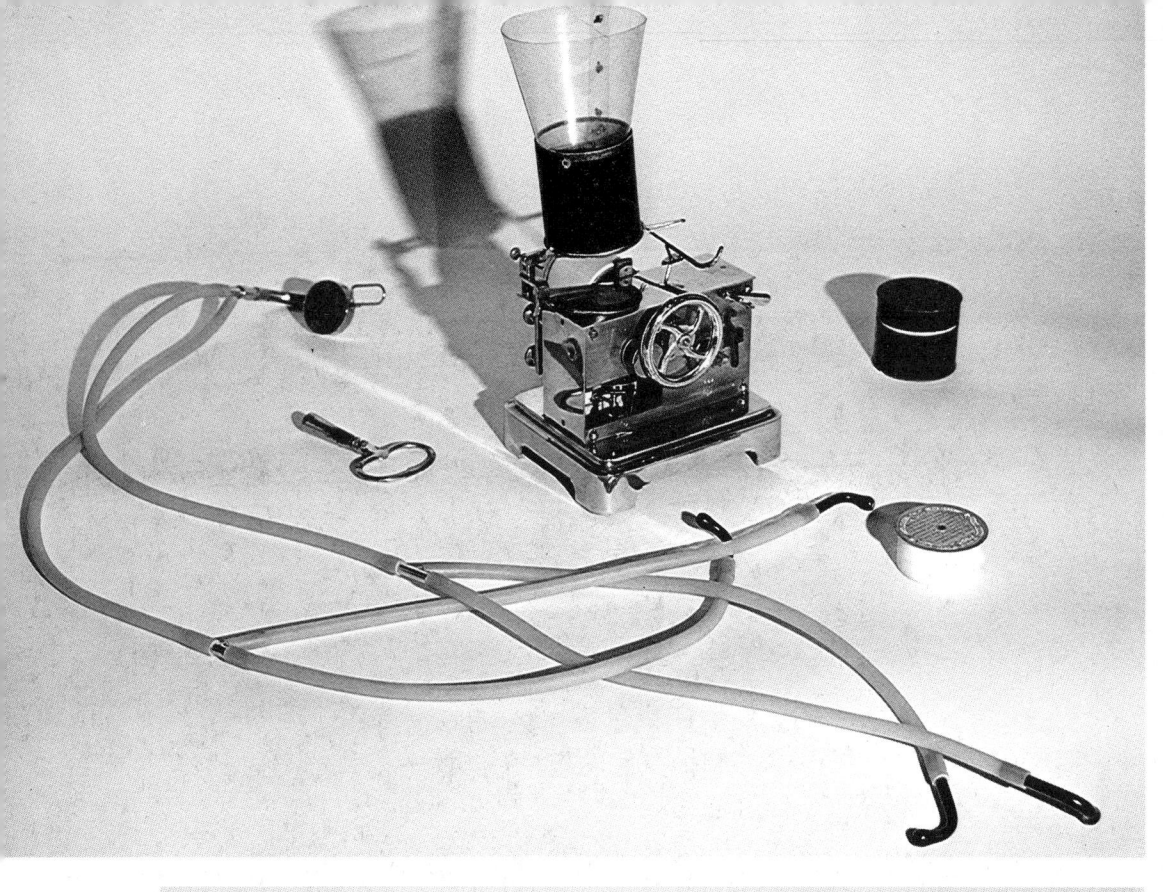

Der *Lioretograph Nr. 2* mit einer Spezialschalldose zur Befestigung der Hörschläuche. Ein zusätzlicher Resonator mit mehreren Membranen wurde mitgeliefert. Rechts ein Detail.

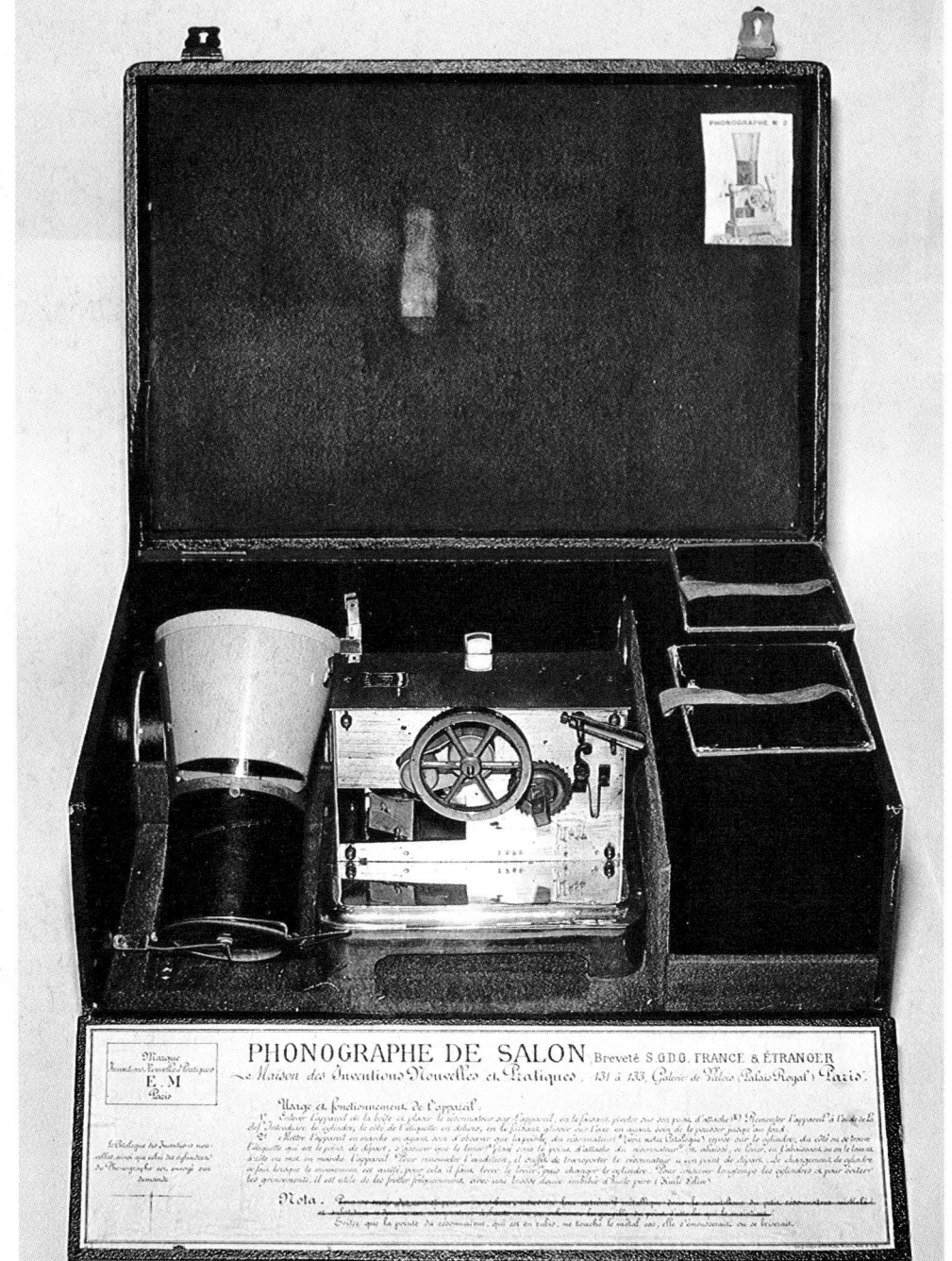

Unten links und rechts: Ein *Lioretograph* in seinem Koffer mit Zubehör und Gebrauchsanweisung. Dieser Apparat wurde vom Pariser «Kaufhaus neuer und praktischer Erfindungen» als ideales Gerät für die Wohnstube angepriesen.

Lioret verbesserte den Phonographen in einigen Details: Der Trichter wurde mit einer großen Metallmembran bestückt, das Schwungrad vergrößert und der Fliehkraftregulator nicht mit Flügeln, sondern mit Kugeln ausgestattet.

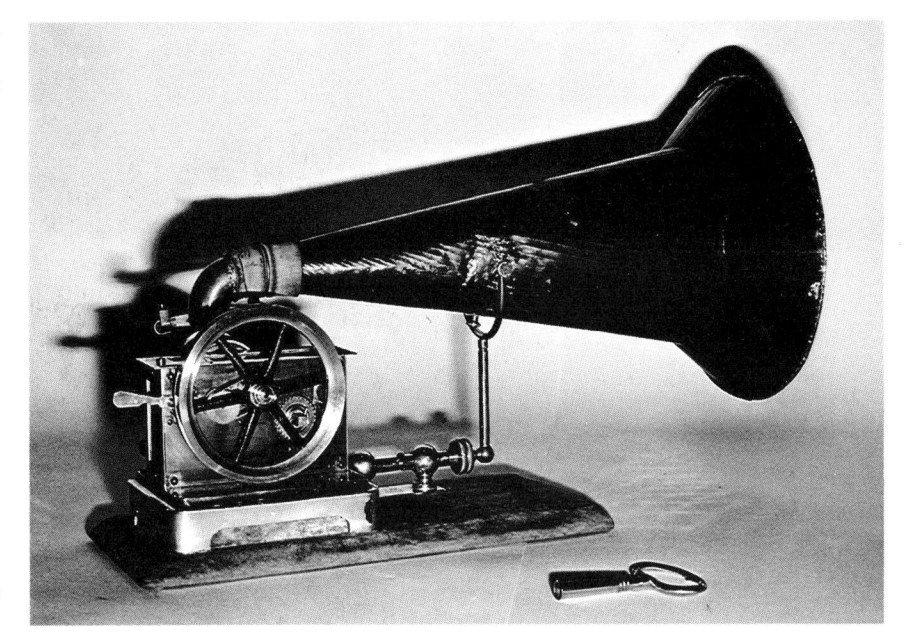

Dieser *Lioretograph Nr. 2* stammt aus der verbesserten Serie von 1898.

Links und gegenüberliegende Seite: Dieser *Lioretograph Nr. 3* mit Gewichtsantrieb spielte Walzen von vier Minuten Dauer. Der Trichter ist aus Aluminium, die Gewichte sind aus Gußeisen. Das Stativ konnte mit einem Seidentuch verdeckt werden, das an der kleinen Galerie am Sockel des Gerätes befestigt wurde. Um 1900 kostete dieser Apparat 300 Francs, während ein ähnliches Modell für Zwei-Minuten-Walzen für 270 Francs verkauft wurde.

Der von Lioret konstruierte Gewichtsantrieb ließ seine Herkunft aus einer Uhrmacherwerkstatt deutlich erkennen. Später verwendete die Sporophon-Sprechmaschinengesellschaft in Nürnberg einen Antrieb mit Gewichtsmotor für ihre Plattenspieler.

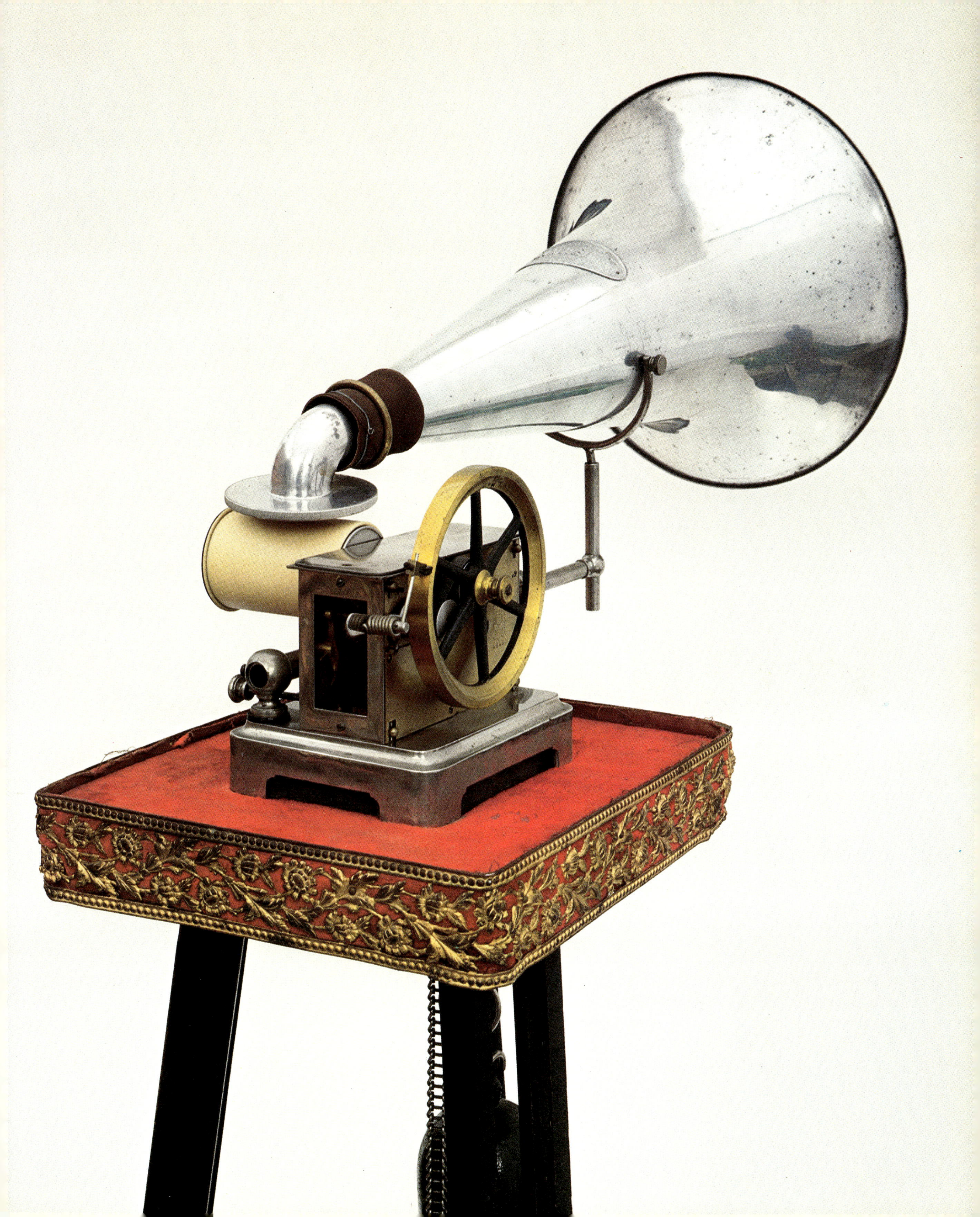

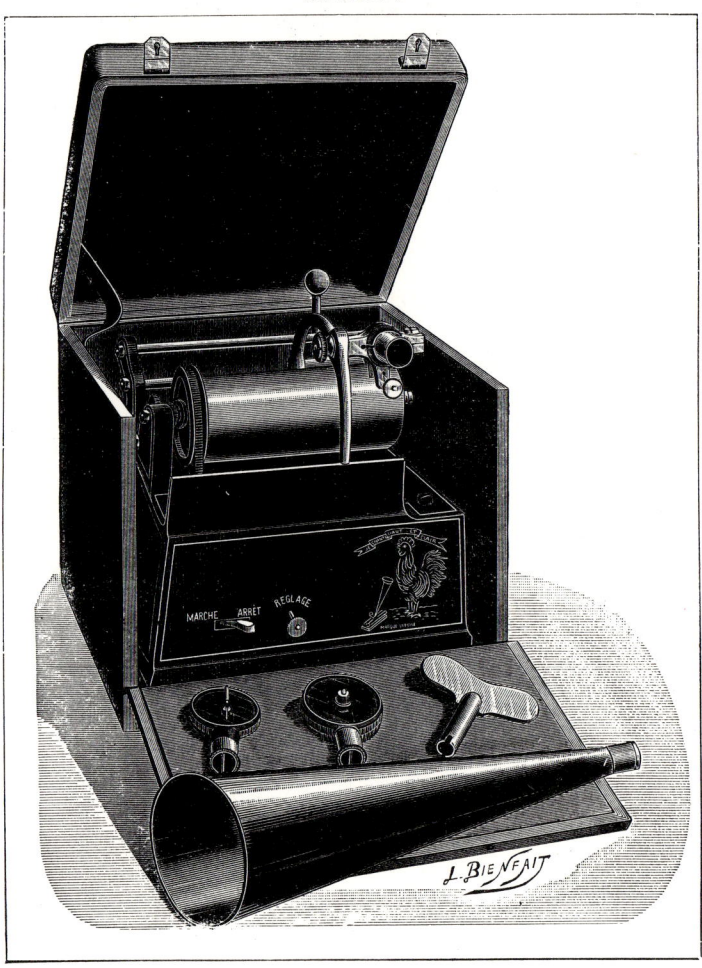

EXPOSITION UNIVERSELLE DE 1900
GRAND PRIX
La Plus Haute Récompense, accordée à la

COMPAGNIE GÉNÉRALE DE PHONOGRAPHES

CINÉMATOGRAPHES & APPAREILS DE PRÉCISION

Société Anonyme au capital de 2,666,600 francs

Anciens Établissements PATHÉ Frères

98, RUE RICHELIEU, PARIS

Dernière Création :

LE GAULOIS

PHONOGRAPHE DES FAMILLES

COMPRENANT :

L'APPAREIL AVEC Son Écrin	L'APPAREIL AVEC Son Écrin
UN PAVILLON POUR enregistrer et reproduire	UN PAVILLON POUR enregistrer et reproduire
UN DIAPHRAGME enregistreur PATHÉ BREVETÉ S. G. D. G.	UN DIAPHRAGME enregistreur PATHÉ BREVETÉ S. G. D. G.
UN DIAPHRAGME reproducteur PATHÉ BREVETÉ S. G. D. G.	UN DIAPHRAGME reproducteur PATHÉ BREVETÉ S. G. D. G.

Prix : 36 FRANCS

Expédition dans toute la France contre un MANDAT-POSTE de **38 fr. 50**. — Envoi FRANCO du Catalogue sur demande

DIE BRÜDER PATHÉ

Emile Pathé war in der Société Pathé Frères seit 1896 zuständig für den Phonographenbereich.

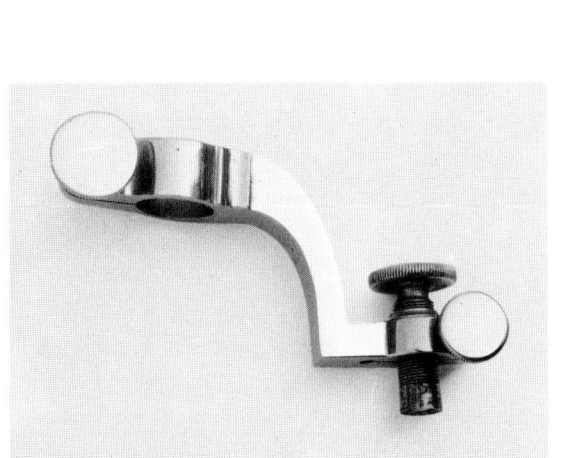

Mit diesem Hobel wurden die Aufzeichnungen gelöscht, so daß die Walze neu bespielt werden konnte.

◀ Eine Zeitungsanzeige der Firma Pathé, die das neueste Produkt, den *Gaulois*, als Phonographen für die Familie vorstellt.

Zu den bedeutendsten französischen Phonographen-, Walzen- und Plattenherstellern gehörte die Firma PATHÉ. Wie so oft in der Geschichte der Industrie im 19. Jahrhundert gab am Anfang ein Autodidakt dem Unternehmen die entscheidenden Impulse. Dieser Mann war Charles Pathé.

Er wurde 1863 geboren, erhielt nur eine bescheidene Schulbildung und mußte bereits mit vierzehn Jahren arbeiten. Trotz seiner schwachen Konstitution absolvierte er einen fünfjährigen Militärdienst. 1888 ging er nach Südamerika in der Hoffnung, dort zu Vermögen zu kommen. Er fand jedoch nur schlecht bezahlte Arbeit, und das Klima machte ihm zusätzlich zu schaffen — also kehrte er 1891 nach Frankreich zurück und nahm eine Stelle bei einem Pariser Rechtsanwalt an. Aber auch diese Arbeit befriedigte ihn nicht — Pathé träumte davon, einen kleinen Laden zu eröffnen.

Im August 1894 sah Pathé auf dem Messegelände in Vincennes zum ersten Mal den Edison-Phonographen — und war fasziniert. Schnell rechnete er aus, daß jede Vorführung einer Walze von zwei Minuten Länge gut 1,5 bis 2 Francs einbringen könnte, wenn an den Apparat zwanzig Kopfhörer angeschlossen werden. Ohne zu zögern, kündigte er seine Stellung und pumpte sich das Geld für einen Phonographen zusammen: 1000 Francs für das Gerät und 800 für das Zubehör (Walzen, Batterien usw.). Wenige Tage später besaß Pathé einen Walzenspieler und erlernte dessen Bedienung. Am 9. September 1894 zog er los und führte seinen Phonographen auf einem Jahrmarkt in einer Pariser Vorstadt vor.

An diesem Tag verdiente er bereits 200 Francs! Von da an reiste Pathé von einem Markt zum anderen, stellte seine Sprechmaschine sogar in Wallfahrtsorten auf — er war überall dort, wo Menschenmassen zusammenkamen. Die anderen Schausteller staunten über Pathés Erfolg, und das brachte ihn auf die Idee, ihnen Phonographen zu verkaufen. Er führte Geräte aus London ein, die er zum Großhandelspreis bei E. O. KUMBERG erstand — und damit begann Pathés Karriere als Händler.

Um seine Kunden an sich zu binden, lieferte er dann auch Walzen, die in einer kleinen Werkstatt in Vincennes hergestellt wurden. Pathé machte Opern- und Kabarettaufnahmen, die gerade in Mode waren — und in seinen Memoiren gesteht er, daß er einmal sogar die Ansprache des Präsidenten der Republik selbst in den Trichter gesprochen habe.

Die SOCIÉTÉ PATHÉ FRÈRES entstand 1896, nachdem Charles sich mit seinem Bruder Emile zusammengetan hatte. In das Firmenprogramm wurden nun auch Kinematographen aufgenommen. Seither gab es zwei Abteilungen: Der Phonograph wurde von Emile verkauft, und der Kinematograph fiel in die Verantwortlichkeit von Charles. Im Dezember 1897 wurde die Firma in COMPAGNIE GÉNÉRALE DE CINÉMATHOGRAPHES, PHONOGRAPHES ET PELLICULES

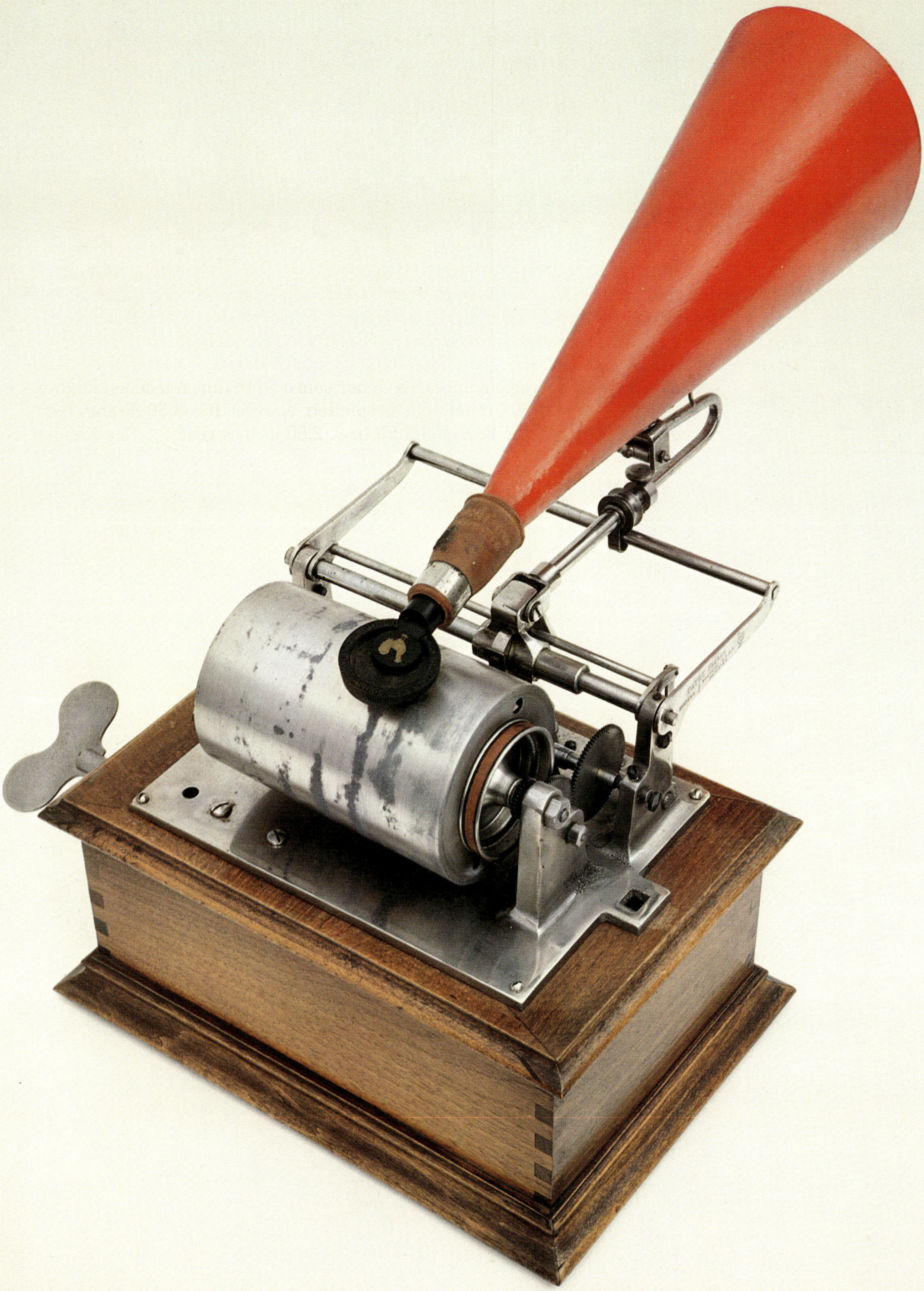

◀ Der *Chante-Clair*, ausgerüstet mit einem Papptrichter und einer besonderen Aufnahmeschalldose, spielte nur Walzen des von Pathé eingeführten *Inter*-Formats mit einem Durchmesser von 9,5 cm.

umbenannt. Sie hatte ihren Sitz in Paris in der Rue Richelieu, genau gegenüber der Firma WERNER, die amerikanische Geräte importierte.

Die von den Brüdern Pathé geleitete Gesellschaft baute zunächst selbst keine Phonographen, sondern handelte mit amerikanischen Marken: GRAPHOPHONE lieferte die billigeren Apparate, EDISON die größeren.

Die ersten PATHÉ-Geräte waren reine Kopien, erst allmählich wurden sie dem französischen Geschmack angepaßt. So wurde aus dem Graphophon *Eagle* in Frankreich *Le Coq* — nach dem gallischen Hahn, der auch das Markenzeichen der PATHÉ wurde und mit der Devise warb: «Ich singe laut und klar!» — das hörte sich gut an. Die Trichter gab es in verschiedenen Formen und Materialien: aus Kupfer, Pappe, Messing, Aluminium, Weißblech — lackiert und sogar mit Gold verziert oder aus Glas, wie der Katalog von 1899 zeigt.

Der steigende Umsatz von bespielten Walzen führte dazu, daß die Firma 1898 ein großes Gelände in Chatou in der Umgebung von Paris kaufte und dort eine Fabrik errichtete, die zunächst Walzen, später aber auch Geräte herstellte. Die unbespielten Walzen, mit denen jeder selbst Aufnahmen machen konnte, kosteten damals 1,50 Francs, die bespielten wurden für 3,50 Francs verkauft. 1899 wurde der Preis auf 1,25 bzw. 2,50 Francs gesenkt. Der Katalog führte jeden Monat attraktivere Namen an — Star der Firma war Sarah Bernhardt. Bald gab es Künstler, die sich darauf spezialisierten, in den Aufnahmetrichter zu singen und eine Walze nach der anderen zu produzieren — die Nachfrage war groß, und die Walzen konnten zunächst nur direkt bespielt werden.

Schon 1899 wurde das Gesellschaftskapital um 1 Million auf 2 Millionen Francs aufgestockt. Als es 1901 auf 2 666 600 Francs anstieg, wurde die Gesellschaft in COMPAGNIE GÉNÉRALE DE PHONOGRAPHES, CINÉMATHOGRAPHES ET APPAREILS DE PRÉCISION umbenannt. Das Angebot eigener Geräte wurde erweitert und der Import amerikanischer Modelle nach und nach abgebaut. Das Ratenzahlungsgeschäft wurde den ETABLISSEMENTS GIRARD ET BOITTE in Paris übergeben — und brachte eine enorme Umsatzsteigerung.

Endlich konnten dann die Walzen auch vervielfältigt werden, und die Künstler wurden entlastet, die sich vorher Tag für Tag vor den Aufnahmetrichtern heiser geschrieen hatten.

Je größer die COMPAGNIE GÉNÉRALE DE PHONOGRAPHES wurde, desto unabhängiger machte sie sich von den Amerikanern. Die Produktion wurde «französisiert». Zuallererst wurde die GRAPHOPHONE-Membran aus Aluminium durch eine französische Imitation ersetzt, die mit den Initialen *P. F.* für PATHÉ FRÈRES gekennzeichnet war. Dann wurde eine Schalldose aus schwarzem Kunststoff gefertigt, die in verschiedenen Größen angeboten wurde: mit 40, 45 und 55 mm Durchmesser, sowie eine Aufnahmeschalldose.

Die nachgebauten *Graphophone* französischer Machart mit den Bezeichnungen *Aiglon*, *Coq*, *Gaulois*, *Stentor*, *Celeste*, *Français* (!) und *Coquet* wurden ersetzt durch die *Neuen Pathé-Phonographen*, die ab 1904 in Chatou industriell gefertigt wurden:

Modell Nr. 0	22 Francs
Modell Nr. 1	58 Francs
Modell Nr. 2	75 Francs
Modell Nr. 3	130 Francs
Modell Nr. 4	175 Francs

Alle diese Geräte spielten *Standard*-Walzen und die eigens von PATHÉ ent-

Der gleiche *Chante-Clair* mit dem serienmäßigen Aluminiumtrichter.

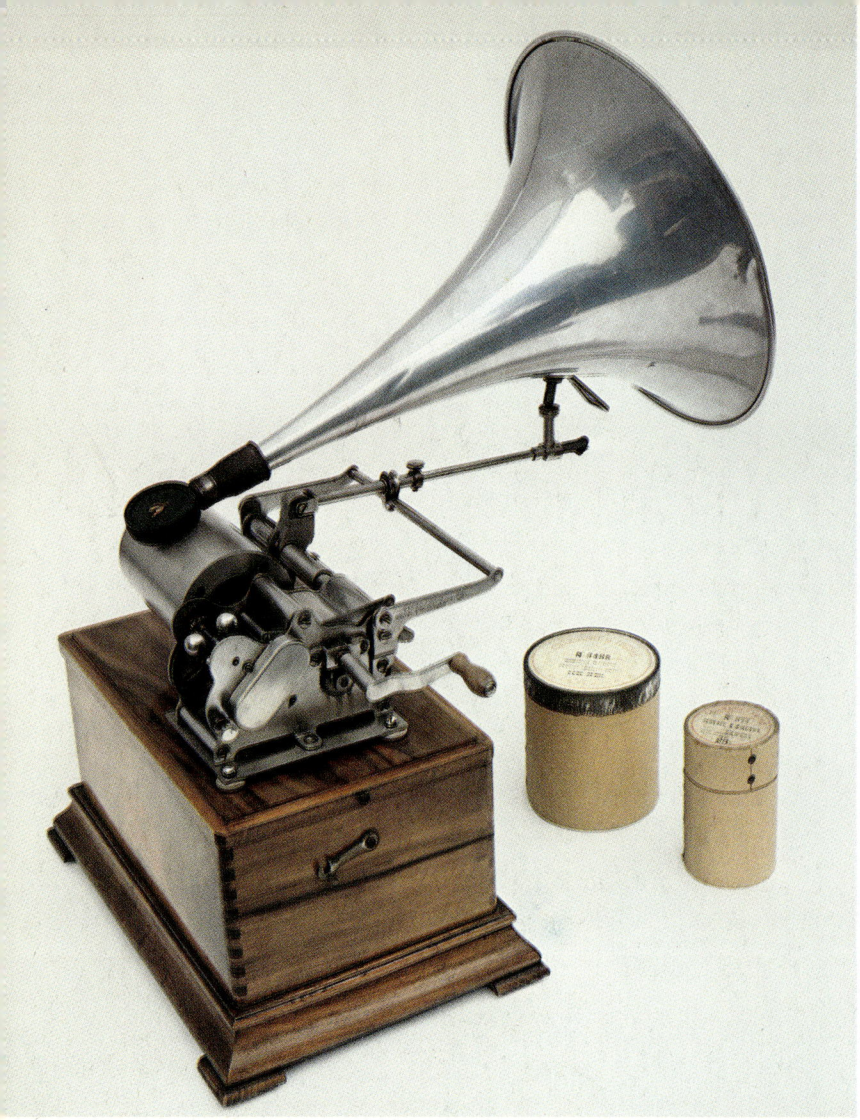
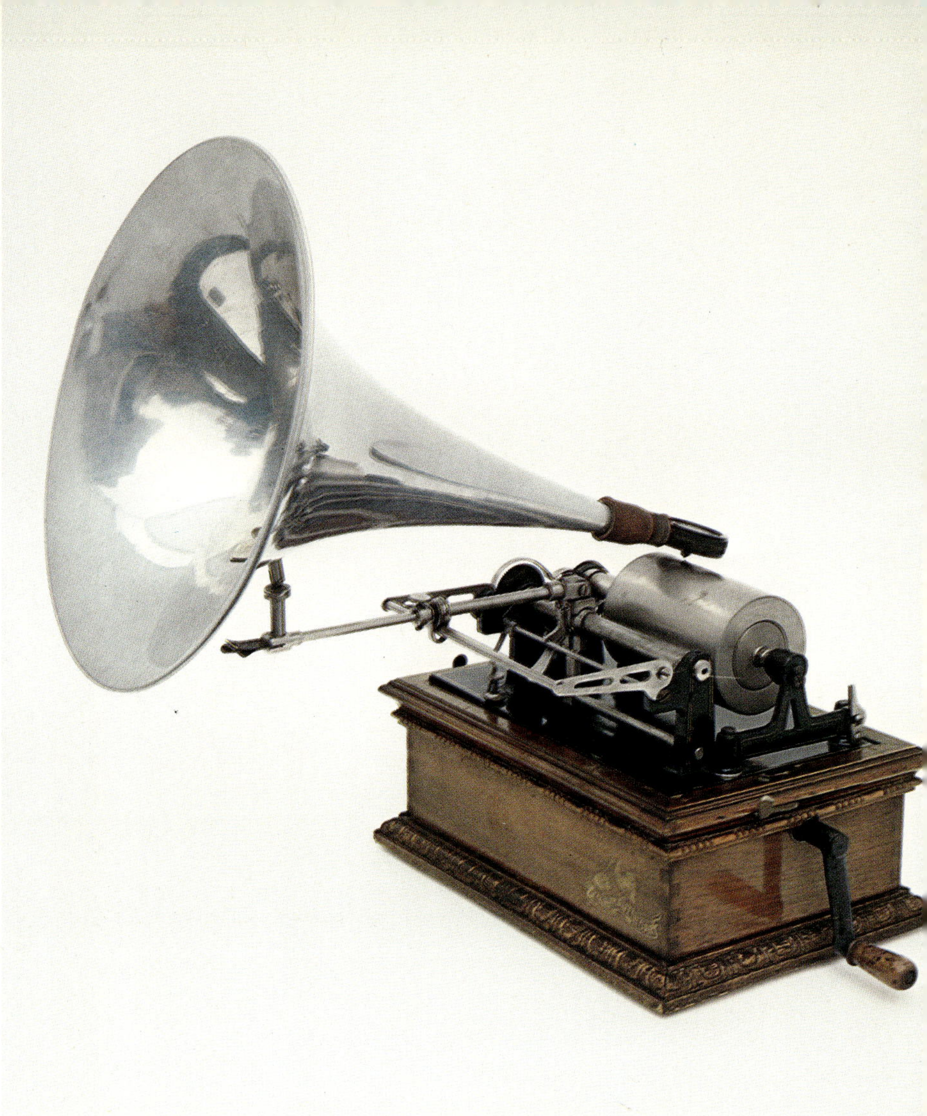
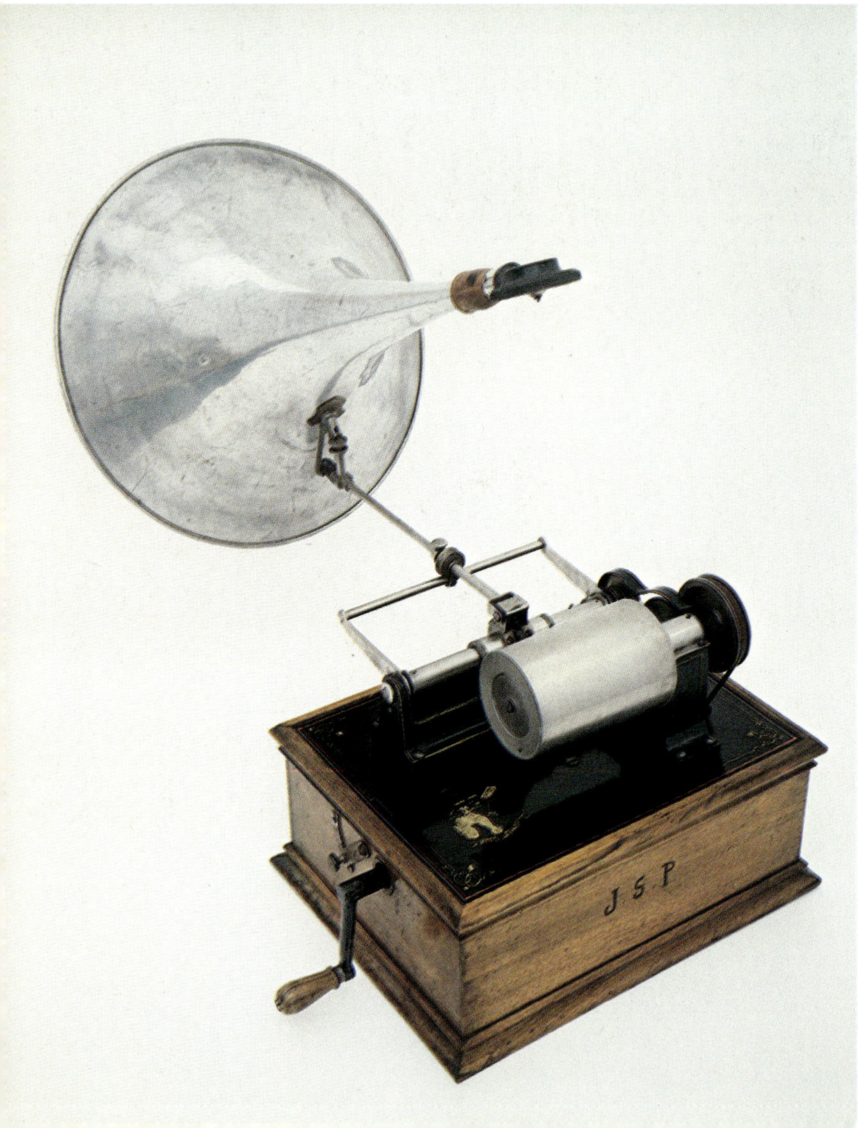
J S P
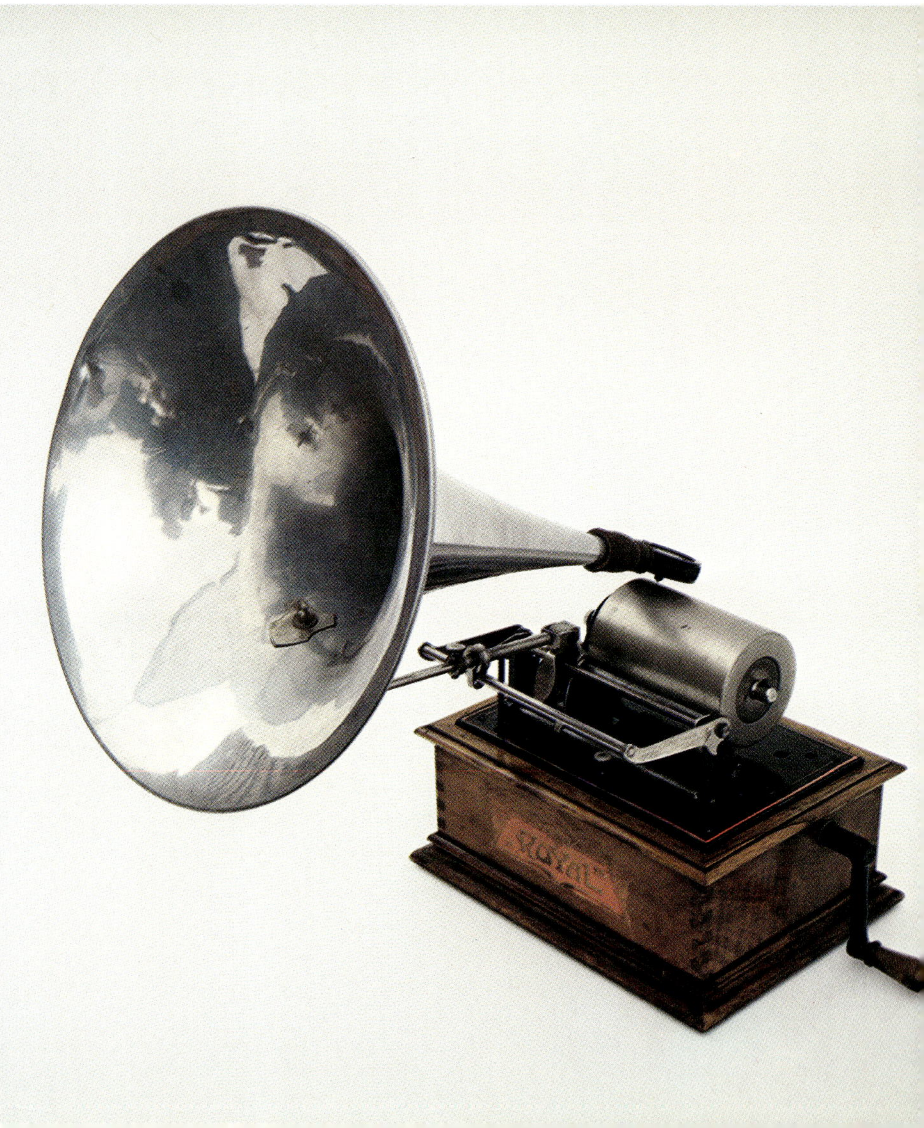

◄◄ Der *Pathé Nr. 1* war geeignet für Walzen verschiedener Normen, die in einer verstellbaren Halterung befestigt wurden. Von diesem Gerät gab es mehrere Gehäusetypen. Die Ähnlichkeit der Mechanik mit der des *Graphophons* ist offensichtlich.

◄ Der Motor des *Pathé Nr. 2* von 1904 spielte zwei Walzen nacheinander ab, ohne daß er zwischendurch aufgezogen werden mußte. Dieses Modell kostete 75 Francs, während der *Pathé Nr. 4* für 175 Francs verkauft wurde.

Dieses Modell des *Gaulois* hat einen Holzkasten mit angesetzten Füßen.

Eine andere Ausführung des *Pathé Nr. 1*: Dieses Modell von 1903 konnte mit dem *Vérité*-System ausgestattet werden. Der Trichter aus vernickeltem Messing hat die Form eines Jagdhorns.

◄◄ Der *Pathé Nr. 3* war ein sehr leistungsstarkes Gerät, mit dem dank des kräftigen Federantriebs vier bis fünf Walzen nacheinander abgespielt werden konnten. In der von *O* bis *4* numerierten Serie wurde der Bau dieses Modells zuerst wieder eingestellt, wahrscheinlich um 1905.

◄ Der *Royal* von Pathé wurde nicht in die Nummernserie aufgenommen. Dieses Luxusmodell wurde allerdings auch nur kurze Zeit verkauft.

wickelten *Inter*-Walzen mit einem Durchmesser von 9,5 cm. Der Phonograph *Nr. 4* konnte außerdem die großen *Stentor*-Walzen «lesen».

Im Frühjahr 1903 war ein Abtastsystem herausgekommen, daß die Verwendung unterschiedlicher Walzengrößen gestattete: das *Vérité*-System. Die Werbung der PATHÉ formulierte es so: Das *Vérité*-System revolutioniert den Phonographen, es macht endlich Schluß mit dem Quäken und Nuscheln! Die Vorrichtung war ziemlich kompliziert; die Membran konnte frei schwingen und der Spur ohne großen Widerstand folgen. Leider findet man heute nur noch selten einen Phonographen, der in allen Teilen komplett ist. Jedenfalls konnten später alle PATHÉ-Geräte mit dem *Vérité*-System ausgerüstet werden.

Seit der Gründung der Firma waren hunderttausende von Walzen verkauft worden, ohne daß die Autoren und Komponisten der eingespielten Werke auch nur einen Groschen dafür bekommen hätten. So strengte die Vereinigung der Autoren, Komponisten und Musikverleger (die S.A.C.E.M. — der deutschen GEMA vergleichbar) einen Prozeß gegen PATHÉ FRÈRES an, der lange dauerte, den die Autoren aber schließlich gewannen: Sie erhielten 500000 Francs Entschädigung, und grundsätzlich wurde ein Beteiligungsrecht an jedem aufgezeichneten Werk anerkannt.

1906 fiel bei PATHÉ die Entscheidung, Schallplatten mit vertikaler Spur (Tiefenschrift) und entsprechende Abspielgeräte auf den Markt zu bringen. Mit Hilfe eines *Pantograph* genannten Systems (dessen wichtigstes Teil wegen seiner Form «Fisch» hieß), konnten die Walzen direkt auf Platten überspielt werden. Diese Methode wurde von PATHÉ bis zur Einstellung der vertikalen Spuraufzeichnung angewandt. Das Original wurde auf einer großen Walze der Bauart *Paradis* auf einem *Celeste*-Gerät aufgezeichnet und dann auf die Schallplatte übertragen.

Der erste Plattenspieler von PATHÉ kam 1906 heraus: das *Modell A*, dem die *Modelle B, C* usw. folgten. Später wurden diese Geräte als *Pathéphone* verkauft und trugen je nach Modell eine Numerierung. Die Schalltrichter waren außen montiert, während sie bei den großen Geräten *Pathé-Salon, Pathé-Concert* und *Pathé-Jeunesse* in das Gehäuse integriert waren.

Die Platten wurden mit Saphir abgetastet und waren gewöhnlich beidseitig bespielt (bis auf die des Jahres 1906). Sie hatten Durchmesser von 21, 24, 29, 35, 40 oder 50 cm. Alle Platten mit eingraviertem Titel hatten ihren Anfang im Zentrum, während die Platten mit Papieretikett an der Außenseite begannen.

Daneben entwickelte die Firma PATHÉ auch zwei neuartige Geräte: den *Pathépost* und das *Ronéophone*. Mit dem *Pathépost* konnte man Nachrichten auf kleinformatige Platten (11 und 14 cm Durchmesser) aufzeichnen, die mit der Post verschickt wurden; das Gerät besaß getrennte Aufnahme- und Abspielköpfe, wurde aber nicht viel verkauft.

Das *Ronéophone* entstand in Zusammenarbeit mit der Firma RONÉO. Es war als Diktiergerät fürs Büro gedacht und arbeitete mit einer dicken Wachsplatte; die Aufzeichnung ließ sich löschen, indem eine dünne Wachsschicht abgezogen wurde. Dieses Gerät existierte in zwei Versionen: mit Elektromotor und (seltener) mit mechanischem Motor.

Im Jahr 1912 brachte PATHÉ dann ein erstaunliches Gerät heraus: den *Pathégraphe*, mit dem man Fremdsprachen nach einer audio-visuellen Methode erlernen konnte: Man hörte die Lektion von der Platte, während sich

Emile und Charles Pathé mit Phonograph und Kinematograph. Das Wahrzeichen der Firma, der Hahn, ist auch dabei.

Der *Céleste* war das größte Modell der Firma Pathé. Er konnte Walzen im Großformat (21 cm lang und mit 10,5 cm Durchmesser) abspielen. Die erste Version des *Céleste* um 1900 hieß übrigens *Graphophon Nr. 800*. Der Motor wurde aus den USA importiert. Sein Preis betrug 1000 Francs. Der 1903 nachgebaute *Céleste* kostete dann 600 Francs. Das hier gezeigte Gerät ist bestückt mit einem *Vérité*-System.

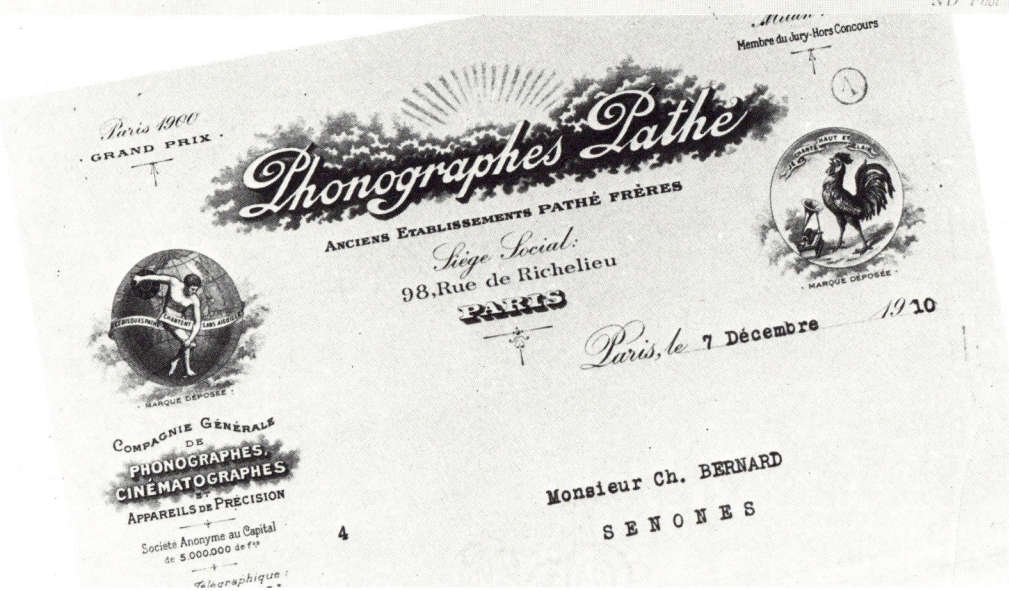

Dieses Foto vom Fabriktor der Firma Pathé in Chatou zeigt, wieviel Menschen in der Produktion von Walzen und Phonographen beschäftigt waren.

Auf dem Briefkopf aus dem Jahre 1910 sind die beiden Markenzeichen der Firma Pathé abgebildet: der Hahn und der Diskuswerfer.

gleichzeitig ein Papierstreifen abrollte, der die Vokabeln und ihre Übersetzung schriftlich wiedergab.

Einige Geräte der Firma PATHÉ wiesen eine Besonderheit auf: den Diffusor. Es handelte sich dabei um einen konischen Resonanzkörper aus Pappe. Der Saphir war direkt an der Spitze des Kegels angebracht, ein Verfahren, das aus der Papiermembran von Lumière entwickelt und von der GRAMOPHONE übernommen worden war. Einige dieser Geräte mit Diffusor waren zusätzlich mit Holzklappen versehen, die zur Lautstärkeregelung dienten.

1929 gab PATHÉ die vertikale Spur, die Tiefenschrift, auf und produzierte nur noch Plattenspieler für Stahlnadelbetrieb, die in Seitenschrift abtasteten. Die Firma ging dann bald in der SOCIÉTÉ PATHÉ MARCONI auf, die in Frankreich die Marken GRAMOPHONE, COLUMBIA und PATHÉ umfaßte — wie überall in Europa war das Geschäft mit Grammophonen und Platten Sache internationaler Großfirmen geworden.

Der *Gaulois* wurde von Pathé als Heimgerät für die Familie propagiert. Er kostete tatsächlich nur 36 Francs. Im Jahr 1900 kamen die ersten Geräte heraus, aber schon 1903 wurden sie nicht mehr im Katalog erwähnt. Dieser Walzenspieler wurde dann von der Firma J. Girard et Cie. unter dem Namen *Ménestrel* gegen Ratenzahlung verkauft und weit verbreitet. Er wurde mit Holzkasten geliefert und hatte einen Kristalltrichter.

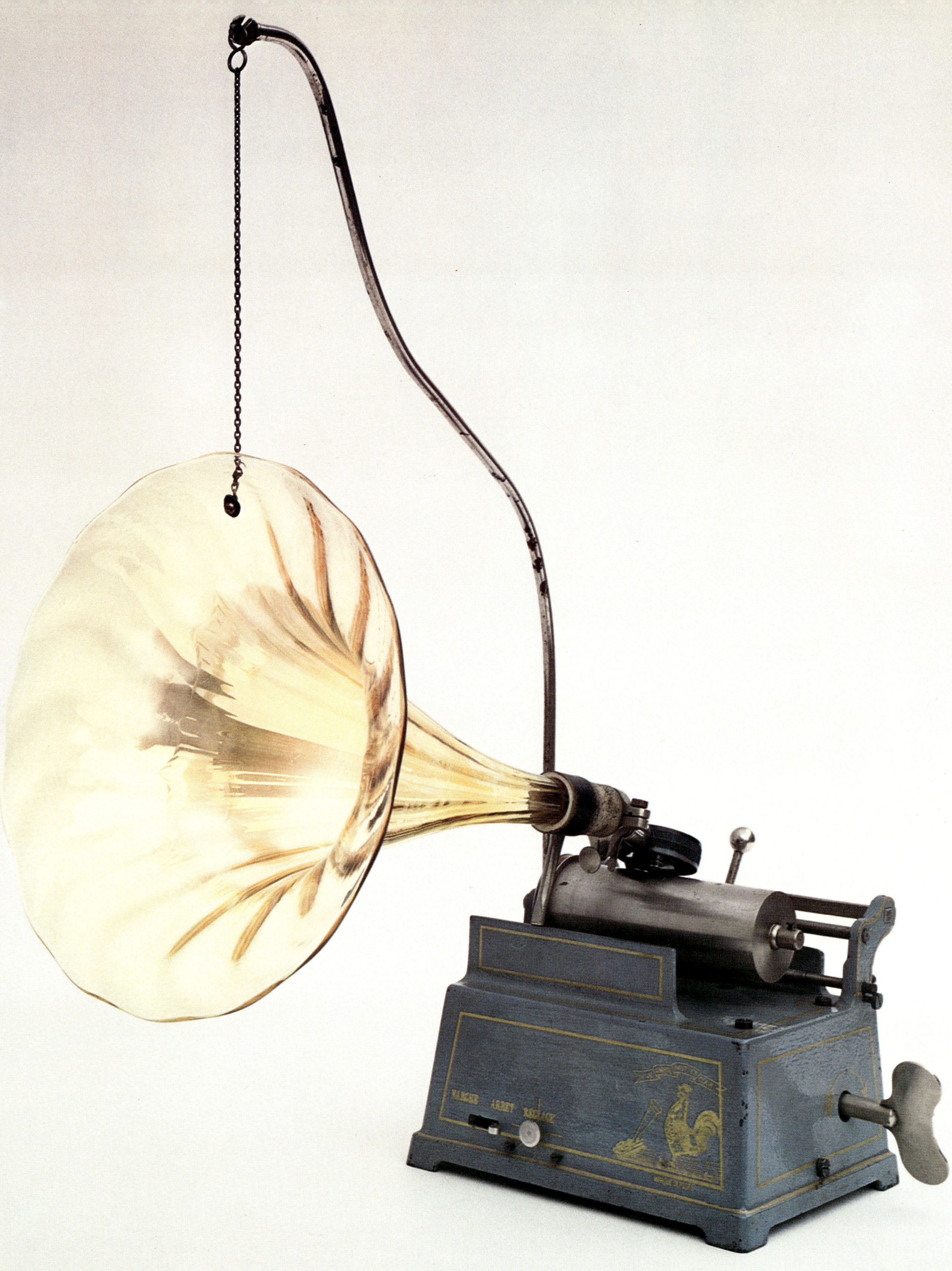
MARCHE
ARRET
REGLAGE

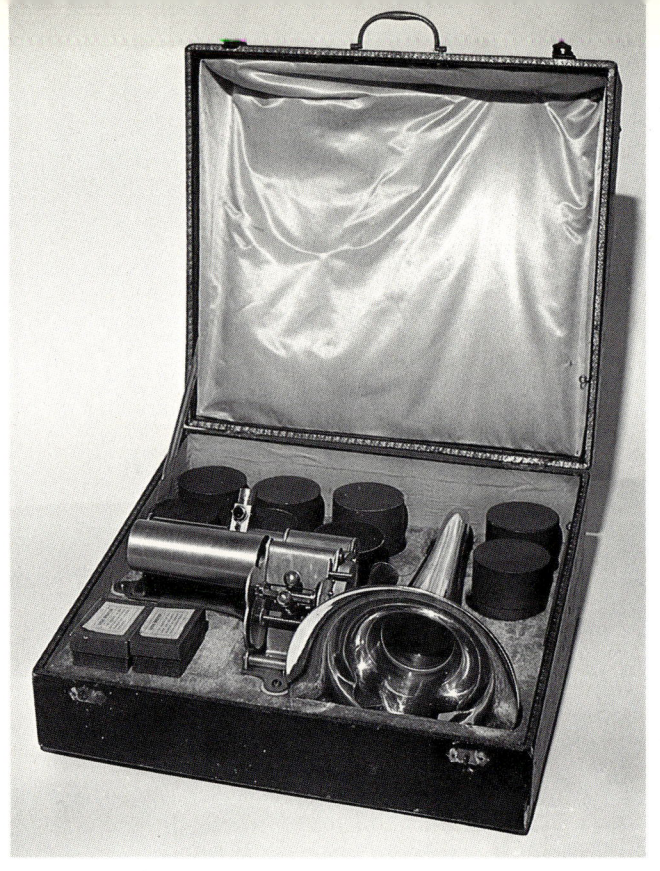

Links: Ein *Graphophon Coq* mit Koffer. Der Apparat *Nr. 25* wurde mit einem *Pathé*-Wiedergabekopf, einem Aufnahmekopf, Walzen und Trichter geliefert.

Rechts: Der *Coquet* von 1903 ist mit dem *Vérité*-System und einem Aluminiumtrichter ausgestattet.

Der *Pathé Nr. 0* war der einfachste Phonograph dieser Serie und für 22,50 Francs auch der billigste. Der Trichter ist an einer Achse befestigt; die Membran wird von der Spurrille mitgeführt.

Der wichtigste Walzenspieler in der 1904 vorgestellten *Pathé*-Serie war das Modell *Nr. 4*. Dank der verstellbaren Halterung konnten Walzen in den drei Größen *Normal, Inter* und *Stentor* abgespielt werden. Sein Preis: 175 Francs. Wie alle Pathé-Geräte dieser Zeit konnte es zusätzlich mit einem Aufnahmesystem versehen werden.

Auf dieser Postkarte mit einem Kinderlied ist ein *Pathé Nr. D* dargestellt.

Als Pathé 1905 Schallplatten mit vertikaler Tonaufzeichnung herausbrachte, kostete dieser einfache Plattenspieler Modell *A* 60 Francs.

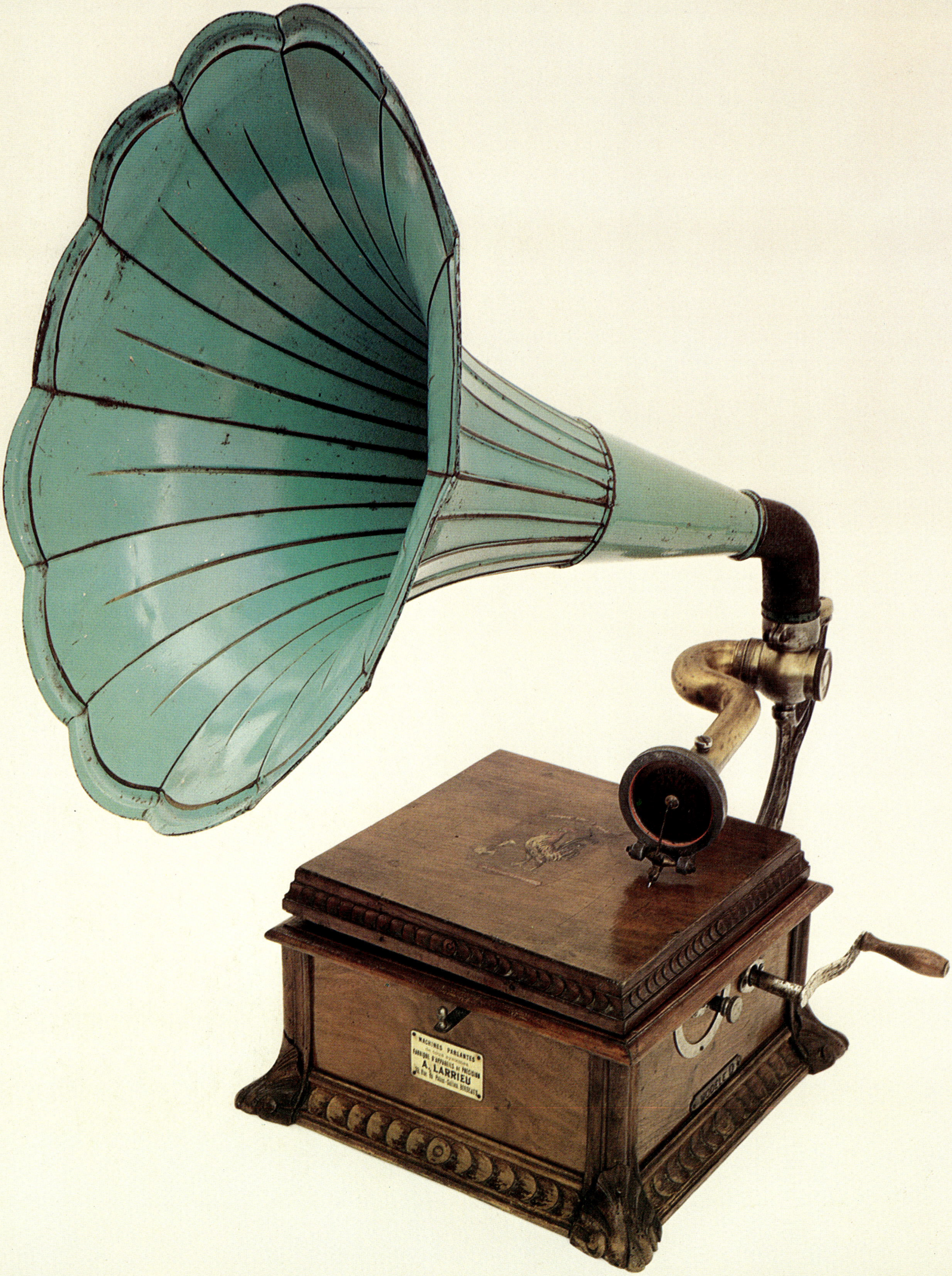
MACHINES PARLANTES
A. LARRIEU

◀ Der eigenartig gekrümmte Tonarm ist charakteristisch für die Pathé-Geräte des Jahres 1906. Hier das Modell *D*, auf dessen Gehäusedeckel der Hahn, eines der Markenzeichen der Firma Pathé, abgebildet ist.

Rechts: Ein *Pathéphone* mit blütenförmigem Trichter, wie er für diese Marke typisch ist. Auf dem Gehäuse sieht man das Bild des Diskuswerfers, neben dem Hahn Markenzeichen der Firma Pathé.

Unten rechts: *Pathéphone Nr. 6*. Der Metallknopf vorne am Gerät diente zum Starten und Stoppen des Tellers.

Der *Omnibus* wurde 1908 zum Preis von 35 Francs verkauft, ein beliebtes volkstümliches Grammophon, dessen Mechanik allerdings etwas schwach war.

Das Modell *E* war noch besser ausgestattet als das Modell *D*. Das Gehäuse ist reich verziert. Ein Aluminiumtrichter wie dieser mit einem Durchmesser von 52 cm ist allerdings selten.

Unten und gegenüberliegende Seite: Dieses ganz mit Moleskin (einer Art Lederimitation) bezogene Gerät ist mit dem ersten *Pathé*-Tonarm ausgestattet sowie mit einem blau metallisierten Trichter (diesen Effekt erreichte man, indem man das Weißblech vor dem Anstrich verzinnte).

Abziehbild des Markenzeichens: der Hahn vor einem *Pathéphone D*.

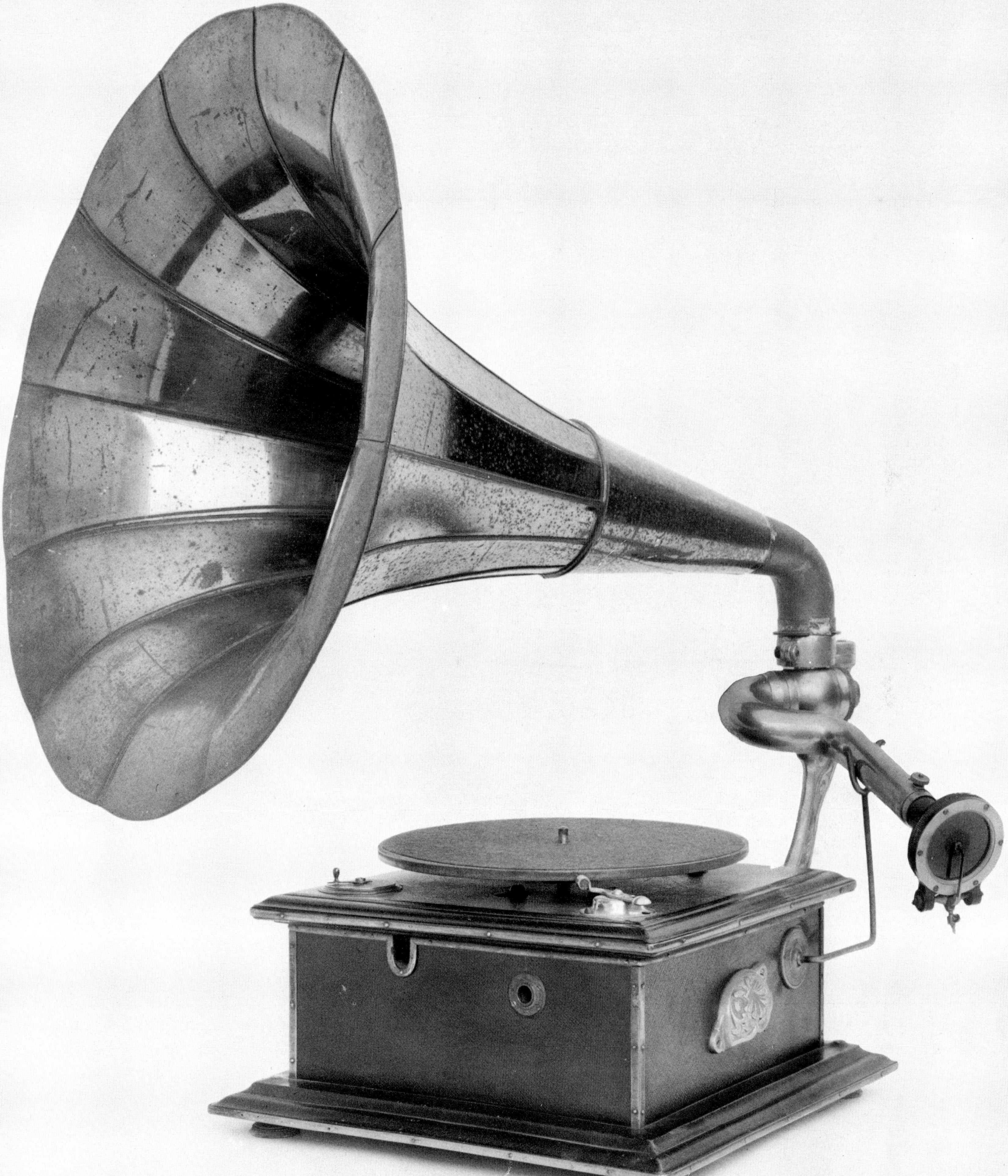

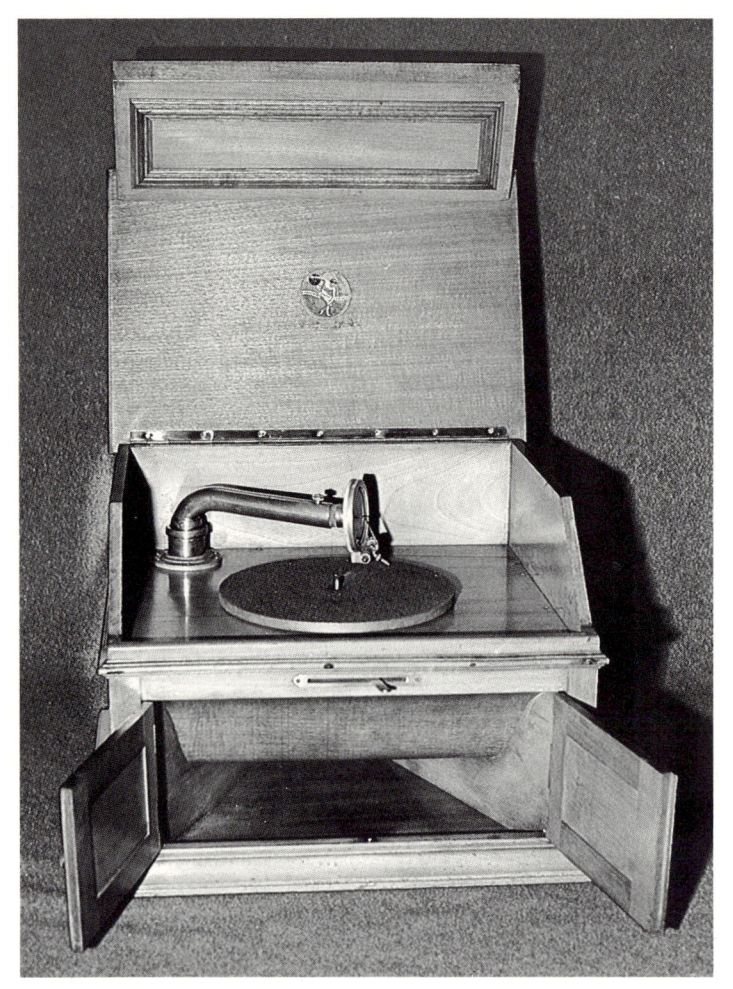

Der «Diffusor» von Pathé bestand aus einem Papptrichter, an dessen spitzem Ende der Wiedergabesaphir befestigt war. Zur Regulierung der Lautstärke waren im Gehäusedeckel bewegliche Jalousieklappen angebracht. Mit diesem Gerät konnten Schallplatten mit vertikaler Spur abgespielt werden.

Oben links: Um 1910/11 kamen die großen, außen angebrachten Schalltrichter aus der Mode, und die Firma Pathé begann, Plattenspieler mit innenliegenden, hölzernen Trichtern zu bauen. Das hier abgebildete Grammophon gehörte dem belgischen Bariton Jean Noté. Damit konnten Platten von 35 cm Durchmesser abgespielt werden.

Der *Pathé-Jeunesse*, der kleinste der *Pathé-Salon*-Serie, war für Platten mit 21 und 24 cm Durchmesser geeignet. 1910 kostete er 25 Francs.

Pathé-Plattenspieler aus dem Jahre 1907, der von der Firma ▶ J. Girard et Cie. zusammen mit zwanzig Schallplatten für dreißig Monatsraten zu jeweils 6 Francs verkauft wurde. Das Gerät ist mit einem Münzeinwurf versehen.

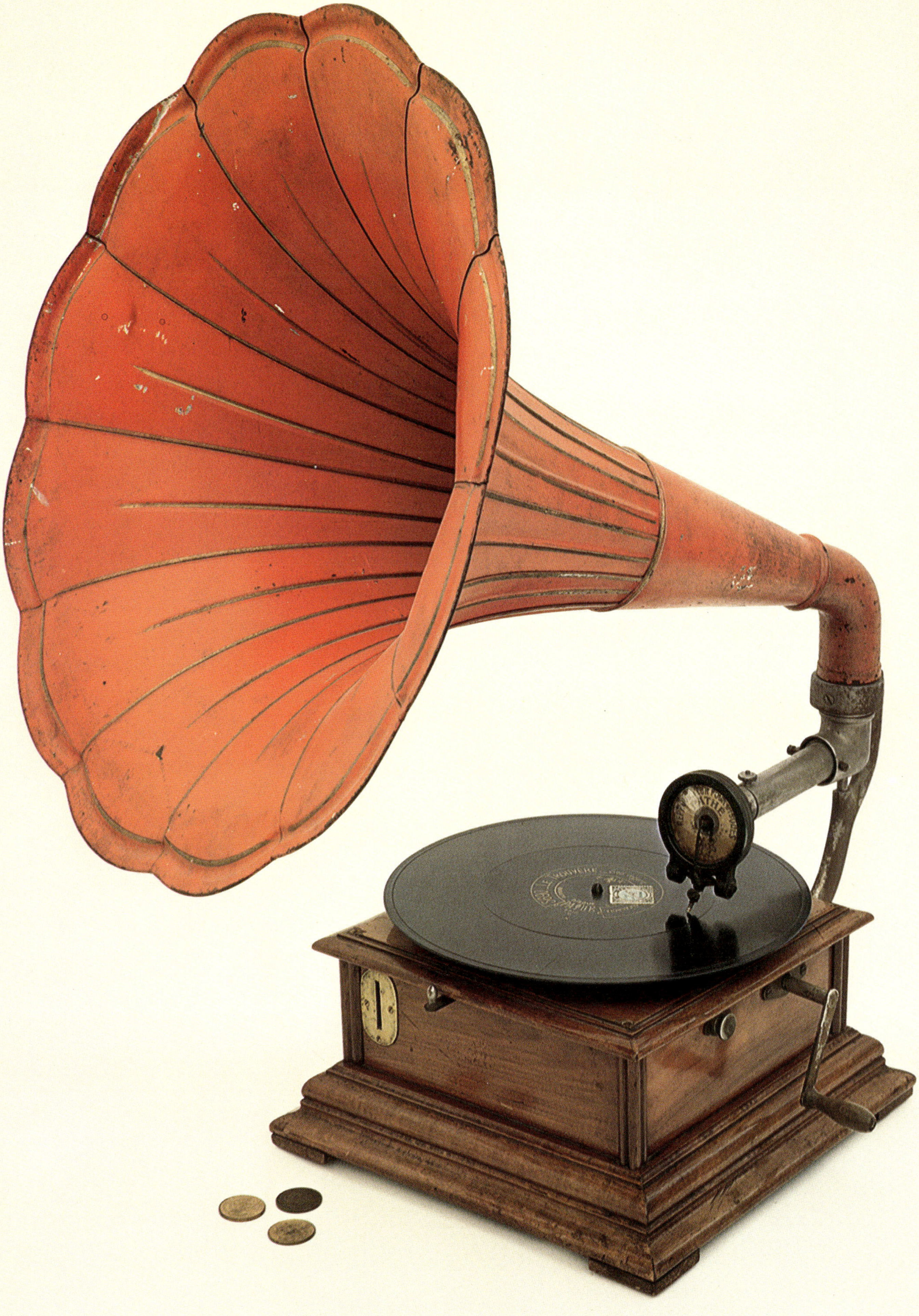

Ein *Pathé-Concert* mit Münzautomat, verziert mit einer großen Zinkplatte, die das Innere teilweise verdeckt. Der Plattenteller wurde durch einen Elektromotor angetrieben. Dieser Apparat von 1903 spielte Platten mit einem Durchmesser von 50 cm.

Das Klangvolumen wird bei diesem Gerät durch die beiden Membranen und die beiden im Gehäuse eingebauten Schalltrichter verdoppelt. Einer der Tonköpfe mußte, bedingt durch die Laufrichtung der Platte, so montiert werden, daß der Saphir hinter der Membran lief.

Ein tragbarer *Pathé-Diamond*, der trotz seiner geringen Größe eine erstaunliche Lautstärke entwickelte. Geschlossen ähnelt das Gerät einem Photoapparat.

Der «schreibende Engel», das erste Markenzeichen der Deutschen Grammophon, wurde später durch den «Hund vor dem Trichter» abgelöst.

1898 wurde in Hannover die erste Schallplattenfabrik der Deutschen Grammophon Gesellschaft gegründet. Mit dem englischen Direktor zusammen (ganz rechts mit Zylinder) ließ sich damals die gesamte Belegschaft photographieren.

DIE AMERIKANER IN EUROPA

Die amerikanische Phonographen-Industrie mußte sich natürlich auch in Europa einen Markt erobern. Die Firmen EDISON und GRAPHOPHONE COLUMBIA waren seit 1889 auf allen großen technischen Ausstellungen vertreten. Der Verkauf der Geräte bot keine Probleme, aber das europäische Publikum wollte sich nicht so recht für die Yankee-Musik begeistern. Daher produzierten die Amerikaner bald auch europäische Einspielungen oder beteiligten sich mit ihrem Kapital an schon bestehenden europäischen Firmen.

Mit den bespielten Walzen ließen sich große Gewinne erzielen, und so wurden in Frankreich, Deutschland, Italien und England bald eigene Produktionsstätten eingerichtet. Die Londoner EDISON BELL PHONOGRAPH COMPANY stellte sogar die Geräte *Gem* und *Standard* in England her und führte nur den *Home* aus den USA ein. Um 1910 begann EDISON BELL dann in der Werbung zu betonen, daß alle Geräte in nationaler Produktion gebaut würden.

Allmählich entwickelte sich eine eigene europäische Stilrichtung. Die französischen, deutschen, englischen Konstrukteure bemühten sich, die amerikanischen Geräte phantasievoll auszuschmücken, so daß sie nicht gleich beim ersten Blick als Plagiate zu erkennen waren. In Frankreich z. B. baute PATHÉ die Apparate der Firma GRAPHOPHONE nach und verkaufte sie billig, wobei man dem Kunden bei einigen Modellen die Möglichkeit der Ratenzahlung einräumte, so daß amerikanische Geräte bald ganz vom Markt verschwanden. Natürlich gab es im Laufe der Zeit bei jedem Hersteller auch technische Änderungen, Details wurden verbessert, neue Konstruktionen verwirklicht.

Die Verbindungen zwischen amerikanischen und europäischen Firmen blieben jedoch eng, die neue Industrie entwickelte sich durchaus multinational. Die GRAMOPHONE COMPANY etwa hatte in jedem größeren Land eigene Gesellschaften gegründet, und die in Europa gemachten Aufnahmen wurden ihrerseits in die USA exportiert.

Walzenherstellung in der Fabrik der Edison-Gesellschaft in Berlin.

Bei den ersten Schallplatten gab es keine Etiketten im eigentlichen Sinn. Angaben zum Inhalt und die Bestellnummer waren in die Plattenmasse eingedruckt. Erst nach der Jahrhundertwende wurden aufgeklebte Papieretiketten verwendet.

106

ZONOPHONE

Die Geschichte der Zonophone Company ist von den patentrechtlichen Auseinandersetzungen bestimmt, die sich in der Frühzeit des Grammophons die Konstrukteure untereinander lieferten. Frank Seaman, ein Mitarbeiter Emile Berliners, ahnte, welche Bedeutung die Schallplatte mit lateraler Spuraufzeichnung (Seitenschrift) bekommen sollte — wobei ihn der europäische Markt besonders reizte. Er hatte sich von den Gründern der Gramophone Company getrennt und dachte nur daran, das Geschäft selbst zu machen. 1899 wurde in den USA die Bezeichnung *Zonophone* geprägt — sie sollte sich lautmalerisch an die schon bekannten Marken anlehnen. Man beschloß, den Firmensitz der International Zonophone Company nach Berlin zu legen, wo die Konkurrenz der Gramophone Company nicht ganz so stark war wie in London und Paris.

Die angebotenen Plattenspieler glichen technisch völlig den Geräten der Gramophone, nur die Ausstattung differierte etwas. So war zum Beispiel der Trichter innen rot bemalt.

Das Hauptgewicht der Zonophone company lag jedoch auf der Schallplattenproduktion. Die Aufnahmen von Militärmusik und Gesang oder Kabarett waren durch schwarze oder grüne Etiketten gekennzeichnet. Um die von prominenten Künstlern gespielten Platten hervorzuheben, wurden sie mit zweifarbigen Etiketten versehen, hellblau und orange, und der Text wurde in Gold- oder Silberschrift gedruckt.

Der Verkauf kam allerdings nicht so recht voran, obwohl man auch Ratenzahlung anbot. Die Qualität der Platten war nicht besser und nicht schlechter als die der Konkurrenz. Die Werbung war ebenfalls der Gramophone nachempfunden: Berühmte Künstler der Zeit priesen in Zeitungsanzeigen die hervorragende Qualität der Zonophone. Das neue Wunderwerk wurde in überaus blumiger Weise beschrieben:

«Nachdem nun schon allerlei Geräte aus der Neuen Welt zu uns herübergekommen sind, haben wir hier das stärkste und beste: das Zonophon *Monstre* für Schellackplatten... Der Ton dieser neuen sprechenden und singenden Maschine ist von äußerster Musikalität und erfüllt die höchsten Ansprüche. Rille für Rille lieblich und klar, gibt das Zonophon so vollendet wie die menschliche Stimme selbst das zarte Lied des Dichters wieder, beeindruckend und tragisch spricht es die Sprache des Dramas, melodiös gelingen ihm die zärtlichsten Weisen des schönen Gesangs...»

Aber auch diese Lobeshymnen konnten das Unternehmen nicht retten, ebensowenig wie der Verkaufstrick, eine gebrauchte, zerbrochene oder uninteressant gewordene Platte beim Kauf von zwei neuen in Zahlung zu nehmen. Die Zonophone Company gab auf — aber darauf hatte die Gramophone nur gewartet. Sie kaufte Firma und Plattenprogramm, das zum Teil in den eigenen Katalog aufgenommen wurde.

Detail der Motorplatte mit der Bezeichnung *Zonophone* auch in kyrillischer Schrift.

◄ Die International Zonophone Company verkaufte dieses Gerät in Frankreich unter dem Namen *American Zonophone Nr. 2*. Die Schalldose wurde von der Universal Talking Machine Company in New York gebaut.

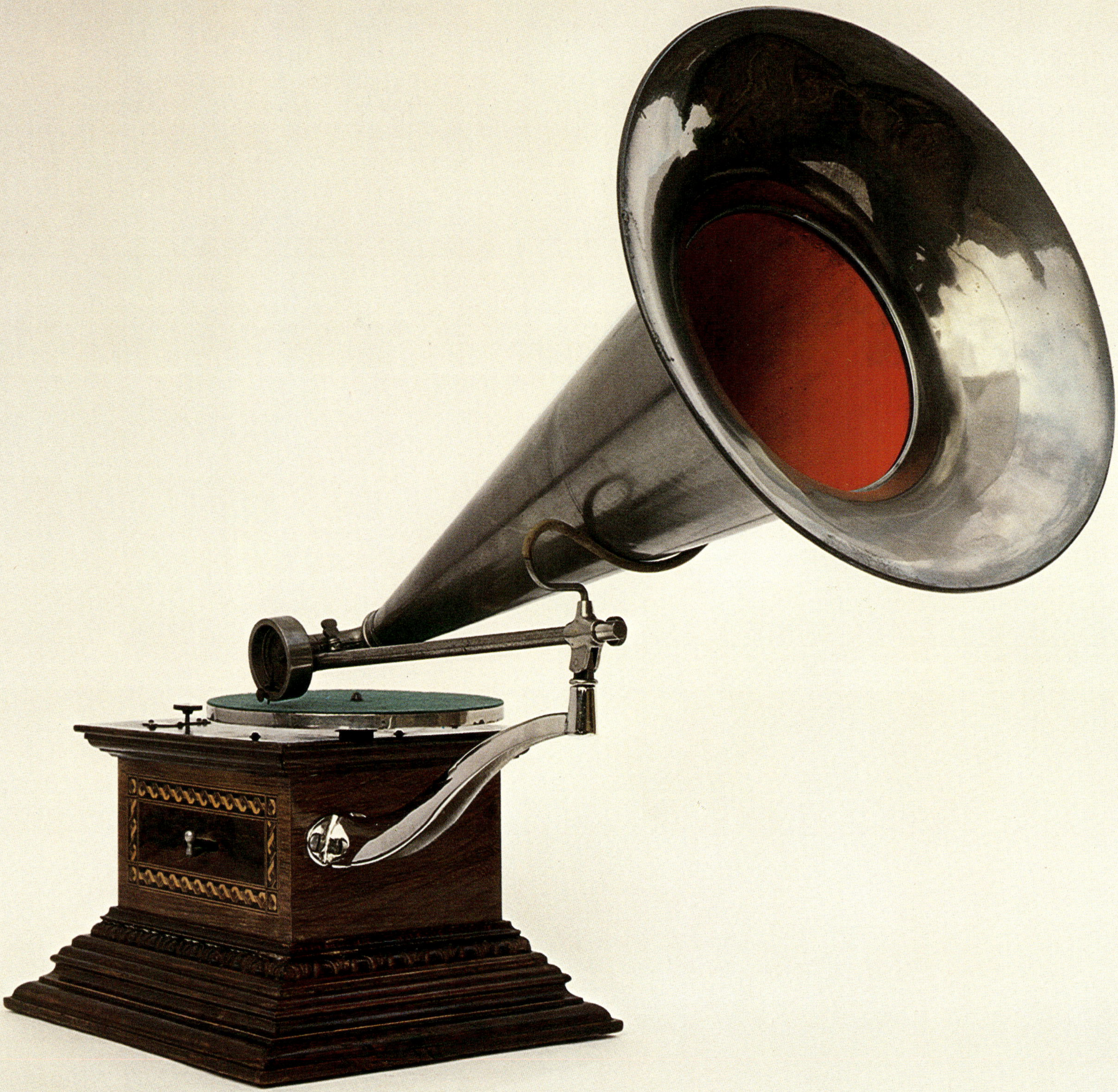

◀ Dieses *Zonophon*, das 1903 in den Handel kam, fand nur geringe Verbreitung. In Paris wurde es zum Preis von 220 Francs, zahlbar in zweiundzwanzig Monatsraten, von J. Girard et Cie. verkauft. Mitgeliefert wurden zwanzig Schallplatten mit Aufnahmen prominenter Künstler.

Rechts: Eine Scherzpostkarte, die auf das Markenzeichen «Die Stimme seines Herrn» anspielt.

Dieses in den USA als *Zonophon A* bezeichnete Gerät wurde von E. Caorsi in Genua verkauft. Der 17-cm-Teller ist mit einem Dorn versehen, der gleich große Platten anderer Hersteller blockierte. Die Mechanik ist durch die beiden gegenüberliegenden Glasscheiben sichtbar.

Etikett einer *Zonophon*-Platte: die Fabel «Der Fuchs und der Rabe» von La Fontaine, gesprochen von Coquelin d. Ä., einem damals bekannten Rezitator.

Donnerwetter – tadellos!

ist der Name der neuesten
Jahresrevue
des METROPOLTHEATERS-Berlin
Erstaufführung am 5. September 1908.

Donnerwetter – tadellos!

sind die neuesten
**Zonophon-Aufnahmen
mit Originalbesetzung**

Kommen Sie herein, kein Kaufzwang,
hören Sie selbst und Sie sagen:

Donnerwetter – tadellos!

Eine Werbung für *Zonophon*-Schallplatten.

Dieses in der Form sehr einfache *Zonophon* mit kleinem Plattenteller ist mit dem gleichen Motor wie die anderen Geräte ausgestattet.

Um das *Zonophon* überhaupt von den Geräten der Gramophone unterscheiden zu können, wurde die Halterung der Membran aus Metall statt aus Holz gefertigt. Ein weiterer unbedeutender Unterschied war der innen rot gestrichene Trichter.

111

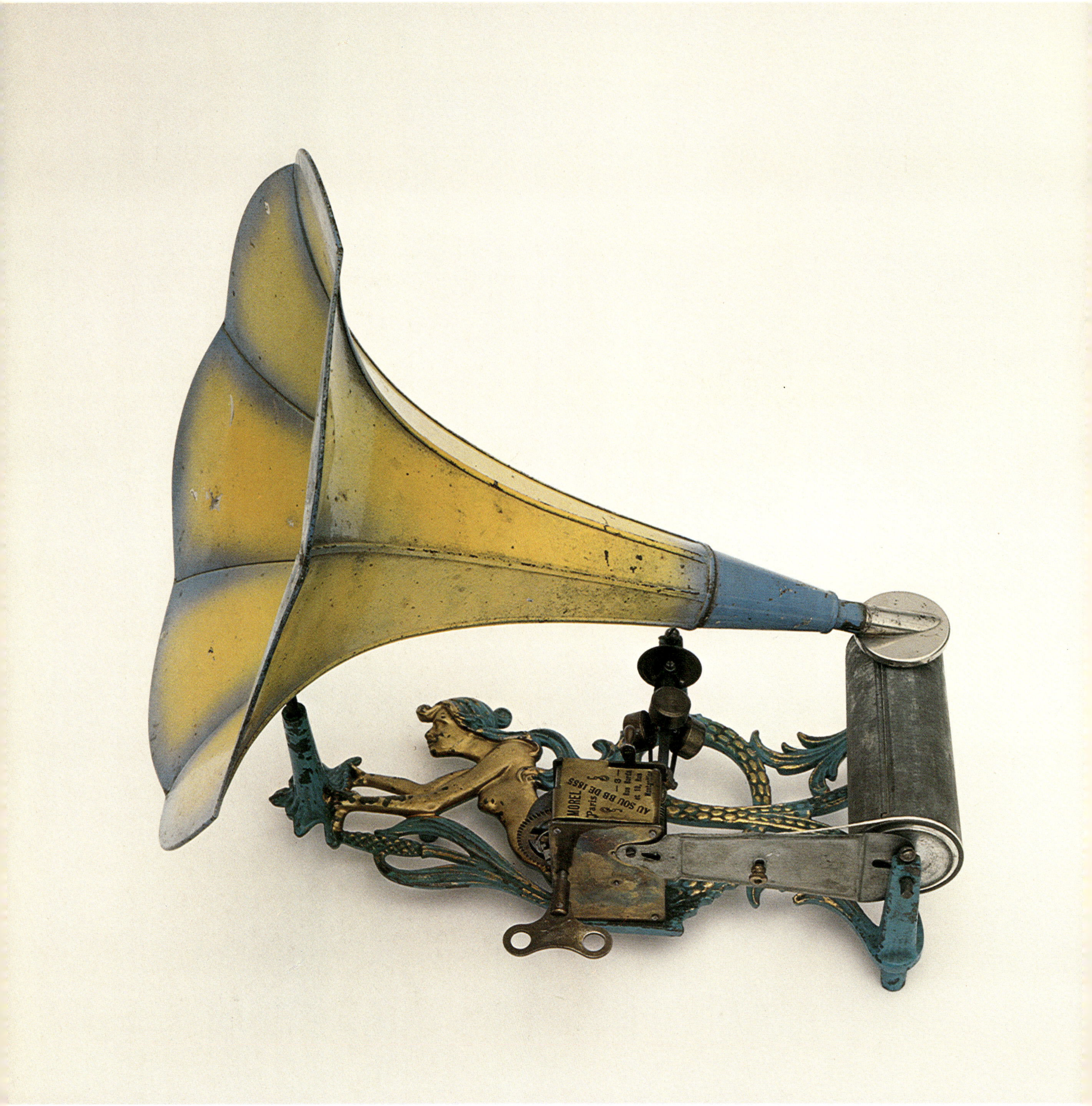
MOREL
AU SOU BB DE 1855
Paris

FRANZÖSISCHE MARKEN

Selbst in Afrika ist die neue Erfindung schon bekannt!

◀ Die *Sirene* mit Blumentrichter wurde von Morel in Paris unter der Bezeichnung *Au sou BB de 1855* verkauft. Eine andere Herstellerbezeichnung scheint das Gerät nicht gehabt zu haben. Wahrscheinlich handelt es sich um eine deutsche Fabrikation (vielleicht Fritz Puppel, Berlin). Jedenfalls wurde die *Sirene* in Frankreich gut verkauft, die Farben des Trichters entsprachen dem französischen Geschmack.

Die französische Phonographen-Industrie hatte um 1893 mit Henri Lioret begonnen, dem die Gebrüder Pathé folgten. Die Franzosen hatten gegenüber den amerikanischen Konstrukteuren also einen leichten Rückstand aufzuholen, als sie sich daran machten, das Publikum zu erobern. Die Werbung der Amerikaner hatte vor allem die professionellen Gebrauchsmöglichkeiten des Phonographen (etwa als Bürogerät oder als Münzautomat) herausgestellt, was zunächst gewinnversprechend erschien. Erst spät pries man den Unterhaltungswert, den die bespielten Walzen hatten.

Alle diese Aspekte wurden in Frankreich nicht unterschätzt, aber es kamen andere hinzu. Die Konstrukteure waren bemüht, die Apparate auch dem Stil und der Mode ihrer Zeit anzupassen; sie wollten aus dem Gerät vor allem auch ein Möbelstück für die Wohnstuben machen. Die Grammophone im sogenannten Jugendstil erhielten ausladende Trichter, die als Blumen gestaltet wurden, vorzugsweise Ackerwinden, und die Halterungen für Tonarm und Trichter waren vielfach gewunden und verziert. Die Wahl der Farben entsprach dem Geschmack der «Belle Epoque», die Holzkästen wurden mit (industriell gefertigten) Ornamenten und Figuren versehen.

Es ist oft nicht genau zu unterscheiden, was die einzelnen Fabrikanten an Neuem beisteuerten. Einige ließen ihre Geräte patentieren, andere kauften Apparate von größeren Firmen und besserten sie auf, und wieder andere imitierten unbekümmert schon vorhandene Geräte. Am häufigsten wurde das Graphophon *Eagle* kopiert.

Unklar ist in vielen Fällen auch, wer selbst Grammophone baute und wer sie lediglich verkaufte. Oft kennen wir nur den Namen des Händlers, der des Herstellers bleibt unbekannt. Männer aus verwandten Berufen drängten in die Phonographen-Herstellung: Uhrmacher, Mechaniker, Nähmaschinen- und Fahrradbauer und — wenn auch seltener — Musikinstrumentenmacher. Einige Marken wurden aus mehreren Fabrikaten zusammengesetzt. So wurden vor allem nach 1920 häufig belgische und französische Geräte mit Schweizer Tonköpfen und Laufwerken ausgerüstet.

Als die Schallplatte die Walze vom Markt verdrängte, hatten viele kleine Firmen nicht die Mittel, sich umzustellen. Neue Marken entstanden, und die Produzenten spezialisierten sich auf die vertikale oder laterale Tonschrift oder versuchten gar, beide Methoden miteinander zu verbinden.

Allein schon die Namen, die man den Grammophonen gab, spiegeln den Geist dieser Epoche: *Le Merveilleux, Le Charmeur, Le Mélodieux, Le Sublime, Le Virtuose, La Cigale, La Voix d'Or, Eureka, Omega, Musica, Phono-Opéra, Paris-Phonograph, Le Cahit, Sonor* usw.

Von den Herstellern nennen wir ebenfalls nur ein paar Namen: MOREL, CALDAQUES, PERRIN, CANNEVEL usw. Größere Firmen gründeten Tochtergesellschaften, die vereinfachte Geräte zu niedrigen Preisen verkaufen konnten. Der *Diamond* ist dafür nur ein Beispiel: Er entspricht genau einem PATHÉ-Modell.

In den Anfängen der Phonographen-Industrie hatten viele kleine Betriebe zwar Geräte gebaut, sich aber nicht mit der Walzen- und Plattenherstellung befaßt. Das sollte sich als ein verhängnisvoller Fehler herausstellen. Ihnen war damit eine wichtige Einnahmequelle verschlossen, die oft lukrativer war als der Handel mit Geräten.

Da das Ratenzahlungsgeschäft für einige Marken eine große Rolle spielte, wird es in einem späteren Kapitel behandelt.

Der Phonograph im Wartezimmer des Zahnarztes: Damit der Zahn nicht allzu stört, wird hier ein Liedchen angehört!

Links und unten: Der von J. Girard et Cie. gegen Ende 1899 angebotene *Omega* besaß als Besonderheit einen vertikal angeordneten Regulator. Laut Reklame wurden 5000 Geräte bestellt, was jedoch übertrieben scheint, bedenkt man die kurze Zeit, in der der *Omega* überhaupt auf dem Markt war. Die Schalldose ist ein Modell der Firma Gramophone, das Gerät selbst stammt jedoch aus französischer Produktion.

Zwei Modelle des *Ideal-Phonographen:* Das Gerät rechts mit einem Motorsockel aus Emailleguß stammt aus dem Jahr 1900, das andere (unten) von 1902. Der *Ideal-Phonograph* ist sehr sorgfältig gebaut, entweder aus lackiertem oder aus vernickeltem Messing. Ein Drehzahlmesser erleichtert die Regulierung der Geschwindigkeit. Wesentliches Kennzeichen ist jedoch die Walzenaufhängung, die es ermöglichte, Walzen jeder Größe zu spielen, indem der Abstand zur Schalldose verstellt wurde. Diese *Cahit*-Schalldose erreichte eine hervorragende Tonqualität. Unten links: Detail mit Schalldose; rechts: der Geschwindigkeitsmesser.

Der *Colibri* ist ein Walzenspieler mit spindelgeführter Schalldose. Die Walzenhalterung besteht aus schwarzem Ebonit (Hartgummi), die Zahnräder des Motors sind aus Messing, mit Ausnahme eines Rades aus festem Karton, was die Eigengeräusche des Gerätes vermindern sollte. Die Tonköpfe für Aufnahme und Wiedergabe sind ebenfalls aus schwarzem Ebonit und aus Gewichtsgründen mit einer kleinen Messingkugel versehen.

Die Marke *Musica* wurde von G. Dutreih vertrieben. Dieses Gerät spielte zwei Walzengrößen: *Normal* und *Inter.* Einzige Besonderheit ist die Halterung der Schalldose, die in Ruhestellung hochgehoben werden konnte. ▶

Ein *Colibri* in schwarzem, innen mit rotem Filz ausgeschlagenem Holzkasten. Der Trichter dieses Gerätes besteht aus vernickeltem Messing, während der Trichter des anderen *Colibri* auf dieser Seite aus Aluminium ist.

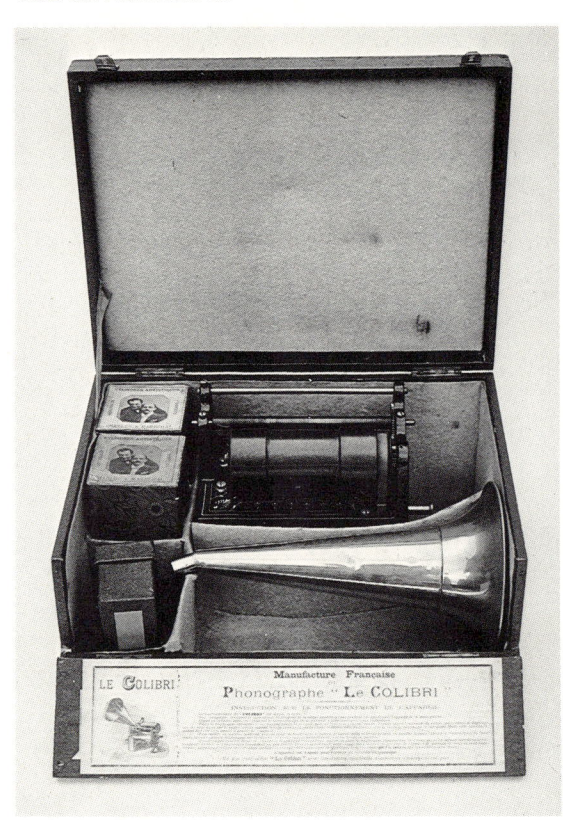

117

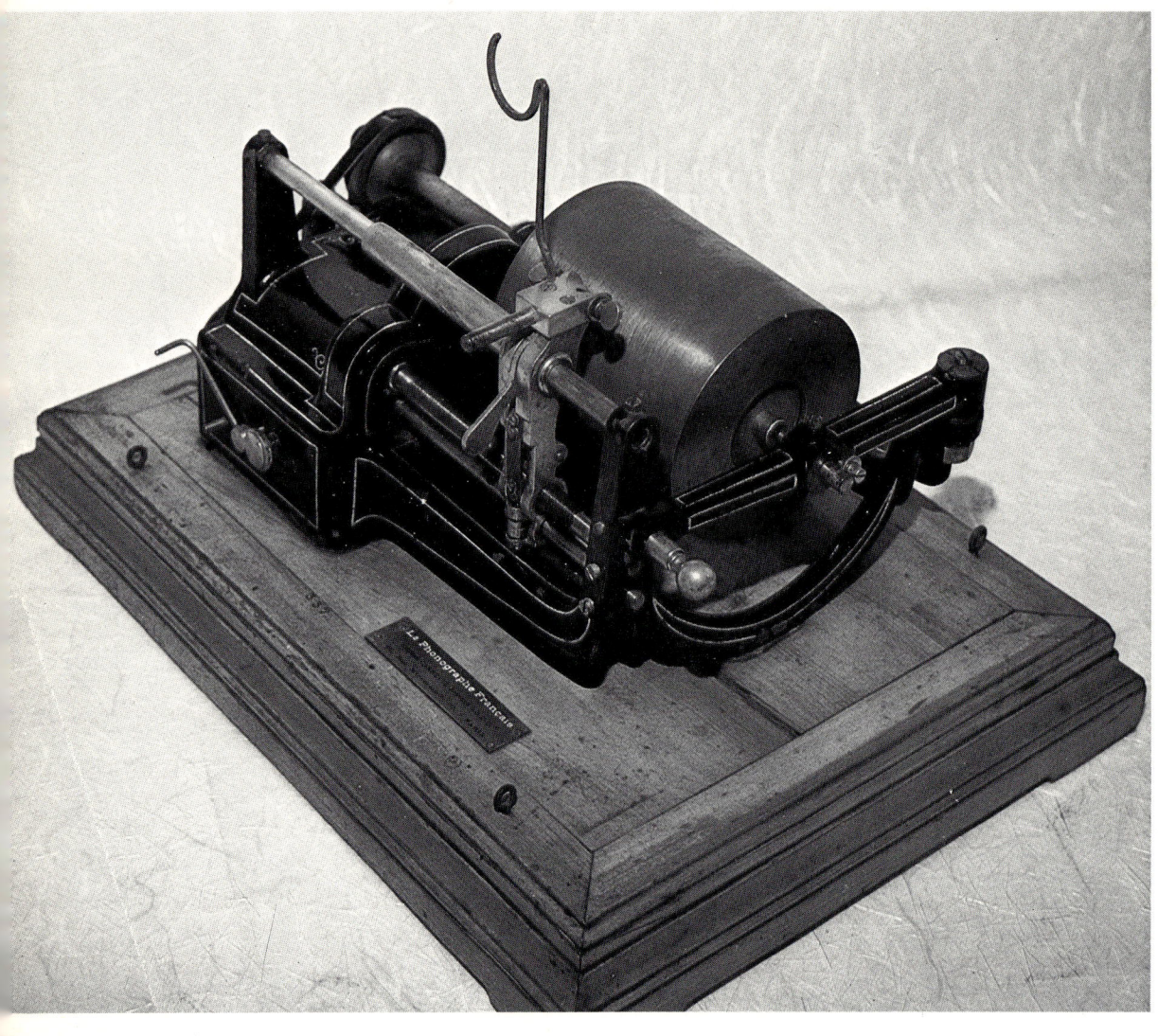

Der *Phonographe Français*, System *Cannevel*, ist aus mehreren Gründen bemerkenswert. Schon seine Größe unterschied ihn von den meisten im Handel befindlichen preiswerten Geräten. Edouard Cannevel meldete für diesen Phonographen und sein System mehrere Patente an. Zusammen mit Paul Hébert beantragte er am 31. Juli 1900 ein Patent zur Vervielfältigung von Phonographenwalzen durch die galvanoplastische Herstellung von «Rohlingen». Henri Lioret verkaufte dieses Gerät unter dem Namen *Le Charmeur*.

Diese Karikatur von Robida, erschienen 1899, regte an, die Straßensänger durch Phonographen zu ersetzen.

Kleiner *Musica*-Walzenspieler, der auch unter anderen Namen zu finden ist, zum Beispiel unter der Bezeichnung *Au sou BB de 1855*. Weil der Trichter fest an der Stütze montiert ist, beschreibt die Schalldose auf der Walze einen leichten Bogen, was sich auf die Tonqualität ungünstig auswirkte.

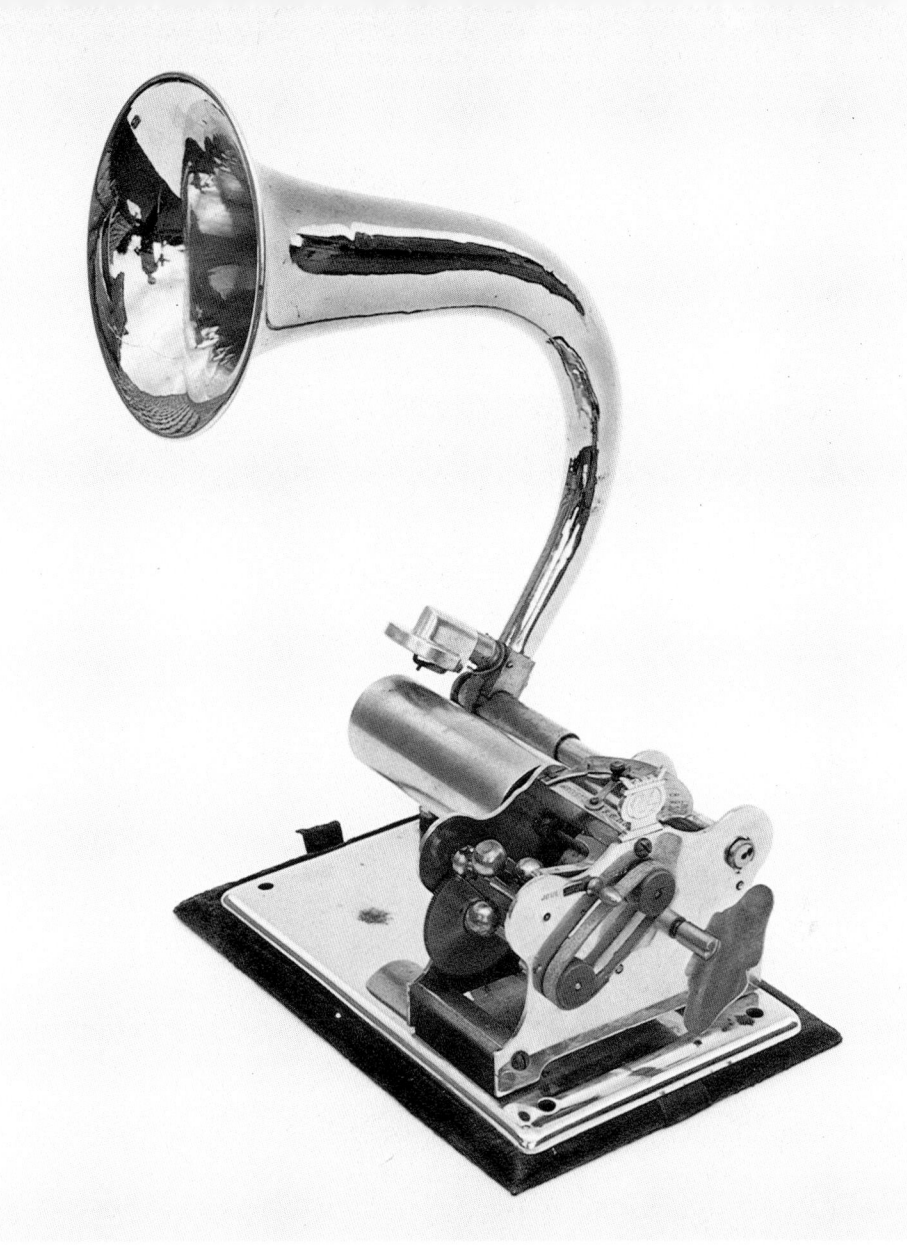

Walzenspieler mit der Handelsmarke von Charles und Jacques Ullmann et Cie., Paris (ein Schwan in einer Leier). Auch Phonographen der Marken *Odeon*, *Phrynis* und *Zonophon* tragen den Namen der Brüder Ullmann, die ursprünglich Instrumentenbauer waren und vor allem Violinsaiten herstellten.

Dieser Phonograph ohne Herstellernamen hat einen Walzenkörper von 7 cm Durchmesser, was der Größe der *Phenix*-Walzen entspricht.

Der *Phono-Opéra* der Société des Machines parlantes A. Combret in Paris mit einem speziellen Aufnahme- und Wiedergabesystem, das auch bei anderen Walzenspielern verwendet werden konnte. Die große Membran *Le Sonore* verbesserte die Tonqualität. Nach 1906 produzierte A. Combret dann Plattenspieler.

In fast allen europäischen Ländern wurden diese Walzenspieler mit Grundplatte in Form einer Lyra angeboten. Sie wurden meist in Deutschland hergestellt, u. a. von der Firma Biedermann und Czarnikow in Berlin, und der Verkäufer im Ausland veränderte nur Kleinigkeiten oder fügte seinen Namen hinzu. Dieses Gerät, bei dem Blumentrichter und Lyra miteinander harmonieren, ist typisch für die Zeit um 1900.

Unten links und rechts: Dieser in Deutschland hergestellte und in Frankreich verkaufte Walzenspieler trägt als Herstellerangabe die Buchstaben G. C. Cie. (vielleicht Georg Carette und Co., Nürnberg). Die Sockelplatte ist mit musizierenden Zwergen geschmückt.

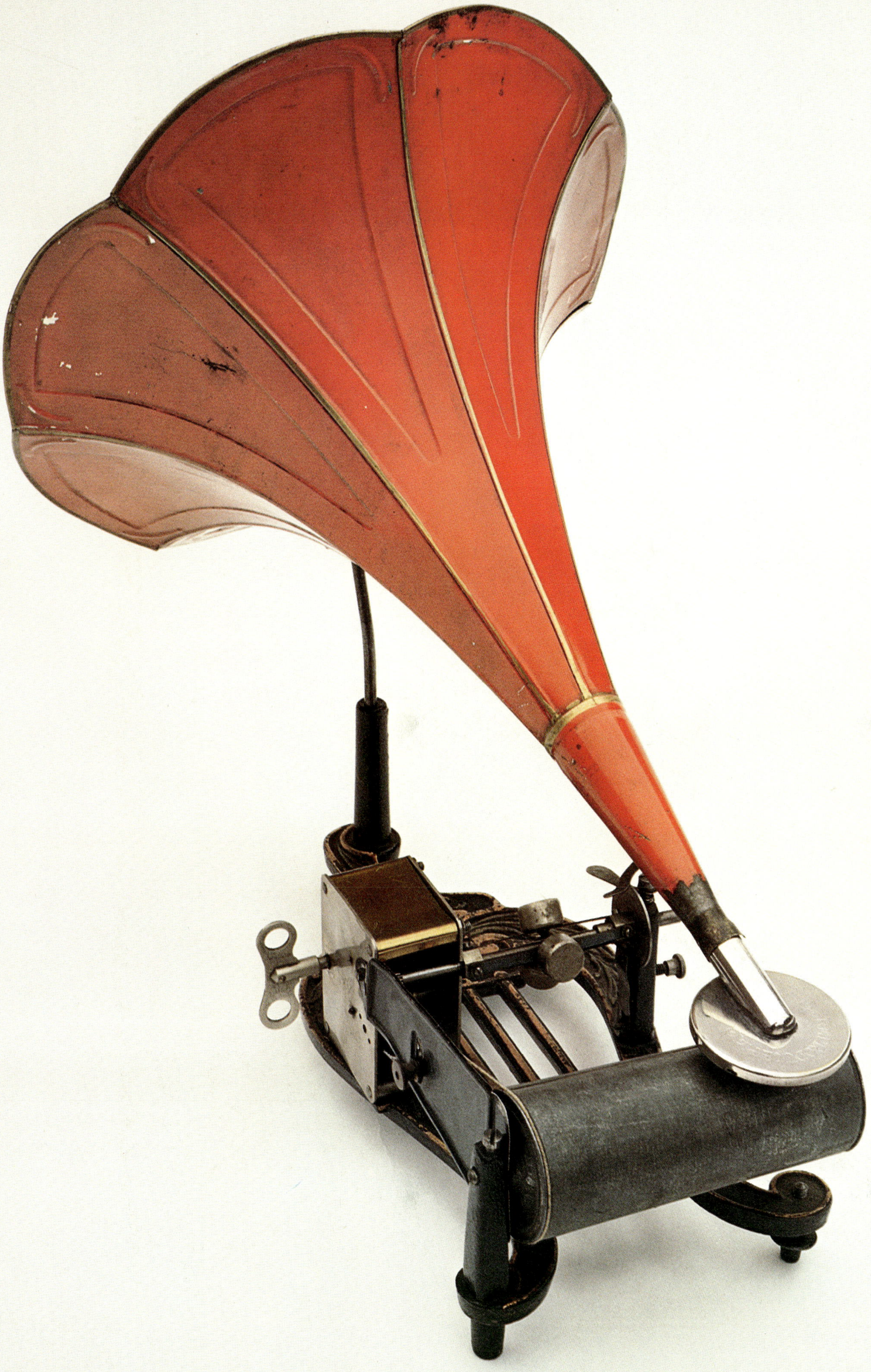

Die Mechanik dieses Walzenspielers, der von P. Perrin in Paris verkauft wurde, findet sich auch bei anderen europäischen Marken. Original sind der Sockel aus Ebenholz und der Trichter.

Der *Sonor* wurde zusammen mit vier Walzen zum Preis von 35 Francs verkauft, bei Ratenzahlung kostete er 39 Francs. Die Schalldose ist aus braunem Ebonit (Hartgummi), der Walzenträger aus Holz. Der schmale Kegeltrichter mit erweitertem geraden Ansatz paßt nicht so gut zur geschwungenen Form der Lyra.

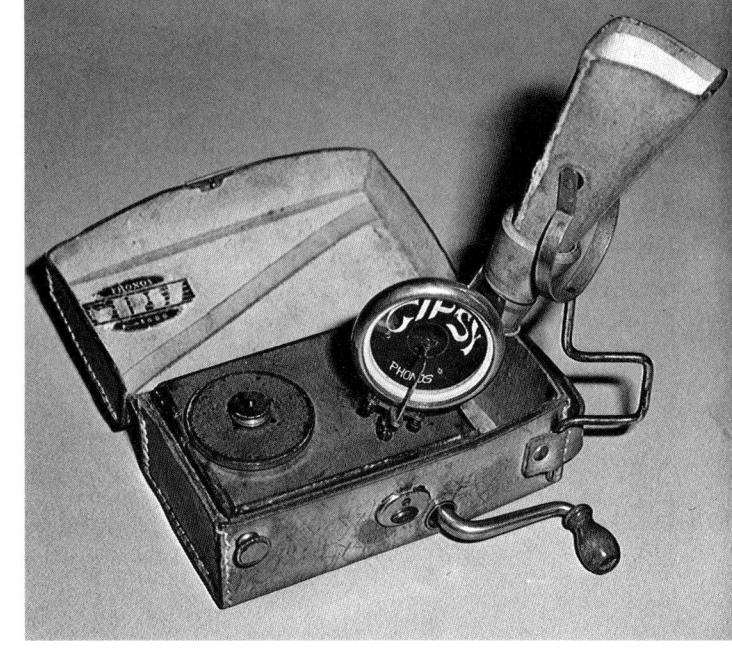

Ein *Mignonphone* von 1926: Länge 23 cm, Breite 12 cm, Höhe 6 cm, Gewicht 1800 g. Der Trichter aus Pappe paßte zusammengefaltet in den Holzkasten.

Noch kleiner ist der *Gipsy:* 15 x 7 x 5 cm! Die Tasche aus Leder ist sorgfältig gearbeitet. Die Schalldose ist ein Schweizer Fabrikat. Seit 1925 wurden viele europäische Geräte mit Motoren und Membranen aus der Schweiz ausgestattet.

Der Präzisionsmechaniker Chardin in Paris bot diese mit einem Löwenkopf verzierte Lyra an.

Perfectaphone baute zahlreiche Plattenspieler und produzierte auch Platten. Das hier gezeigte Gerät wurde in Paris vertrieben; der Motor ist allerdings ein Schweizer Fabrikat.

Der *Phono-Kid* wurde 1926 als das «neueste Wunderwerk» der französischen Industrie angepriesen. Mit ihm konnten Platten sowohl mit Saphir als auch mit Stahlnadel gespielt werden. Der Deckel des Gehäuses ist mit (imitierter) chinesischer Lackmalerei geschmückt.

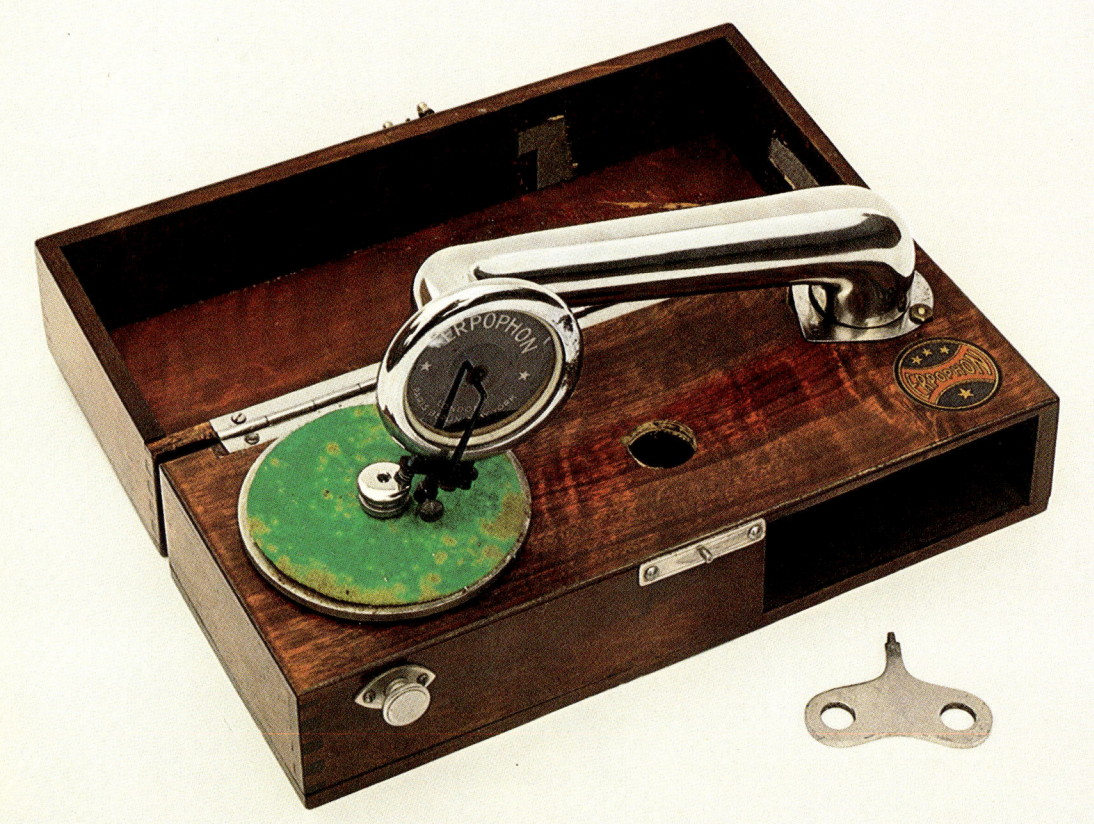

Ein *Terpophon* aus Holz in Ebenholzimitation. Patente waren in London, Paris, New York und Berlin angemeldet. Dieser Plattenspieler zeigt eine Besonderheit: Während außen auf dem Deckel *Terpophon* in griechischen Buchstaben steht, wurde der Anfangsbuchstabe T des Namens auf der Membran übermalt, das Markenzeichen innen auf dem Gehäuse lautet *Erpophon*. Vielleicht mußte die Bezeichnung aus juristischen Gründen geändert werden.

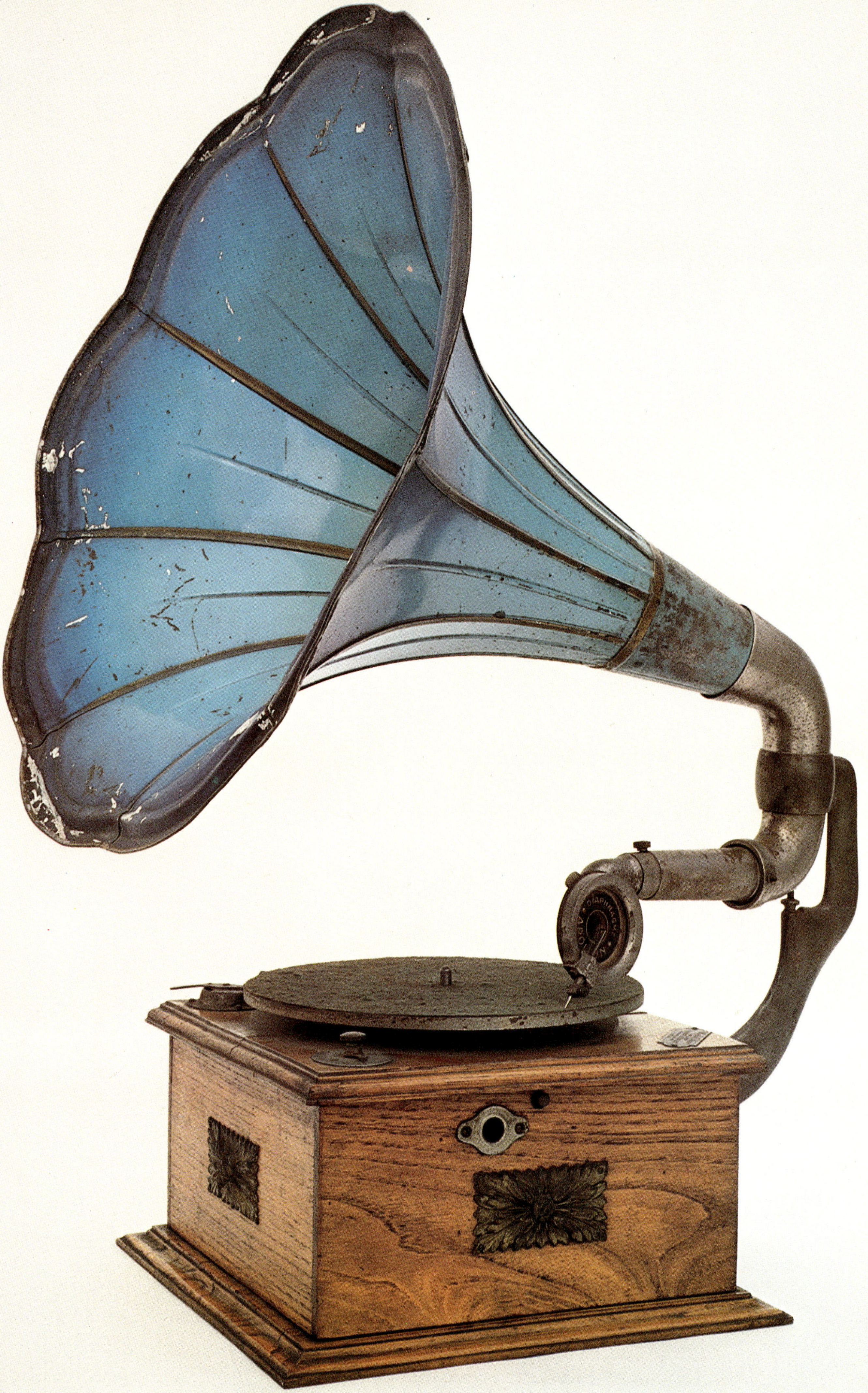

126

Dieser *American Melodieux* wurde von H. Joly, Paris, vertrieben. Eine andere Version, die sich nur durch die Größe des Walzenhalters unterscheidet, wurde unter dem Namen *Excelsior* von G. Maleville in Libourne (Gironde) verkauft.

Ein Familienidyll: Er spielt Flöte, sie hört zu, und der Phonograph nimmt es auf. Das ist besser als Streit – sofern er flöten kann.

Rechts: Dieses kleine Grammophon mit Blumentrichter hat überhaupt kein Markenzeichen, nicht einmal auf der Membran.

Unten: Auch dieser Plattenspieler ist nicht zu identifizieren. Das Edelholzgehäuse ist mit einem Porzellanmotiv der Firma Wedgwood verziert.

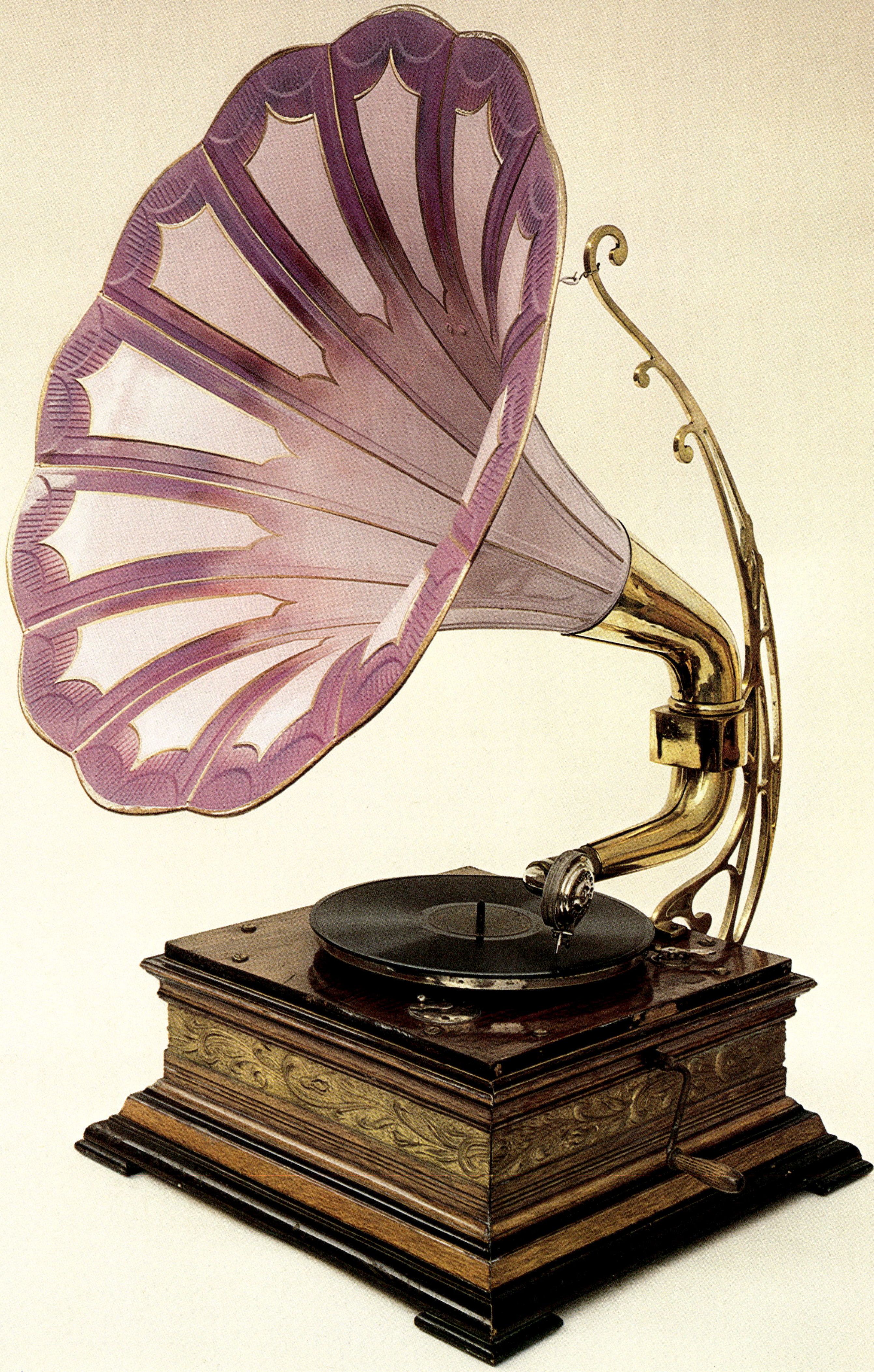

DEUTSCHE FIRMEN

Markenzeichen der Carl Lindström AG Berlin.

◄ Dieser große Plattenspieler, ein *Parlophon* der Carl Lindström AG, Berlin, ist typisch für den Stil zu Beginn des Jahrhunderts. Der Trichter (63 cm Durchmesser) ist aus bemaltem Blech, Tonarm und Halterung sind aus Messing. Das ebenfalls bemalte Holzgehäuse mißt an jeder Seite 51 cm.

Die feinmechanische und elektrotechnische Industrie hatte sich in Deutschland gegen Ende des 19. Jahrhunderts besonders stark entwickelt. Edison hatte daher vorsorglich seine Patente auch hier angemeldet, was die Entwicklung einer eigenständigen Phonographen-Industrie zunächst stark behinderte. Die deutsche EDISON-GESELLSCHAFT vertrieb die in den USA von der NATIONAL PHONOGRAPHIC COMPANY hergestellten Phonographen und Walzen. Die GRAPHOPHONE COMPANY bot ebenfalls einige ihrer Geräte über die COLUMBIA PHONOGRAPH COMPANY in Berlin an, die bald kopiert wurden, vor allem das *Modell Q*. Namen wie *Excelsior* oder *Angelica* stehen für eine Reihe deutscher Geräte amerikanischen Ursprungs.

Das EXCELSIORWERK in Köln, eine der ältesten deutschen Sprechmaschinenfabriken (seit 1900), stellte auf Grund von Lizenzverträgen mit der EDISON-GESELLSCHAFT auch Walzen her. Nach 1905 wurden dann vor allem Plattenspieler gebaut.

Die GRAMOPHONE COMPANY hatte in Deutschland mehr Erfolg. Ihr Gründer, Emile Berliner, war in Hannover geboren, wo nach 1898 die größte Schallplattenfabrik in Europa entstand. Im Jahre 1900 wurde die DEUTSCHE GRAMMOPHON-GESELLSCHAFT in eine Aktiengesellschaft umgewandelt, ihr Hauptsitz nach Berlin, Friedrichstraße 186, verlegt. Drei Jahre später wurde die INTERNATIONAL ZONOPHONE COMPANY, Berlin, dazugekauft. Damit hatte die DEUTSCHE GRAMMOPHON AG eine bedeutende Machtposition gewonnen.

Der ganz große Erfolg lag jedoch auf dem Gebiet der Tonträger. Schon um die Jahrhundertwende bestand das Plattenangebot aus 5000 Titeln. (Zum Vergleich: 1931 hatte die ELECTROLA-GESELLSCHAFT auf dem deutschen Markt 6000 Titel, die COLUMBIA 1000, ODEON 4000 und TELEFUNKEN knapp 9000 Titel. 1927 wurden in Deutschland insgesamt 25 Millionen Platten verkauft.)

Eine andere bekannte Firma hatte ihren Sitz ebenfalls in Berlin: 1897 gründete der aus Schweden gebürtige Mechaniker Carl Lindström dort eine Werkstatt, in der Walzen- und Plattenspieler gebaut wurden. Aus der Vereinigung mit der SALON KINEMATOGRAPH Co. von Max Straus und Heinrich Zuntz entstand im Jahre 1904 die CARL LINDSTRÖM AKTIENGESELLSCHAFT, die ihre Geräte unter der Markenbezeichnung *Parlophon* herausbrachte. Fusionen 1910 mit der BEKA-RECORD GMBH, Berlin, die schon vorher mit der Firma FRITZ PUPPEL liiert war, 1911 mit den ODEON-WERKEN, die aus der INTERNATIONAL TALKING MACHINE COMPANY in Weißensee hervorgegangen waren, sowie mit mehreren anderen Firmen des Apparatebaus, chemischen Werken und Plattenherstellern sicherten der CARL LINDSTRÖM AG einen der ersten Plätze auf dem Weltmarkt. Die Marken *Odeon, Parlophon* und *Beka* wurden weltweit vertrieben: Zweigniederlassungen gab es in ganz Europa, Verkaufsstellen in Südamerika, Südostasien, China, Indien, und es ist schon erstaunlich, im

Katalog der Firma LINDSTRÖM nachzulesen, in wie vielen Landessprachen die Platten produziert wurden.

Seit 1906 stellte die LINDSTRÖM AG keine Walzenspieler mehr her, sondern nur noch Plattengeräte (150000 Stück im Jahre 1907). Um 1910 erhielt der Tonarm einen Klappbügel, um ein versehentliches Zerkratzen der aufgelegten Platte zu verhindern. Später wurden die Trichter im Gehäuse integriert und Grammophone als Möbelstücke gestaltet oder als Koffergeräte gebaut.

Den Sammler von heute allerdings interessieren vor allem die frühen Apparate mit den großen ausladenden Trichtern. Die Mode der großen «Musikschränke» sollte sich bis nach dem Zweiten Weltkrieg erhalten. Die handlichen Koffergeräte erfreuten sich ebenfalls großer Beliebtheit.

Noch auf einem anderen Gebiet genoß das «Made in Germany» einen besonderen Ruf: Die deutsche Spielzeugindustrie belieferte die ganze Welt mit Schiffen, Puppen, Bleisoldaten. Das bunte Blechspielzeug war besonders beliebt, und so versuchte man denn seit 1900 auch, den Phonographen in solche Spielzeuge einzubauen. Die NIRONA-WERKE, Beierfeld i. S., die Firma BING in Nürnberg und andere schufen eine Reihe dieser Geräte mit Namen *Pygmophon, Gamanette, Nirona, Valora* usw., mit denen allerdings nur sehr brave Kinder spielen konnten, da sie nicht besonders stabil waren. Ein anderes Gerät von JUNGHANS wurde für die Schokoladenfirma STOLLWERCK gebaut: Es spielte Platten aus — Schokolade, die heute leider überhaupt nicht mehr aufzufinden sind.

Nicht für Kinderhände gedacht, aber von sehr einfacher Konstruktion waren die spindellosen Walzenspieler, bei denen die Schalldose von der Tonrille selbst geführt wird. Allein in Deutschland stellten etwa zwanzig Firmen solche billigen Geräte her, u. a. BIEDERMANN UND CZARNIKOW, Berlin.

Bei vielen Fabrikaten bestand die Grundplatte aus Gußeisen, häufig als Lyra geformt, aber auch als Nixe, Zwerg, Löwe oder Vogel. Der Phantasie waren keine Grenzen gesetzt.

Bei einer ganzen Reihe von ebenfalls billigen Plattenspielern aus Metall war der Trichter gleichzeitig als Sockel ausgebildet. Später verschwand er im Metallgehäuse.

Eine andere Möglichkeit, den Trichter zu «verstecken», zeigten die *Klingsor* Geräte, die in Hanau hergestellt wurden, aber vor allem in England sehr verbreitet waren: Die um 1910 gebauten Plattenspieler hatten eine im Holzgehäuse hochgeführte Schalleitung. Vor der Trichteröffnung befanden sich Saiten, die zu Resonanzschwingungen angeregt wurden und dem Ton eine besondere Fülle verliehen. Vor dem Ersten Weltkrieg wurden auch *Klingsor*-Automaten mit tanzenden Figuren gebaut.

Daneben gab es alle möglichen mechanischen Instrumente und tönenden Uhren. Zahllose kleinere Werkstätten mühten sich, die Technik der Sprechmaschine auch auf diesem Gebiet zu nutzen. Während B. Hiller 1911 in Berlin eine Uhr mit sprechender Zeitansage baute, die ein Zelluloidband abspielte, versuchten andere, mit gelochten Papierstreifen, die mechanisch abgetastet wurden, dem Phonographen Konkurrenz zu machen. Heute sehen wir diese automatischen Klaviere und Orgeln, die meist in Kneipen oder auf Jahrmärkten vorgeführt wurden, eher als Vorläufer des Edison-Phonographen an. Sie konnten den Wettlauf mit den neuen Tonmaschinen nicht gewinnen. Die Geschichte der Juke-Boxen jedenfalls beginnt mit den Pianolas — die durchaus auch sogenannte «ernste» Musik spielen konnten.

Metallplattenspieler der Firma Carl Lindström AG, Berlin, um 1913.

Dieser kreisrunde *Odeon* hat einen eigenartig gebogenen Metalltonarm, der in das Gehäuse hineingelegt werden kann. Der Plattenspieler (Durchmesser 35 cm) ist mit einem *Vadasz*-System ausgerüstet. Es wird auf 1925 datiert.

▶ Kleines Grammophon deutscher Herkunft, gezeichnet mit G. C. & Co. N. (vielleicht Georg Carette und Co., Nürnberg). Das Gewicht der Schalldose wird durch eine Feder in der Halterung ausgeglichen. Der Plattenteller besteht nur aus einem Metallrad mit sechs Speichen.

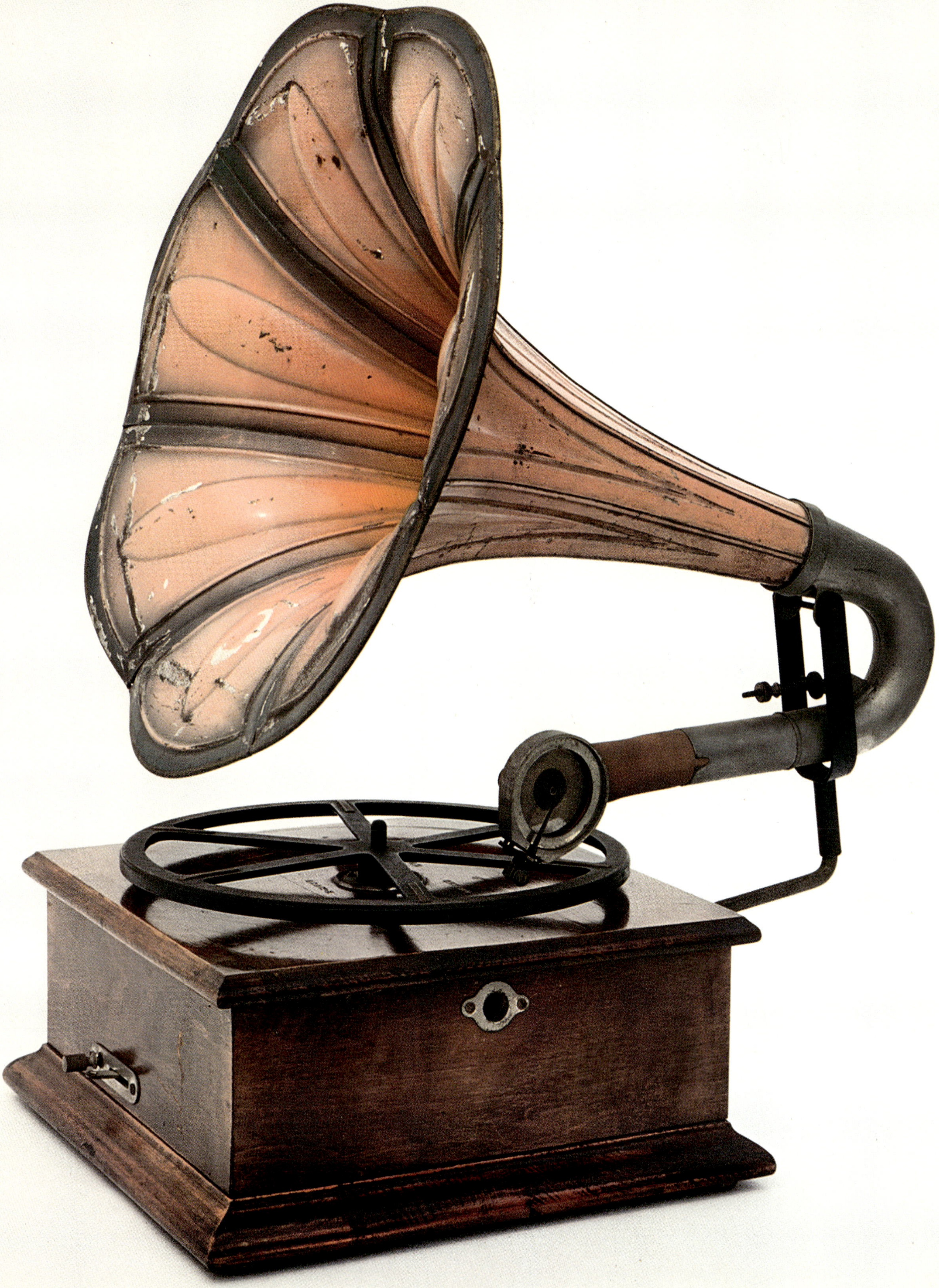

Der Walzenspieler *Excelsior* des Excelsiorwerks in Köln ist eine der zahllosen Nachbauten des amerikanischen *Graphophons* Modell Q. Original ist die Walzenhalterung aus drei Metallstäben.

Oben links: Der Walzenspieler *Angelica* ist ein typisches Beispiel dafür, wie das *Graphophon* Modell Q von der deutschen Produktion übernommen wurde. Die dekorative Bemalung und der Trichter in Form einer Ackerwindenblüte geben diesem Gerät eine eigene Prägung.

Piff, Paff, Puff — die Werbesprache von 1905.

Ein *Odeon-Disk* aus der Zeit um 1905. Die Ähnlichkeit mit Geräten der Zonophone ist unverkennbar. Die Membran ist mit *G. H. Nr. 15* bezeichnet.

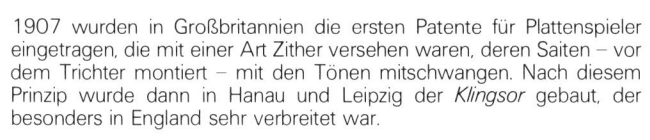

1907 wurden in Großbritannien die ersten Patente für Plattenspieler eingetragen, die mit einer Art Zither versehen waren, deren Saiten – vor dem Trichter montiert – mit den Tönen mitschwangen. Nach diesem Prinzip wurde dann in Hanau und Leipzig der *Klingsor* gebaut, der besonders in England sehr verbreitet war.

Bei diesem *Klingsor*-Plattenspieler kann die Zither durch eine Tür verdeckt werden, wodurch der Ton abgeschwächt wird. Dieses Modell wurde in den Jahren 1908 bis etwa 1923 gebaut.

«*Cameraphone* will play any record», steht auf der Membran dieses kleinen zusammenlegbaren Plattenspielers, der 1924 in England verkauft wurde. Der Resonator aus Hornimitation hat eine eigenartige Form, aber seine Tonqualität war nicht schlecht.

ANDERE EUROPÄISCHE MARKEN

GROSSBRITANNIEN

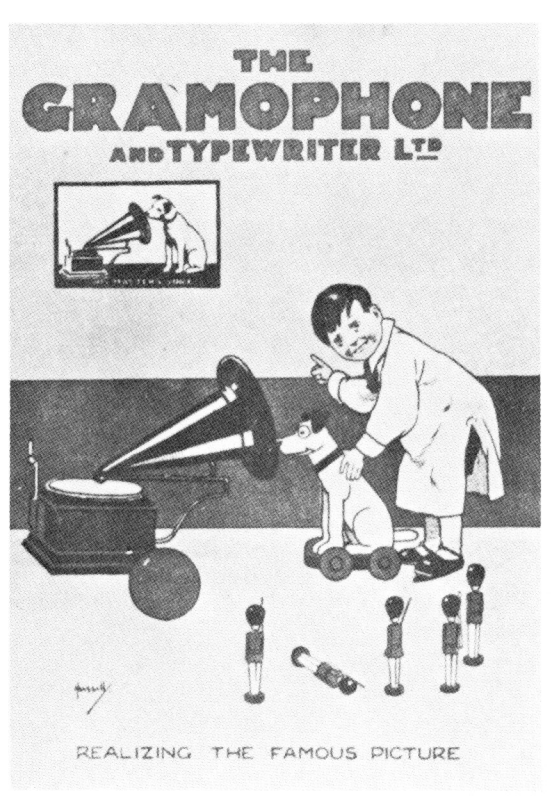

England war für die amerikanischen Phonographen-Konstrukteure die erste Station auf dem Weg nach Europa. Die gemeinsame Sprache erleichterte zweifellos die Handelsbeziehungen. Edison exportierte seinen Stanniolwalzen-Phonographen und später die verbesserten Geräte zuerst nach England, und auch die GRAMOPHONE COMPANY und die GRAPHOPHONE COMPANY gründeten britische Filialen und eröffneten sich über London den europäischen Markt. 1892 entstand die EDISON-BELL PHONOGRAPH CORPORATION LTD., die ab 1903 auch Walzen produzierte und in einer Fabrik in Peckham eigene Geräte baute.

William Barry Owen, der nach England gekommen war, um für die Fabrikate Emile Berliners ein europäisches Verkaufsnetz aufzubauen, gründete 1898 die GRAMOPHONE COMPANY mit Sitz in London. Sie fusionierte im Dezember 1900 mit der Firma LAMBERT, die auf den Bau von Schreibmaschinen spezialisiert war, zur GRAMOPHONE AND TYPEWRITER LTD. London wurde damit zum Hauptquartier der europäischen GRAMOPHONE. Die Platten wurden jedoch in Hannover und für den innerrussischen Markt in der lettischen Hafenstadt Riga produziert.

Die Geräte der GRAMOPHONE wurden anfangs in England aus den aus Amerika importierten Einzelteilen zusammengebaut, später wurden sie in Großbritannien selbst fabriziert. Fabriken für Platten und Plattenspieler entstanden in Hayes, Middlesex, in der Nähe von London.

Englische Karikatur aus dem Jahr 1910.

Die Fabriken der Gramophone Company in Hayes bei London um 1912.

Die COLUMBIA PHONOGRAPH COMPANY hatte sich 1897 zunächst in Paris installiert und kam erst im Jahr 1900 nach London.

Bis zum Krieg von 1914 waren die deutschen Hersteller auf dem britischen Markt vorherrschend, die Produktion in England selbst war relativ unbedeutend. Auch aus der Schweiz wurden Motoren und Tonköpfe eingeführt und zusammengebaut, z. B. zum *Cameraphone*. Später, als die Trichter in die Gehäuse integriert wurden, spezialisierten sich die Engländer auf Tonmöbel aus Edelhölzern.

ITALIEN

Die SOCIETÀ ITALIANA DI FONOTIPIA ist vor allem wegen ihrer hervorragenden Schallplattenaufnahmen bekannt, die seit 1904 gemacht wurden. Sitz der Gesellschaft war Mailand — kein Wunder, daß bald alle bedeutenden Künstler der Scala verpflichtet wurden. Nur Caruso fehlte im Katalog des Jahres 1905, er stand exclusiv bei der amerikanischen VICTOR unter Vertrag.

Die FONOTIPIA wurde dann von der CARL LINDSTRÖM AG aufgekauft, und so kamen viele dieser Aufnahmen des Belcanto auch nach Deutschland. Auf dem internationalen Markt ließ die LINDSTRÖM AG das Label *Fonotipia* noch einige Zeit bestehen, später ging es in dem der *Odeon* auf.

Es wurden auch einige wenige Geräte bei der italienischen Firma gebaut, aber berühmt wurde der Name *Fonotipia* nur durch ihre Platten. Neben den Deutschen waren auch die anderen Riesen der Plattenherstellung in Italien aktiv, z. B. die GRAMOPHONE, die in Mailand einige Aufnahmen ihrer *Red-Label*-Serie produzierte.

Die besonders in Italien bekannte Schutzmarke der Carl Lindström AG, Berlin. Unter dem Label *Fonotipia* erschienen viele berühmte Künstler der Mailänder Scala.

SCHWEIZ

Die traditionsreiche Schweizer Uhrenindustrie baute seit langem schon Spieldosen, und natürlich interessierte man sich dort auch für die Sprechmaschinen. Zu Beginn des Jahrhunderts wurde Sainte-Croix im Schweizer Jura zu einem wichtigen Zentrum der Grammophon-Herstellung. Die von PAILLARD, THORENS und JEANRENAUD vorgestellten Modelle waren zunächst reine Nachbauten des *Graphophone Q* (für Walzen) und des *Gramophone* (für Platten). Die Schweizer Geräte waren sehr sorgfältig gefertigt, ihre Mechanik war zuverlässig, und sie waren außerdem noch billig. Das begünstigte natürlich den Export.

THORENS bot eine Serie von Walzengeräten an: *Royal, Capital, Majestic* und *Minerva*, außerdem die kleineren Plattenspieler *Bijou* und *Helvetia*. Nach 1910 wurden nur noch Plattenspieler für Stahlnadelbetrieb gebaut. Im Katalog von 1914 wurden die Geräte nach ihrer Motorleistung klassifiziert: Die Modelle *Sphinx, Darling, Success, Aurora, Argentin, Concerto* spielten eine Platte ohne neuerliches Aufziehen, zwei Platten spielten *Regalia, Organa* und *Orient*, der *Durban* brachte es auf vier Platten und der *Superba* sogar auf fünf.

Der Kleinstplattenspieler *Excelda*, ein tragbares Gerät, das wie ein Photoapparat aussah, wurde bis in die Zeit nach dem Zweiten Weltkrieg produziert. Die Schweizer exportierten außerdem eine Reihe von Laufwerken, die wegen

Dieses Plakat pries dem britischen Publikum drei ▶ Geräte an, die für die Zeit um 1903 typisch waren: oben das *Graphophon* Modell Q für Walzen, darunter das *Grammophon* mit Holzarm und unten das *Pathé-Graphophon Coq*, das mit dem *Vérité*-System ausgerüstet war und mittels einer Metallmanschette so verstellt werden konnte, daß auch ein Abspielen größerer Walzen möglich war.

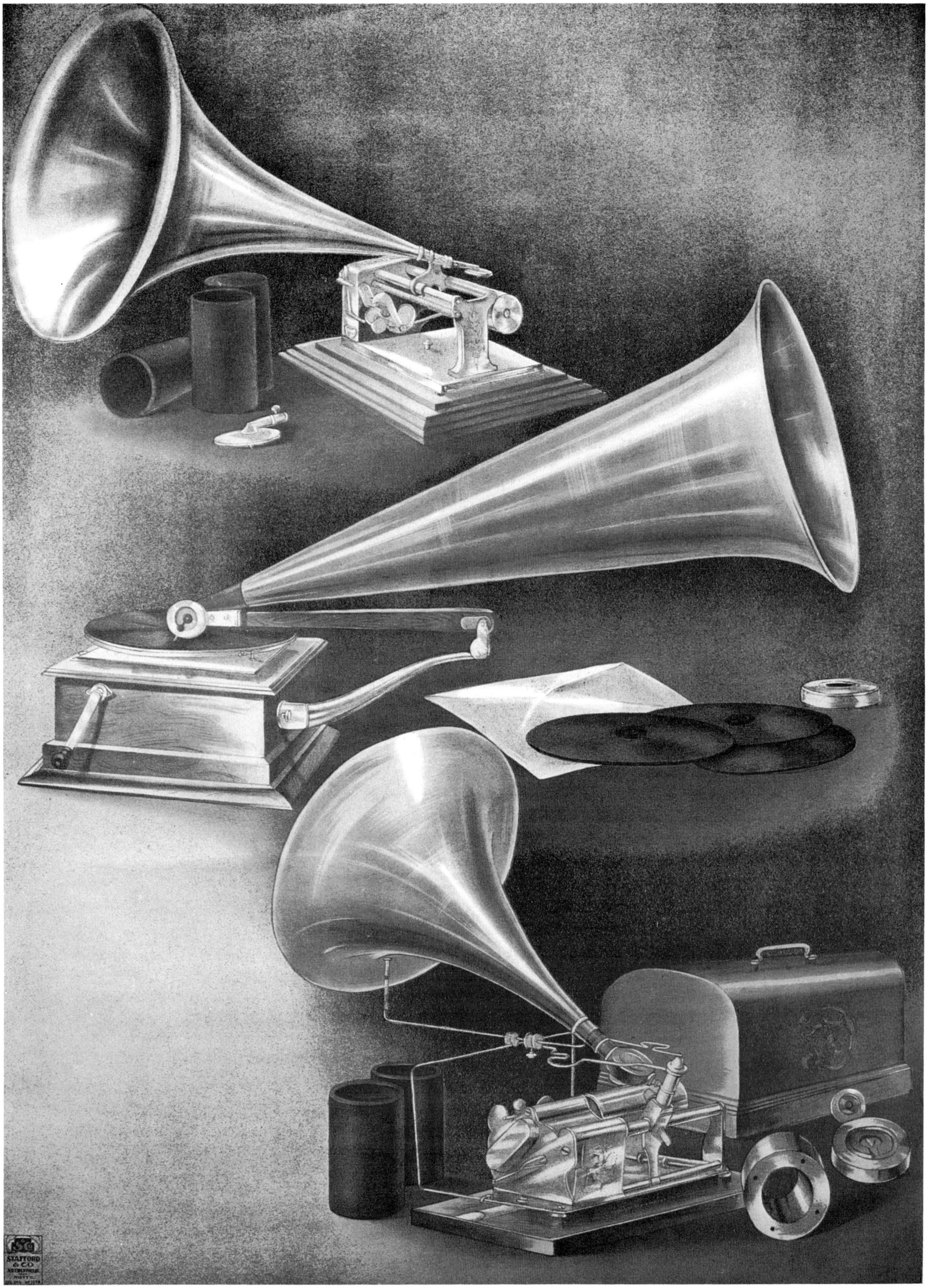
STAFFORD
& CO.

Ein von Thorens in Sainte-Croix (Schweiz) gebauter kleiner Plattenspieler mit Jugendstiltrichter aus bemaltem Blech. Der Federmotor im Innern wird mit einem Schlüssel aufgezogen, der durch die im Plattenteller angebrachten Löcher paßt.

Dieser Plattenspieler von Thorens ist in ein Schränkchen in bretonischem Stil eingebaut. Die *Miraphonic*-Schalldose stammt ebenfalls von Thorens. Das Gehäuse mißt 41 cm x 49 cm und ist 43 cm hoch.

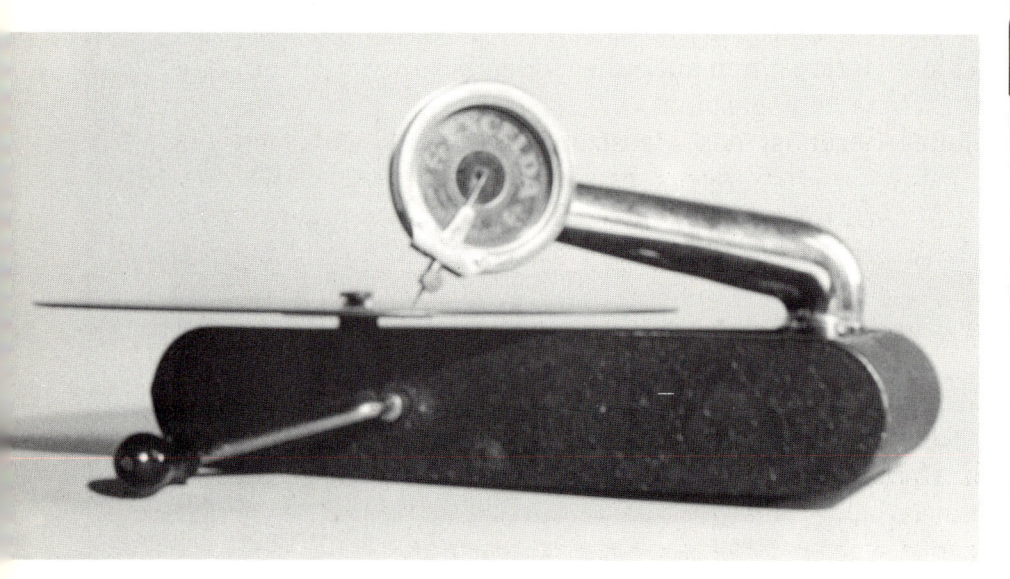

Ein *Excelda* mit geöffnetem Deckel: Man sieht den eingelegten Tonarm, die Schalldose und die Handkurbel.

Auf der Membran dieses *Excelda* sieht man deutlich den Schiffsanker, das Markenzeichen der Firma Thorens. Dieser Plattenspieler, der geschlossen wie ein Photoapparat aussieht, stammt aus der Zeit nach dem Zweiten Weltkrieg.

Der Taschen-Plattenspieler *Mikiphone* ist nicht größer als eine Käseschachtel (Durchmesser 11,5 cm). Durch eine geschickte Anordnung können alle Teile in der Dose untergebracht werden. Der Resonator aus schwarzem Zelluloid besteht aus zwei Teilen, die sich zusammenfalten lassen; nur die Kurbel bleibt sichtbar. Der Plattenteller hat einen Durchmesser von nur 10 cm. Die Platten mußten deswegen an der Mittelachse befestigt werden.

ihrer Präzision sehr gefragt waren. Unzählige französische und belgische Modelle wurden mit Schweizer Motoren ausgerüstet.

Der zweite bedeutende Schweizer Konstrukteur war ERNEST PAILLARD. Seine Modelle wurden *Maestrophone* genannt; sie bekamen außerdem eine Nummer und den Namen eines Komponisten oder einer Operngestalt. Gewöhnlich hatten diese Geräte einen außenliegenden Schalltrichter, und die Platten wurden mit Stahlnadel abgespielt.

Ein sehr originelles Gerät ist das *Maestrophone Nr. 205 Polyeucte*: Es wurde von einem Heißluftmotor angetrieben. Ein kleiner Alkoholbrenner reichte aus, um den Mechanismus in Gang zu halten. Versionen dieses Typs waren die *Nr. 206 Benvenute* und *Nr. 207 Giordano*. Das Modell *Nr. 208 Lucia* war kein Plattenspieler, sondern lediglich als Dekoration gedacht: Es sollte im Schaufenster stehen, und die Ware wurde auf dem sich drehenden Teller ausgestellt.

Eine weitere Spezialität der Schweizer waren die Miniatur-Plattenspieler, die zusammengelegt und in die Tasche gesteckt werden konnten. Das berühmteste Modell ist das *Mikiphone*. Es ist so klein, daß es in eine Käseschachtel paßt. Trotzdem konnten damit Platten von 30 cm Durchmesser abgespielt werden. Das *Mikophone* wurde als *Vadasz-System* patentiert.

UND IM ÜBRIGEN EUROPA

Im klassischen Importland Belgien wurden nur wenige Plattenspieler gebaut, so der *Kolibri*. In Holland gab es vor allem Modelle aus der amerikanischen Produktion. Auch in Spanien hatten alle führenden Grammophon-Hersteller Niederlassungen. Die deutsche LINDSTRÖM AG besaß in Barcelona eine eigene Fabrik für das *Odeon*-Label.

In Riga im Baltikum hatte die GRAMOPHONE bereits 1898 eine Schallplattenpresse eingerichtet. Weitere, meist kleinere Betriebe entstanden, darunter eine Fabrik in St. Petersburg, in der auch Grammophone hergestellt wurden. Viele Aufnahmen für das berühmte *Red Label* wurden in Rußland aufgezeichnet, u. a. mit Schaljapin.

Die ersten *Phrynis*-Platten von 1906 hatten eine vertikale Tonspur. Sie wurden jedoch bald durch Platten mit lateraler Tonspur abgelöst, die dann unter dem Label *Odeon* erschienen. Der Trichter dieses *Phrynis Nr. 10* hat eine merkwürdig unregelmäßige Kelchform.

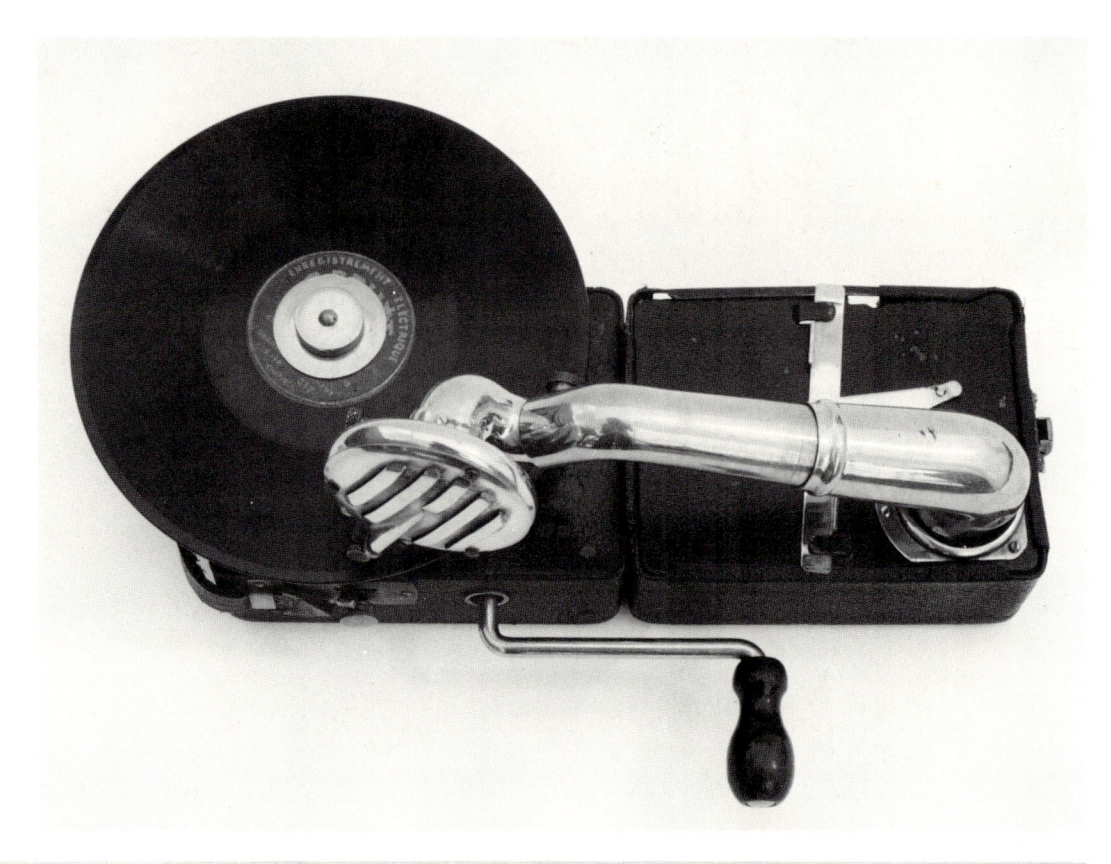

Dieser *Phrynis Nr. 10* mit Blütenkelchtrichter aus dem Jahre 1909 spielte Platten für Stahlnadeln. Die Schweizer Herstellerfirma scheint mit der Marke *Odeon* liiert gewesen zu sein. Einige Schalldosen sind mit drei U gekennzeichnet, was auf Ullmann hindeutet, der auch im Zusammenhang mit anderen Marken *(Odeon, Fonotipia)* erwähnt wird.

Links oben und unten: Der *Kolibri*, mit belgischer Herkunftsbezeichnung, hat einen Schweizer Motor und Tonkopf. Er stammt aus der Zeit um 1930. Die früheren Geräte hatten eine Schalldose mit einer sichtbaren und mit dem Markenzeichen *Kolibri* versehenen Membran aus Glimmer.

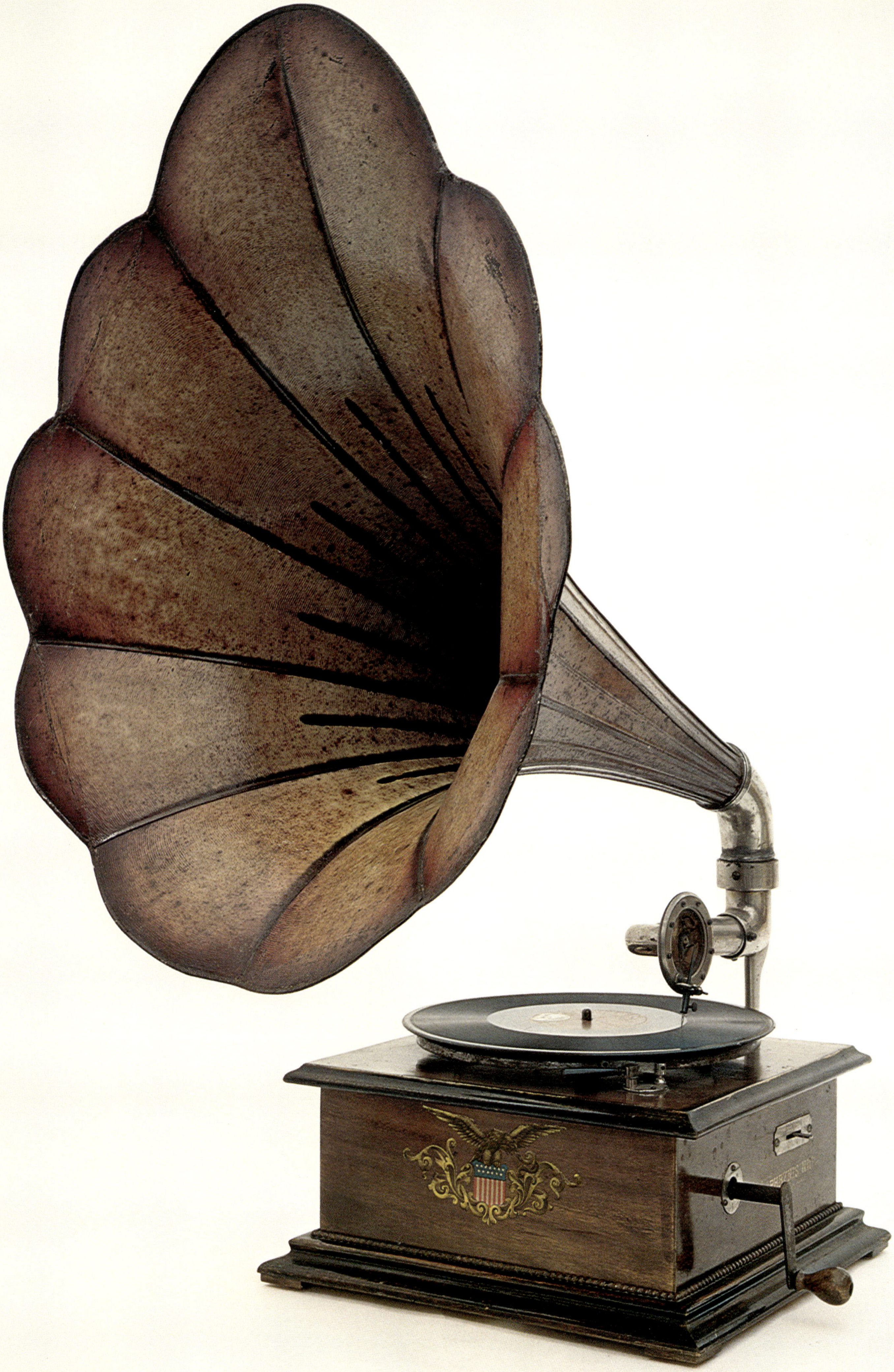

«Neune auf einen Streich» – hier wird ein Gesangstrio mit Klavierbegleitung aufgenommen. Vom Trichter führen neun Schläuche zu den Aufnahmeschalldosen und zu den neun Walzen. Das Klavier wurde erhöht aufgestellt, um den Klang besser einzufangen.

Das Grammophon wird populär

DIE ERSTEN PLATTENSTARS

«Det besorcht det Grammophon von dem ollen Edison», sang dieser Berliner Straßenkünstler in der Kaiser-Wilhelm-Zeit. (Genaugenommen erfand nicht Edison das *Grammophon*, sondern Emile Berliner.)

Es ist schon seltsam: In der Frühzeit des Phonographen, dieser wunderbaren sprechenden Maschine, von der man Jahrhunderte geträumt hatte, wußte man nicht recht, was man damit anfangen sollte. Zuerst war er «ein Spielzeug, das keinen kommerziellen Wert hat» (Edison im Jahre 1878) — und als Diktiergerät im Büro war er auch nicht gerade ein Verkaufsschlager. Der Gedanke, eine Unterhaltungsindustrie damit aufzubauen, war ganz neu.

Erst die Künstler verhalfen der genialen Erfindung zum Durchbruch: Caruso, Schaljapin, Leo Slezak, Emma Calvé, Sarah Bernhardt, Geraldine Farrar, die Melba, die Patti — berühmte Namen stehen in den frühen Katalogen. Die bespielten Walzen und Platten, deren Tonqualität immer weiter verbessert wurde, ließen die Nachfrage nach Abspielgeräten sprunghaft ansteigen. Schon 1906 wurden in Deutschland monatlich rund 250000 Grammophone hergestellt und 1,5 Millionen Schallplatten gepreßt. Im Jahre 1908 produzierte allein die DEUTSCHE GRAMMOPHON 6200000 Schallplatten.

Obwohl manche Snobs noch die Nase rümpften über die «Konservenmusik», sich abfällig äußerten über «des Spießers Wunderhorn» und die «automatische Musikmühle», wurden immer mehr begeisterte Stimmen laut, die für Grammophon und Schallplatte eintraten.

Der Berliner Kritiker Alfred Kerr, der als recht bissig und unsentimental bekannt war, schwärmte geradezu: «Wenn in einem schneeumwehten Haus, weltabseits, durch einfachsten Handgriff die 'Sinfonie fantastique' von Berlioz orchestral erklingen kann oder ein Chor der Donkosaken (so, als wären sie im Zimmer): dann vollzog sich eines der größten Wunder für die Steigerung irdischer Angelegenheiten.»

Und Thomas Mann bekannte: «Technifizierung des Künstlerischen — Gewiß, es klingt schlimm, es klingt nach Verfall und Untergang der Seele. Aber wenn nun, indem das Seelische der Technik anheimfällt, die Technik sich beseelt? Wenn nun zum Beispiel doch der Musikapparat, eine rohe Wirtshausangelegenheit eben noch, eine Entwicklung genommen hat, die ihn zu einer unzweifelhaft musikalischen Angelegenheit erhebt, welcher kein Musiker mehr mit Verachtung begegnet? Ich liebe diese Erfindung, ich habe täglich

Nutzen und Freude von ihr, ich bin ihr zu größtem Dank verpflichtet, und ich darf sagen, daß ich ihr (im «Zauberberg») meine Huldigung dargebracht habe zu einer Zeit, als sie sich, verglichen mit der Fortgeschrittenheit, in der sie sich heute darstellt, noch im Puppenstande befand.»

Bruno Walter, der berühmte Dirigent, der selbst Platten einspielte, sagte: «Die Schallplatte fügt zur Unmittelbarkeit des musikalischen Ergusses, der beseelten Rede die Dauer. Das Einmalige, Spontane, das früher sterben mußte, bleibt durch sie am Leben erhalten.»

Und der Verleger Samuel Fischer schrieb: «Die Schallplatten haben das Phänomen Caruso für alle Welt und für alle Zukunft gerettet. Das allein würde genügen, um die kulturelle Bedeutung der Schallplatten zu betonen.»

ENRICO CARUSO (1873-1921)

In der Tat: Enrico Caruso war der Platten-Super-Star! Seine Geschichte ist untrennbar mit der Geschichte der Schallplatte verbunden.

Enrico Caruso wurde am 25. April 1873 in Neapel geboren: in einem Elendsviertel, in einer kinderreichen Familie. Er wuchs ohne besondere Ausbildung heran, aber er sang immerhin im Kirchenchor. Mit einundzwanzig Jahren stand er zum ersten Mal auf der Bühne (1894) — und niemand hat wohl geahnt, daß er den berühmtesten Tenor aller Zeiten vor sich hatte. Es folgten kleine Engagements in Salerno und Palermo, dann in Mailand, Buenos Aires, Petersburg, Monte Carlo. In der Mailänder Scala sang Caruso zum ersten Mal 1901 — das war für Sänger so eine Art Ritterschlag. Dann, am 1. Februar 1901, gab Arturo Toscanini ein Konzert zu Ehren von Giuseppe Verdi, der wenige Tage zuvor in einem Mailänder Hotel gestorben war. Auf dem Programm standen Auszüge aus den berühmtesten Opern des Meisters, vorgetragen von Mitgliedern der Scala. In dem Quartett aus «Rigoletto» sang Caruso mit.

Mit diesem Auftritt scheint Carusos Verbleiben an der Scala sicher gewesen zu sein. Ein Jahr später wirkte Caruso bei der Premiere der Oper «Germania» des Barons Franchetti mit. In einer der Aufführungen saß der Stimmenjäger der GRAMOPHONE COMPANY, Fred Gaisberg. Er lud Caruso zu einer Plattenaufnahme ein, die am 18. März 1902 in einem Hotel in Mailand stattfinden sollte — just in diesem Hotel war ein Jahr zuvor Verdi gestorben.

Am frühen Nachmittag erschien Caruso stöckchenschwingend im Hotel. Aufnahmegerät und Klavier waren in Position gebracht worden (das Klavier mußte dabei erhöht aufgestellt werden, damit die Töne besser in den Trichter gelangten), der Pianist Salvatore Cottone setzte sich und intonierte aus «Germania»: «Studenti! Udite!» und Caruso sang — noch etwas unsicher, aber Gaisberg war zuversichtlich. Und tatsächlich: in weniger als zwei Stunden waren zehn Plattenseiten in Wachs geschnitten. Caruso erhielt die versprochenen 100 Pfund als Honorar auf die Hand — damals übrigens eine enorme Summe, aber sie sollte sich auszahlen. Die Wachsmatrizen wurden sofort nach Hannover geschickt, wo die Platten für ganz Europa gepreßt wurden. Wenige Wochen später — Caruso sang gerade in London — kamen die ersten in Mailand eingespielten Aufnahmen auf den Markt. Die Techniker der GRAMOPHONE waren zufrieden — was unglaublich erscheint, wenn man bedenkt, daß heute oft viele Tage an einem Originalband geschnitten und montiert wird, bevor es in die Produktion geht.

Der junge Caruso in der Rolle des «Turiddu» aus «Cavalleria rusticana» von Mascagni — 1895 war er 22 Jahre alt.

Caruso in zwei Rollen, die ihn berühmt machten: als Herzog von Mantua in «Rigoletto» und als Rudolf, der Dichter, in «La Bohème». Caruso hinterließ mehrere Platteneinspielungen mit Arien und Szenen aus diesen beiden Opern. Seine Interpretation von «La donna è mobile» aus «Rigoletto» ist auch heute noch ein Beispiel für hervorragenden Belcanto.

Caruso vor dem Aufnahmetrichter, gezeichnet von — Caruso.

Sicherlich wäre Caruso auch ohne das Grammophon berühmt geworden. Seine außerordentliche weltweite Wirkung erzielte er jedoch via Schallplatte — mit einer Stimme, die in Ausdruck und Timbre im besten Sinne «phonogen» war, einer Stimme, die ihren Zauber auch in der — immer noch verbesserungsbedürftigen — Technik des Aufnahmeapparates nicht verlor. Diese Qualitäten machten Caruso zum ersten großen Star der Schallplatte.

Vor den Aufnahmen für die GRAMOPHONE hatte Caruso bereits für die ANGLO-ITALIAN COMMERCIAL COMPANY in Mailand (wahrscheinlich Anfang 1901) Arien von Puccini und Meyerbeer auf Walze gesungen, und für die ZONOPHONE wurden ebenfalls einige Einspielungen gemacht, die wir aber nicht genau datieren können. Allerdings fanden diese Phonogramme kein besonderes Echo, vielleicht, weil sie nicht auf dem technischen Stand waren, den die GRAMOPHONE inzwischen erreicht hatte. Deren Vertriebsmöglichkeiten machten denn auch das «Stimmwunder» Caruso binnen kurzem in ganz Europa populär.

In der Metropolitan Opera von New York sang Caruso am 23. November 1903 den Herzog in «Rigoletto» — dies war der erste von insgesamt 607 Auftritten Carusos in diesem Theater! Der Tenor aus Neapel eroberte die amerikanische Musikwelt. Am 1. Februar 1904 begann Caruso in einem New Yorker Studio seine amerikanische Plattenkarriere als Star der VICTOR TALKING MACHINE COMPANY. Sie sollte erst 1920, wenige Monate vor seinem Tod, mit den letzten Aufnahmen in einem Studio in Camden ein Ende finden.

Die Schallplatte macht es möglich, der Entwicklung von Carusos Stimme zu folgen. Jedes Jahr wurden mehrere Aufnahmesitzungen arrangiert — insgesamt 234 Plattenseiten. Einige wenige Aufnahmen galten als unzureichend und wurden nicht veröffentlicht. Auch einige Raubpressungen sind bekannt, deren Mängel uns heute jedoch angesichts ihres unschätzbaren historischen Wertes unbedeutend erscheinen.

Bis zum Jahr 1905 wurden alle Aufnahmen auf dem Klavier begleitet. Am 11. Februar 1906 sang Caruso erstmals zusammen mit einem Orchester. Allerdings waren die Violinen durch sogenannte Stroh-Geigen ersetzt worden, Instrumente, die statt des Resonanzbodens eine Art Horn besaßen und so gezielt in den Aufnahmetrichter hineinspielen konnten.

Ein großer Erfolg wurde auch das erste 1906 von *Victor* produzierte Gesangsduo: «Solenne in quest'ora» aus «Die Macht des Schicksals» von Giuseppe Verdi, gesungen von dem Bariton Antonio Scotti und dem Tenor Enrico Caruso.

Caruso wurde durch seine Tourneen, seine Auftritte in der Met und in allen großen Opernhäuser der Welt ein reicher Mann. Seine Plattenaufnahmen brachten ihm ungefähr zwei Millionen Dollar ein (und damals war der Dollar noch mehr wert). Übrigens spielte Caruso auch in einigen Filmen mit — leider waren es noch Stummfilme!

Seit 1904 machte Caruso auf Grund des Exclusivvertrags mit VICTOR nur noch in den USA Schallplatten. Ihre enorme Verbreitung hat bewirkt, daß sie bis auf wenige Aufnahmen nicht schwer zu finden sind. Viele seiner Einspielungen werden heute, technisch überarbeitet, erneut angeboten.

Während der letzten Aufnahmen, Mitte September 1920, litt Caruso bereits an der Lungenkrankheit, die ihn am 2. September 1921 im Hotel «Vesuvio» in Neapel dahinraffen sollte. Am 21. Mai hatte der Tenor mit seiner jungen Frau und seiner Tochter auf dem Dampfer «President Wilson» New York verlassen, um einen längeren Erholungsaufenthalt in seiner Heimat anzutreten...

Er ruht in Neapel — von wo er aufgebrochen war, um mit seiner Stimme die Welt zu erobern.

Yvette Guilbert (1866-1944), die Chansonnette mit den schwarzen Handschuhen. Ihre Karriere war lang und erfolgreich: Sie sang erst auf Walze, dann auf Platte und machte schließlich noch elektrische Tonaufnahmen.

CAFÉHAUSMUSIK

Zu Beginn der Phonographen-Zeit gab es zwei Kategorien von Aufnahmen: Die einen wurden mit meist unbekannten Künstlern eingespielt — weil die billiger waren — und die anderen mit berühmten Namen aus Oper und Konzert, mit denen die Firmen gleichzeitig für ihre Geräte und Platten Reklame machen konnten. Diese Aufnahmen wurden meist auch teurer verkauft.

Solange die Zuhörer sich der Hörschläuche bedienen mußten, war natürlich mit Tanzmusik kein großes Geschäft zu machen, statt dessen waren Aufnahmen der Kleinkunst — Kabarett, Sketche und Monologe — besonders beliebt. Als dann die Geräte öffentlich aufgestellt und Schalltrichter benutzt wurden, mußten auch mehr Aufnahmen mit volkstümlicher Musik gemacht werden. Die ersten Schlager, die ersten Hits wurden eingespielt.

Um 1900 kamen die Konzertcafés in Mode: In den großen Cafés von Wien, Berlin und Paris traten Chansonniers und Schauspieler auf, es gab Musik und Unterhaltung zu Kaffee und Kuchen. In den Schallplattenkatalogen tauchten denn auch bald die Titel auf, die damals zum Amüsement der Caféhausgäste beitrugen: Marschmusiken und Walzer und jene oft frechen Couplets, an denen die Bürgerwelt Gefallen fand.

Es entstand der Beruf des Walzensängers: Da — jedenfalls in der Anfangszeit — jede Walze einzeln eingespielt werden mußte, verbrachten diese Spezialisten, die stabile Stimmbänder und eine gute Lunge haben mußten, bald ganze Tage vor dem Aufnahmetrichter und sangen immer wieder das gleiche Lied.

Eine Karikatur der Yvette Guilbert, gezeichnet 1908 von ihrem nicht minder berühmten Kollegen, dem Plattenstar Enrico Caruso.

Eine Aufnahmesitzung bei Pathé Frères 1899.

Oben rechts: Charlus, Spezialist für Walzeneinspielungen, bei der Aufnahme. Er stand mehr als achtzigtausendmal vor dem Trichter. Hier wird er von einem Klarinettisten begleitet: Die Klarinette eignete sich besonders gut für die damalige Aufnahmetechnik und wurde daher in der Unterhaltungsmusik oft verwendet.

Ein Beispiel dafür ist der französische Chansonnier Charlus, der vor seiner Entdeckung als Walzensänger Stimmenimitator gewesen war. Als Emile Pathé 1896 den Künstler bat, seine Chansons aufzuzeichnen, konnte niemand ahnen, wie erfolgreich diese Walzen sein würden.

Charlus war bald einer der populärsten Volkssänger. In der damaligen Aufnahmetechnik kam es auf eine klare und harte, aber auch gleichmäßige Aussprache an; der Stimmdruck mußte möglichst konstant gehalten werden.

Charlus bekam pro Aufnahme 50 Centimes, was nicht gerade viel war. Als die Walzen später vervielfältigt werden konnten, erhielt er für jede Originaleinspielung 100 Francs.

Wie schnell durch die neue Technik ein Name auch international bekannt werden konnte, zeigt das Beispiel von Yvette Guilbert, deren Kunst freilich auch viel subtiler war als die des Charlus. Sie sang frivole Lieder, Chansons, Satiren auf ihre Zeit. Berühmt geworden war sie in Paris mit dem «Fiakerlied». 1894 war sie zum ersten Mal in New York, zwei Jahre später besang sie dort in der Fifth Avenue bei Gianni Bettini sechs Wachswalzen.

In Frankreich spielte Yvette Guilbert für die Firma PATHÉ, deren Star sie war, mehr als hundert Titel ein. Diese Produktion hatte 1899 mit den gelben Wachswalzen begonnen, ab 1900 wurden die schwarzen Wachswalzen verwendet, die vervielfältigt werden konnten. Seit 1906 spielte sie dann nur noch Platten ein, u. a. auch für die COMPAGNIE FRANÇAISE DU GRAMOPHONE und für COLUMBIA. Ihre letzten Aufnahmen machte sie kurz vor ihrem Tod, 1944 — sie erschienen bereits auf Langspielplatte.

ORCHESTERAUFNAHMEN

Edison hatte in seinem Katalog von 1890 schon mehrere Instrumentalsoli angeboten. Für die noch schwerfällige Aufnahmetechnik eigneten sich Klavier, Flöte, Klarinette, Kornett und Baß am besten. Mehrere Instrumente zusammen oder gar ein ganzes Orchester aufzunehmen, war viel schwieriger und gelang wirklich zufriedenstellend erst mit der elektrischen Aufnahmetechnik über Mikrophon. In der Zwischenzeit behalf man sich mit Arrangements für Bläser.

Die französische Garde Républicaine, die über ein großes Blasorchester verfügte, war wohl nie so populär wie in dieser Zeit. In Wien waren es die Deutschmeister und überall im Reich die Polizei- und Regimentskapellen, die vor die Aufnahmetrichter traten. Eine Unzahl von Militärmusiken wurde eingespielt; beliebt waren auch neapolitanische Weisen und Zigeunermusik.

Die ersten Aufnahmen mit großem Orchester brachte 1909 die INTERNATIONAL TALKING MACHINE COMPANY auf *Odeon* heraus: Tschaikowskys Nußknacker-Suite mit dem Londoner Palace Orchestra. 1910 folgte die GRAMOPHONE mit dem ersten Satz aus dem Klavierkonzert von Grieg, gespielt von Wilhelm Backhaus und dem New Symphony Orchestra des jungen Thomas Beecham unter Landon Ronald. Die populärste Orchesterplatte jener Zeit aber war wohl

Das Deutsche Grammophon-Orchester mit seinem Kapellmeister Bruno Seidler-Winkler, der ein besonderes Geschick hatte, Originalpartituren für Schallplattenaufnahmen mit der anfänglich primitiven Technik umzuschreiben. Er plazierte die Musiker anders als üblich, manche sogar auf Podeste, und ersetzte die Violinen durch Stroh-Geigen.

Arthur Nikisch dirigierte 1913 die Berliner Symphoniker für die Deutsche Grammophon.

Bruno Seidler-Winkler begleitet den berühmten Violinvirtuosen Jan Kubelik bei Schallplattenaufnahmen in Berlin.

die «Unvollendete» von Schubert bei COLUMBIA. Für die DEUTSCHE GRAMMOPHON machte Arthur Nikisch mit den Berliner Philharmonikern eine Aufnahme von Beethovens fünfter Symphonie. Der Pianist Ignaz Jan Paderewski hatte einen Exklusivvertrag mit *His Master's Voice*. Berühmte Violinvirtuosen spielten ebenfalls für die GRAMOPHONE: Mischa Elman, Joseph Joachim, Fritz Kreisler, Jan Kubelik, Pablo de Sarasate, Josef Szigeti...

PLATTENSTARS VON EINST

Die großen Gesangsstars waren dem Grammophon gegenüber zuerst skeptisch — Caruso war da wohl eine Ausnahme — und ließen sich oft nur schwer zu Aufnahmen überreden.

So soll Fedor Iwanowitsch Schaljapin (1873-1938) geradezu Angst vor dem Trichter gehabt, sich vor jeder neuen Arie bekreuzigt haben, so als stecke der Teufel im Grammophon. Er war einer der ersten Stars der *Red-Label*-Serie der GRAMOPHONE.

Ein noch größeres Vorurteil gegen die neue Technik bestand bei den Sängerinnen. In der Tat kamen in der Anfangszeit des Phonographen gerade die hohen Töne verzerrt aus dem Trichter, aber diese Kinderkrankheiten wurden allmählich überwunden.

Die große Tragödin Sarah Bernhardt soll in Ohnmacht gefallen sein, als sie sich zum ersten Mal auf der Walze hörte — aber diese Geschichte ist doch sehr unwahrscheinlich. Immerhin bestätigte sie 1902 der Firma PATHÉ, daß die Aufnahmen «sauber und höchst vollkommen» seien, was diese natürlich in ihrer Werbung ausschlachtete.

Emma Calvé, eine gebürtige Französin, war längst ein großer Star an der Covent Garden Opera in London, als sie sich 1902 überreden ließ, für die GRAMOPHONE AND TYPEWRITER COMPANY zu singen.

Im März 1904 gab die Melba ihr Plattendebüt für *His Master's Voice* mit der «Mattinata» von Tosti. In ihren Memoiren gesteht sie, wie schwer es ihr fiel, ruhig vor dem «Rohr zu stehen, das in einer Trompete endet». Am 8. Juni 1926 sang Nellie Melba im Covent Garden zum letzten Mal. Ihre Abschiedsworte «Farewell, dear audience» wurden ebenfalls auf Schallplatte festgehalten.

Auf der Leipziger Messe von 1904 brachten die *Odeon*-Platten eine Sensation: Sie waren auf beiden Seiten bespielt. Lilli Lehmann, damals schon sechzig Jahre alt, sang für dieses Label der INTERNATIONAL TALKING MACHINE COMPANY.

Adelina Patti, 1843 geboren, die größte Koloratursängerin aller Zeiten, eine Königin der Opernbühne, war begeistert, als sie im Dezember 1905 zum ersten Mal ihre Stimme hörte, wie Hunderttausende sie schon so oft erlebt hatten. Was machte es aus, daß die Wachsaufnahmeplatte durch das Abspielen ruiniert war — die Patti sang die Arie aus «Figaros Hochzeit» noch einmal.

Aber nicht nur die Oper, vor allem auch die Operette lieferte Stoff für die Schallplatte: Franz Lehár, Oscar Straus, Leo Fall in Wien, Paul Lincke, Viktor Holländer, Walter Kollo in Berlin schrieben Melodien, die nicht zuletzt durch die Schallplatte zu Schlagern wurden — vor allem, wenn sie von Stars wie Fritzi Massary und Alexander Girardi gesungen wurden — und später von Richard Tauber. Aber das war schon zur Zeit des elektrischen Mikrophons, als der Sänger nicht mehr mit der Kraft seiner Stimme auf mechanische Weise die Membran des Aufnahmegeräts bewegen mußte — der Trichter hatte ausgedient.

Odeon brachte 1904 doppelseitig bespielte Schallplatten heraus.

Die Primadonna Selma Kurz im Berliner Schallplattenstudio 1911. Rechts sitzend: Fred Gaisberg, der erste Schallplattenproduzent.

Iwanowitsch Schaljapin war einer der ersten Stars auf dem *Red Label*.

Die französische Schauspielerin Sarah Bernhardt.

Emmy Destinn in der Rolle der «Salome».

Die Künstlerin hört ihre eigene Stimme: Geraldine Farrar.

151

Dieser *Ménestrel* war eine Sonderanfertigung für die Firma J. Girard et Cie., die ihn für einundzwanzig Monatsraten zu 7 Francs verkaufte. Die Mechanik stammt von dem Walzenspieler *Le Gaulois* von Pathé. Die Modelle von 1902 sind blau und golden angestrichen, der Tonkopf ist ein *Rex* von Pathé.

GRAMMOPHON AUF RATEN

Die hohen Preise der ersten Sprechmaschinen standen natürlich einer massenhaften Verbreitung entgegen. Die amerikanische GRAPHOPHONE und die französische PATHÉ boten zwar einige einfache Geräte billig an, aber erst als das Teilzahlungssystem auch für Grammophone eingeführt wurde, kam das Geschäft so richtig in Schwung.

Verschiedene Händler spezialisierten sich auf Ratenverkäufe. In Paris hatte zum Beispiel die Firma E. GIRARD ET A. BOITTE schon seit längerer Zeit Lampen und Kaminbestecke, Bücher und kunstgewerbliche Artikel angeboten — alles auf Kredit. 1899 wurden dann auch Phonographen in dieses Sortiment aufgenommen: zuerst der *Tonnerre*, ein Graphophon *Eagle*, das geringfügig modifiziert worden war, zum Preis von 147 Francs, zahlbar in einundzwanzig Monatsraten zu 7 Francs! 4000 Geräte sollen in Auftrag gegeben worden sein — eine Zahl, die sicherlich zu hoch gegriffen war.

Ende 1899 wurde die Firma umbenannt in J. GIRARD ET CIE., SUCCESSEURS DE E. GIRARD ET A. BOITTE. Der Phonograph, den man nun anbot — ebenfalls für 147 Francs — war der *Omega*, der als Besonderheit einen vertikalen Regulator hatte.

Um 1900 war der *Ménestrel* laut Werbung ein geradezu vollendetes Wunderwerk der Technik. Tatsächlich handelte es sich um den *Gaulois* von PATHÉ. Er wurde in einem rechteckigen Holzkasten geliefert, später mit einem gewölbten Deckel, ähnlich dem Kasten einer Nähmaschine. Der Sockel war blau gestrichen und mit Goldmuster verziert. Der Preis betrug immer noch 147 Francs, doch wurden jetzt zwanzig bespielte und fünf unbespielte Walzen mitgeliefert. Ein weiteres Modell des *Ménestrel* wurde 1902 verkauft.

Der blaue *Ménestrel* wurde nach einigen Monaten durch ein nahezu baugleiches Modell in Grün und Gold ersetzt. Dieser neue *Ménestrel* konnte auch große Walzen (*Inter*-Format) abspielen. Der Tonkopf ist ein *Pathé-Coq* aus Ebonit (Hartgummi).

Grammophon-Werbung der Kaiser-Wilhelm-Zeit.

Es war im Stil Louis XV. gehalten — der Sockel aus Gußeisen, der Deckel aus Blech, alles ebenfalls in Blau und Gold. PATHÉ führte dieses Modell nicht, der Federantrieb stammte jedoch von dort. Mit diesem Gerät konnten nur Normal-Walzen mit 54 mm Durchmesser abgespielt werden, während ein anderer *Ménestrel* in Grün auch für 90-mm-Walzen geeignet war. Auch dieses Gerät kostete 147 Francs — zusammen mit zehn großen und zehn kleinen sowie fünf unbespielten Walzen. Das waren noch stabile Preise!

Schließlich überließ PATHÉ den Kredithandel ganz der Firma GIRARD, die daher seit 1903 auch Original-PATHÉ-Geräte im Programm hatte. Was sich änderte, war die Reklame:

Wenn man einhundert Walzen zum Preis von 150 Francs kaufte — in zwanzig Monatsraten zu 7,50 Francs —, so werde der Phonograph, so hieß es, umsonst geliefert.

Die DEUTSCHE CHRONOPHON-GESELLSCHAFT in Darmstadt warb ebenfalls mit dem Wort «umsonst» in großen Lettern. Der Kunde sollte Schallplatten abonnieren — monatlich zwei Stück — und bekam dafür die Sprechmaschine *Chronophon* umsonst. Leider verschweigt die Anzeige die Anzahl der Platten, die man kaufen mußte, und den Preis!

Der «Hoflieferant» S. GRÜNWALD in Frankfurt am Main verschickte 1910 kostenlos die phonographische Zeitschrift «Die Schallwelle», und er nahm alte Platten in Zahlung — auch eine Art Kundendienst!

Während des Ersten Weltkriegs war mit Grammophonen dann offensichtlich kein großes Geschäft mehr zu machen, so daß ein Händler seine «berühmten trichter- und nadellosen Sprechapparate» sogar «ohne Zahlung bis zum Frieden» liefern wollte! An die Inflation danach hat er sicher nicht gedacht...

Doch das Geschäft mußte angekurbelt werden, und die Werbeleute mußten sich immer wieder etwas Neues einfallen lassen.

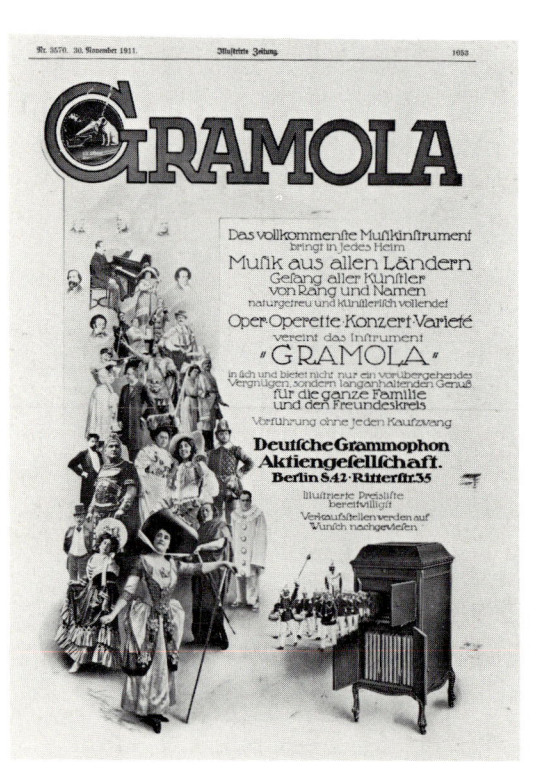

Anzeige von 1910.

Werbung der Edison-Gesellschaft, Berlin, 1910.

Anzeige der Deutschen Grammophon-Aktiengesellschaft, Berlin, in der «Illustrierten Zeitung» vom 30. November 1911.

Dieser von Pathé gebaute Walzenspieler wurde im Oktober 1903 unter dem Namen *Sonor* von J. Girard et Cie. verkauft. Das *Vérité*-System, so hieß es in der Reklame, haucht auch der toten Materie noch Leben ein!

155

156

Kein Kommentar.

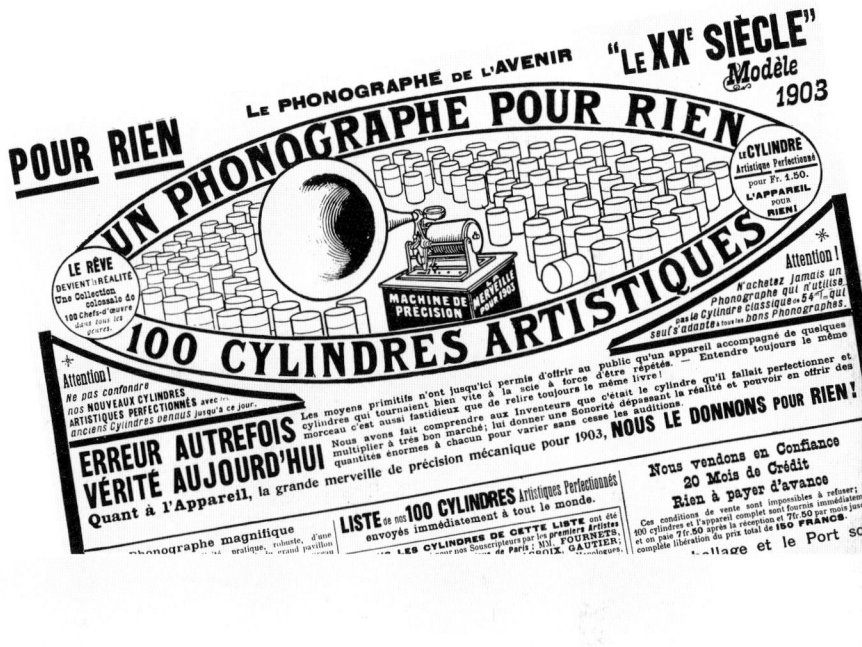

Die kleinen Walzen sollten schnell verkauft werden, da man befürchtete, die großen würden sie ohnehin bald vom Markt verdrängen. Deshalb bot man einhundert Walzen für 150 Francs an und «den Phonographen umsonst dazu»! Das war zu Beginn des Jahres 1903. Die Werbung wurde jedoch bald umgestellt, und man lieferte auch große Walzen, da Pathé auf diese Weise den Markt zu erobern gedachte.

Ein verbessertes Modell des *Phenix* erschien 1904. Ein starrer Arm hält den Trichter; das Gerät ist klappbar. Die Regelung der Laufgeschwindigkeit mit einer Maßeinteilung wurde beibehalten.

Der beim Kauf von einhundert Walzen «umsonst» abgegebene Walzenspieler hatte ein Gehäuse aus weißbemaltem, mit Papier beklebtem Holz, aber die Mechanik war die gleiche wie bei den Geräten zum normalen Preis.

◄ Der von Maleville in Libourne (Gironde) vertriebene *Phenix* eignete sich bis 1902 für *Normal*-Walzen. Das im Oktober 1902 herausgebrachte Modell spielte nur die großen Zylinder der gleichen Marke. Diese *Phenix*-Walzen waren einige Millimeter kleiner als die standardisierten *Inter*-Walzen.

157

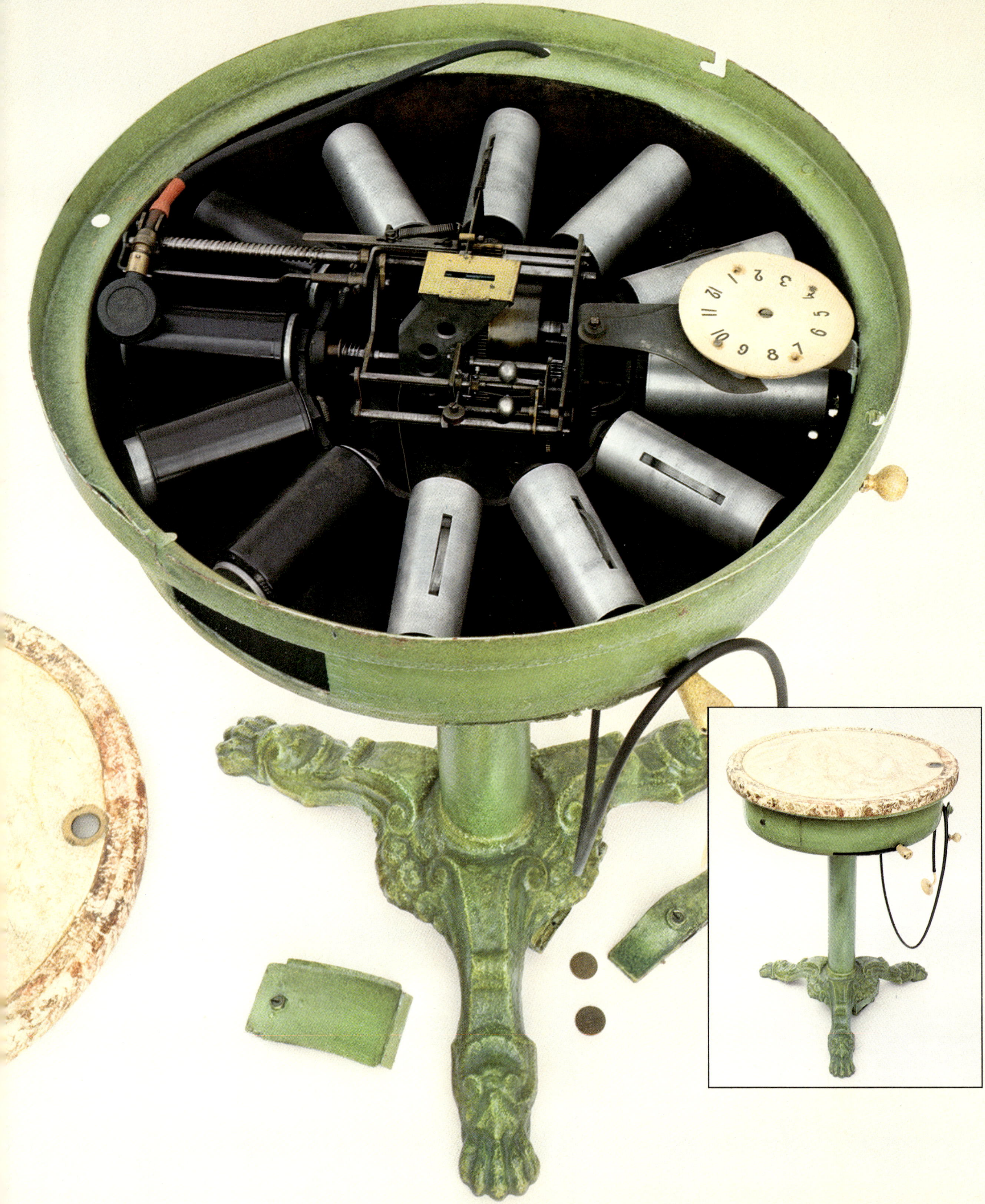

Möglichkeiten der Sprechmaschine

Während der Dichter Charles Cros eine rein theoretische Darstellung der Schallaufzeichnung gegeben hatte, beschrieb Thomas Alva Edison bereits 1878 eine Reihe von möglichen Anwendungen des Phonographen: Korrespondenz- und Diktiergerät — Phonographische Bücher für Blinde — Unterricht in Rhetorik und Fremdsprachen — Musikapparat — Dokumentation der Stimme berühmter Persönlichkeiten oder von Familienangehörigen — Spielzeug, sprechende Puppen — Weckeruhren — Hilfsmittel im Zusammenhang mit dem Telephon zur Übertragung von Protokollen usw.

Alle diese Vorschläge sind von der modernen Entwicklung verwirklicht worden, aber die ersten Versuche Edisons, die neuen Maschinen in den Handel zu bringen, zeigen, daß er zumindest zu jener Zeit die großartige Zukunft seiner Erfindung noch nicht voraussah: daß durch sie die ganze Welt der Musik, bis dahin Luxusgut einer kleinen, privilegierten Klasse, für jeden verfügbar wurde.

Die EDISON SPEAKING PHONOGRAPH COMPANY erhielt 1878 alle Rechte für die Auswertung des ersten Phonographen. Etwa 500 Geräte wurden in Vergnügungsstätten oder eigens eingerichteten Betrieben aufgestellt. Ausrufer vom Jahrmarkt oder ehemalige Telegraphisten führten die Maschine, die ein paar populäre Weisen und Witze von Varieté-Komikern auf Stanniolfolie festhielt, gegen eine kleine Eintrittsgebühr vor — das Abspielen einer Walze dauerte kaum länger als eine Minute. Der «Phonographen-Fimmel» hielt ungefähr ein Jahr an — dann schwand das Publikum in den Musikbox-Salons dahin.

Edison-Phonograph als Münzautomat aus dem Jahre 1891.

MUSIKAUTOMATEN

◄ Ein Münzgerät für Kneipen und Cafés mit zwölf verschiedenen Walzen. Die ausgewählte Walze wurde vor die Schalldose geschoben. Der Mechanismus setzte sich aber erst in Bewegung, wenn eine Spielmarke eingeworfen wurde, die man kaufen mußte. Dieses Phonographen-Tischchen war um 1910 in Paris aufgestellt. Die Pappscheibe mit den Nummern der Walzen zeigte an, welches Musikstück man gewählt hatte. Der Zuhörer horchte an dem Ohrstück, das durch einen Schlauch mit der Membran verbunden wurde.

Nach 1888 wurden die Apparate mit einer Automatik ausgestattet, die mit Münzen arbeitete oder mit Spielmarken, die der Hörer kaufen mußte. Als erste bot die Firma GRAPHOPHONE robuste, einfach zu bedienende Apparate an: Die Modelle *Eagle* und *A* waren als Münz-Graphophone weit verbreitet. Sie konnten wahlweise mit einem Schalltrichter ausgerüstet werden oder aber mit Hörschläuchen (was «Schwarzhören» verhinderte). Seit 1898 wurden diese Geräte weltweit mit großem Erfolg vertrieben. Kleinere Hersteller imitierten das Prinzip, und so wurden denn fast alle Walzen- und Plattenspieler auch als Münzautomaten gebaut. Die Hersteller von Phonogrammen nutzten die Gelegenheit, ihre Musikproduktion bekannt zu machen, und gaben den Aufstellern von Münzgeräten spezielle Konditionen.

GRAMOPHONE AUTOMATIQUE

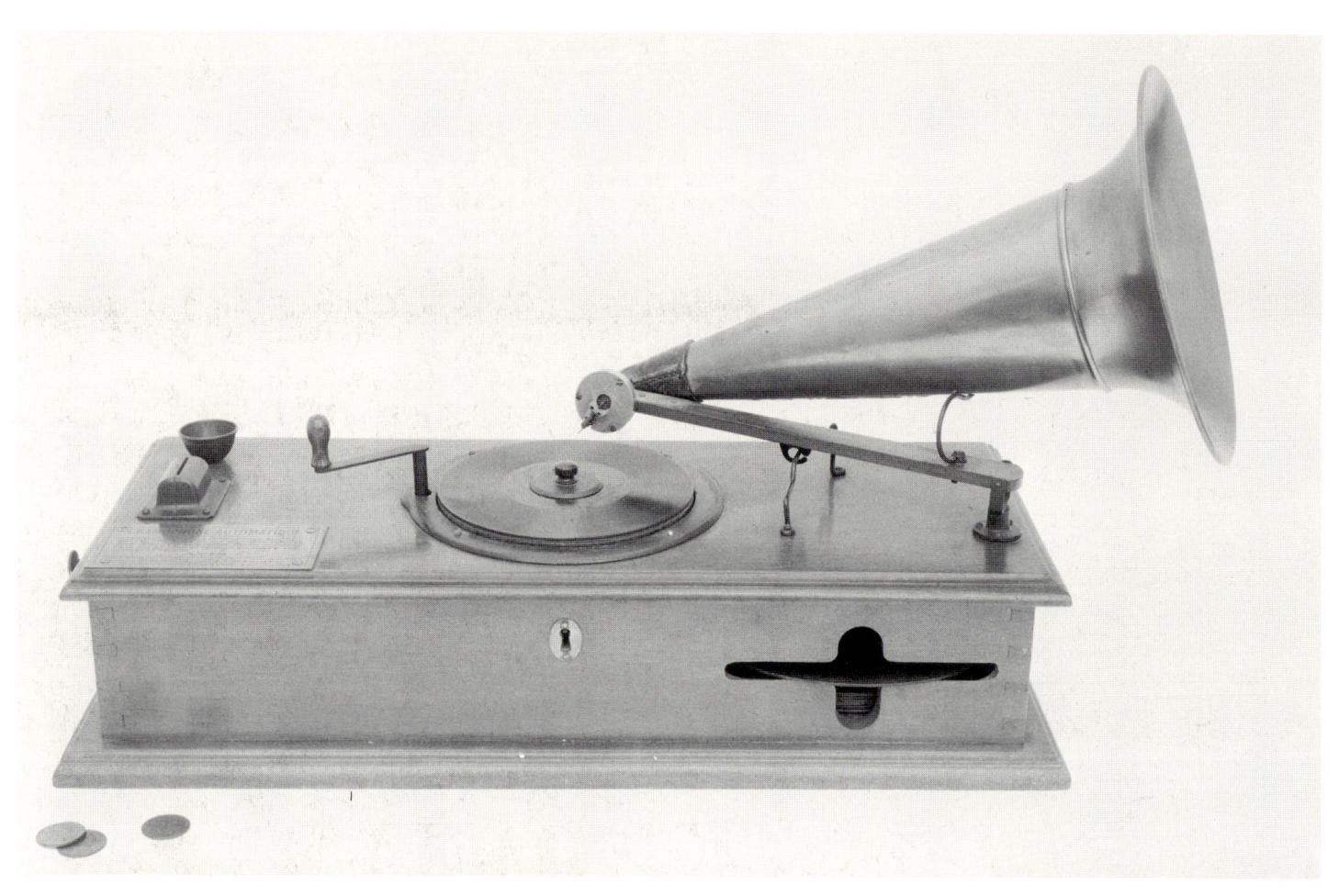

CHANGEZ L'AIGUILLE POUR CHAQUE MORCEAU.
METTEZ UNE PIÈCE DE DIX CENTIMES DANS LE
TROU, REMONTEZ LA MACHINE A FOND, PLACEZ LE
BRAS SUR LE BORD EXTÉRIEUR DU DISQUE, PUIS
PRESSEZ LE BOUTON.

AVIS
NE PRESSEZ PAS SUR LE BOUTON AVANT
D'AVOIR REMONTÉ LA MACHINE

Der Motor dieses seltenen Münz-Grammophons ist der gleiche wie beim Gerät mit dem Markenzeichen *His Master's Voice*. Es funktionierte mit den 10-Centimes-Münzen aus Bronze. Man konnte nur Platten mit 17 cm Durchmesser spielen. Im Kasten befinden sich weitere Platten als Reserve.

Dieses Grammophon mit supergroßem Messingtrichter wurde von verschiedenen Händlern mit nur geringfügigen Veränderungen auf den Markt gebracht. Auch der Name mußte ein bißchen geändert werden: Dies hier ist ein *Ramophone*, das 1910 von A. Angelique in Juvisy-sur-Orge (Seine-et-Oise) verkauft wurde. Links ein Detailphoto mit Plattenteller, Schalldose und Münzeinwurf.

Die Firma Bussoz (rue de Clignancourt, Paris) existiert heute noch und stellt Juke-Boxen her. Dieses große Automaten-Grammophon ist mit Schubfächern versehen, in denen zwanzig Platten aufbewahrt werden können. Der Teller, der durch ein Gegengewicht gehalten wird, senkt sich, während die gewählte Platte mit ihrem Kasten hinauffährt; dann kehrt der Plattenteller an seinen Platz zurück und nimmt die Platte heraus. Am Schluß wiederholt sich der Vorgang in umgekehrter Reihenfolge.

Rechts: Der *Concert Automatique Français*, der vom Kaufhaus Trois Gares in Chaville-Velizy, einem Vorort von Paris, vertrieben wurde, unterscheidet sich vom *Ramophone* nur durch das Möbel mit der Jalousieklappe. Alle diese Geräte waren gewöhnlich für Platten mit vertikaler Tonspur eingerichtet, was die Verwendung eines praktisch unverwüstlichen Saphirs ermöglichte.

Ganz rechts: ein Gerät mit Elektromotor und Hörmuscheln aus Holz. Die Mechanik des Münzsystems und des Plattentellers ist durch die Glasscheibe sichtbar. Das für Lokale und Cafés bestimmte Gerät trägt kein Markenzeichen, das zur Identifizierung dienen könnte.

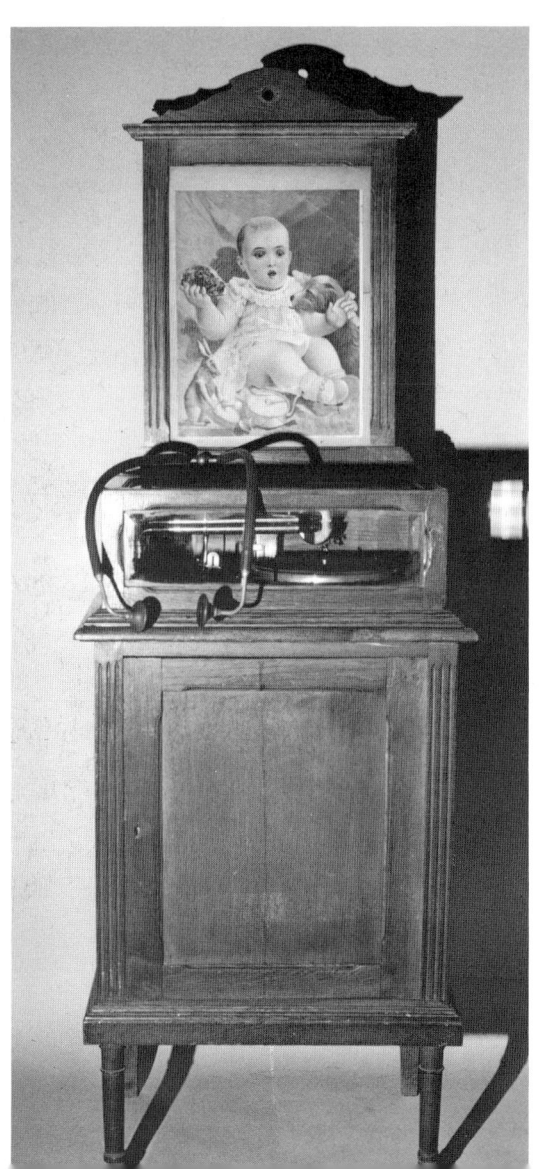

DIKTIERGERÄTE

In den ersten Jahren der Sprechmaschine propagierte Edison den Phonographen vor allem als Diktiergerät. Es dauerte jedoch eine Weile, bis die Geräte den Anforderungen entsprachen. Um keine Zeit mit dem Aufziehen des Laufwerks zu verlieren, war ein elektrischer Antrieb notwendig. Die 2-Volt-Batterien waren jedoch nicht sehr zuverlässig, außerdem war die Entwicklung von Elektromotoren noch nicht so weit fortgeschritten, daß sie sich schon für den Phonographen geeignet hätten. Die vertikale (Tiefen-)Schrift (auf Walze oder Platte) kam als einzige für die Tonaufzeichnung auf den einfachen und robusten Geräten infrage, die ja von Nichttechnikern bedient werden mußten. Allerdings gab es nur wenige Bürogeräte für Platten. Meistens wurden Walzen von 15 cm Länge verwendet. Sie waren so dick beschichtet, daß sie mehrmals wieder abgeschliffen werden konnten.

In Deutschland vertrieb die LINDSTRÖM AG in Berlin den *Parlograph*. Die Firma EXCELSIOR in Köln stellte um 1908 einen Diktierapparat mit Federmotor und Fußschalter her. Das ab 1911 gebaute Gerät hatte immerhin eine Laufzeit von 45 Minuten. Es gab auch Diktier-Phonographen mit Fußantrieb wie bei einer Nähmaschine.

Diktier-Phonograph mit Fußantrieb, um 1913.

Links und gegenüberliegende Seite: Der *Parlograph*, wahrscheinlich ein amerikanisches Gerät, trägt eine Plakette mit dem Hinweis: Patent SGDG Nr. 415911. Der Tonkopf eignet sich dank eines beweglichen Saphirs sowohl zum Aufnehmen als auch zum Abspielen von Walzen. Der Aufnahmetrichter ist aus bemaltem Aluminium.

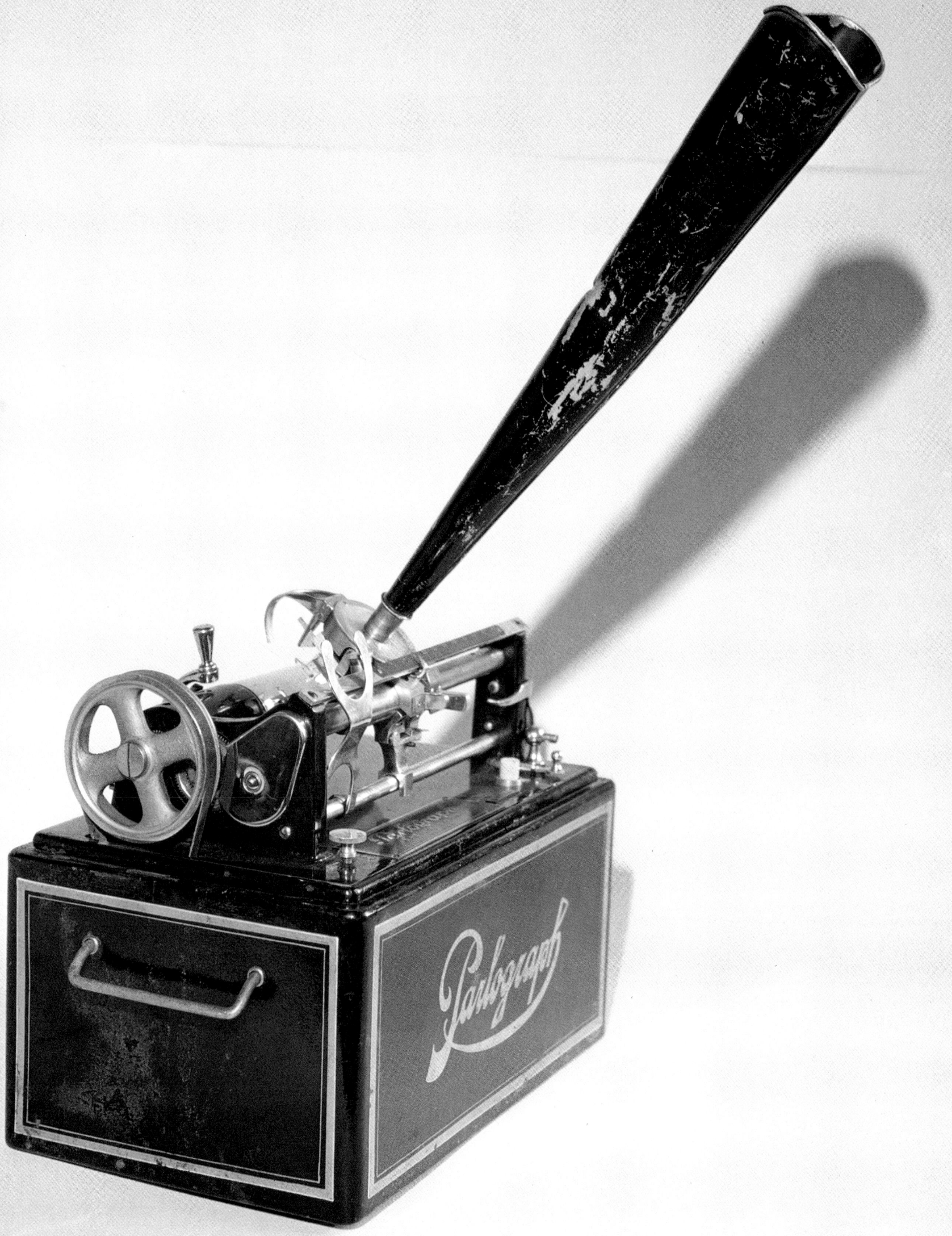
Parlograph

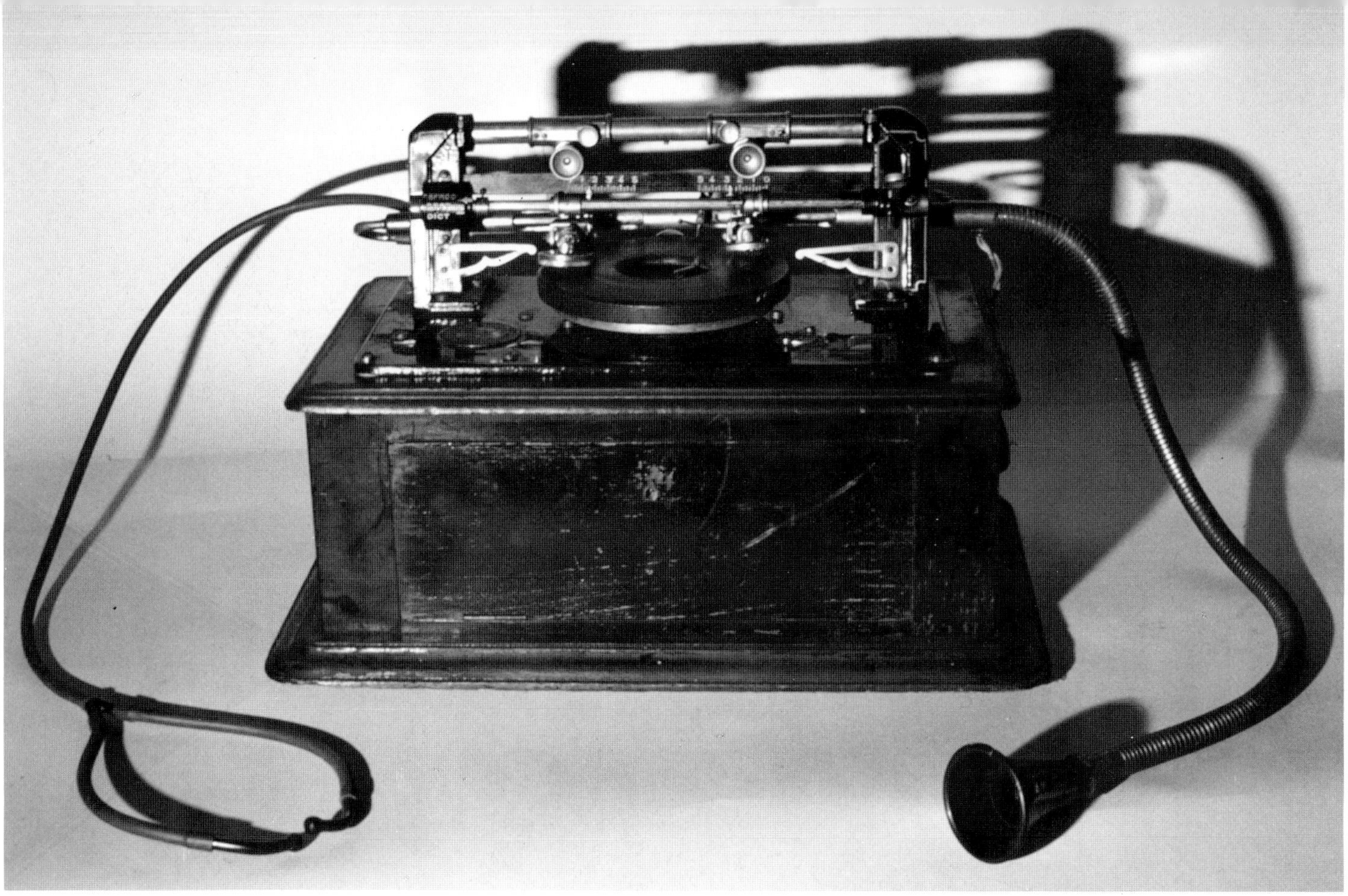

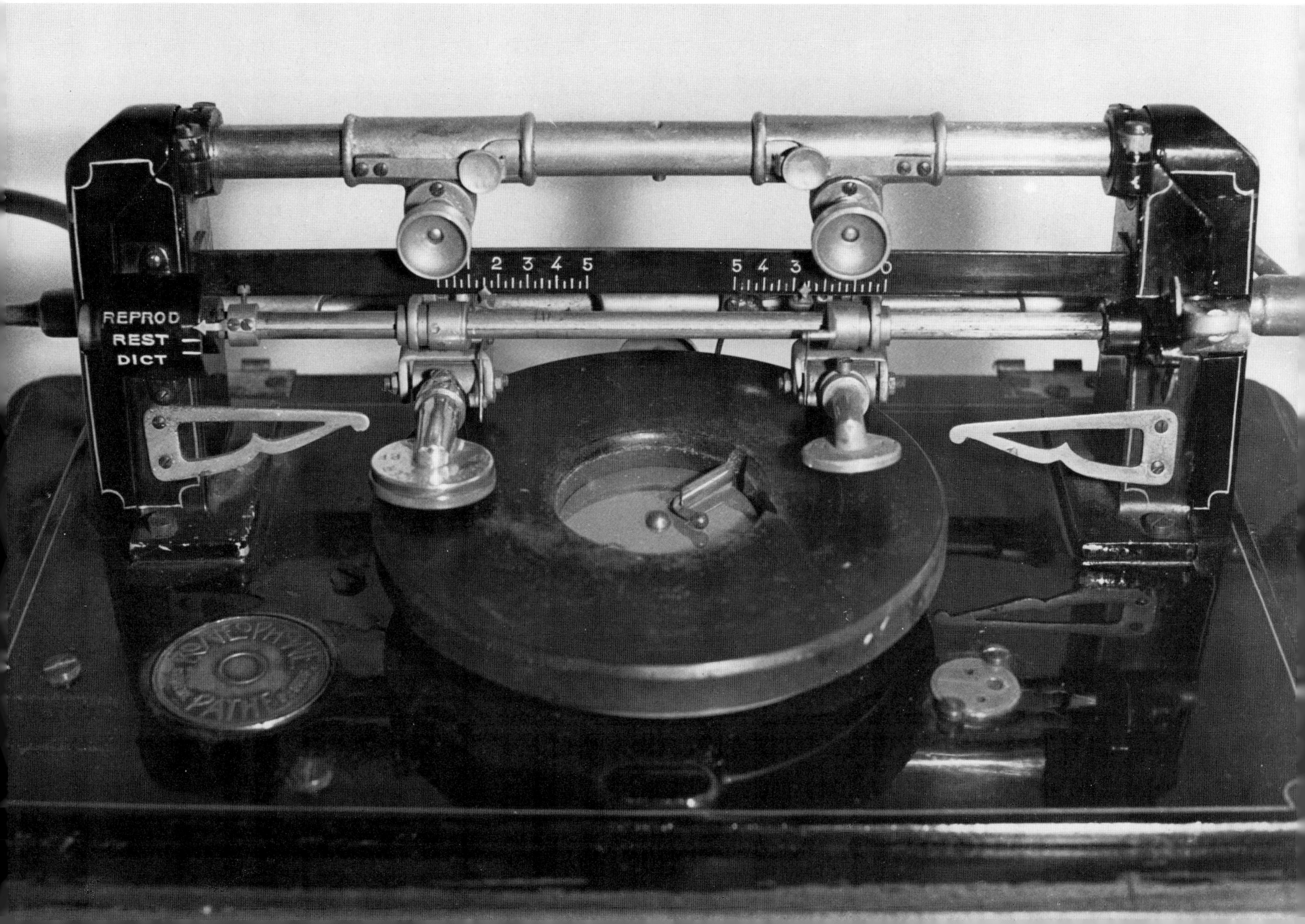
2 3 4 5
5 4 3
REPROD
REST
DICT

◂ In Zusammenarbeit von Pathé und Roneo entstand das *Roneophone*, ein Bürogerät, das mit dicken Wachsplatten arbeitete, die nach Gebrauch abgeschliffen wurden. Der Schlauch rechts mit Trichteransatz führt zur Aufnahmemembran. Die Schläuche links sind mit dem Wiedergabesystem verbunden. Der Motor wird elektrisch betrieben. Unten ein Detailphoto des Plattentellers.

Rechts: Dieses amerikanische *Dictaphone Model 10 X-B* diente zum Abspielen der Walzen, die mit einem anderen Gerät aufgenommen worden waren. Mit der kleinen Handkurbel konnte die Walze um einige Silben oder Wörter zurückgedreht werden.

Unten links: Ein *Ediphone* mit Sockelschränkchen, in dem die Walzen aufbewahrt wurden. Thomas Edison baute von 1889 bis 1929 Bürogeräte. Einige davon waren bis in den Zweiten Weltkrieg in Betrieb. Hier handelt es sich um einen Apparat, mit dem man zwar Walzen abspielen, aber nicht aufnehmen konnte. Man mußte zusätzlich ein Aufnahmegerät besitzen.

Unten rechts: Walzenschleifer von Edison. Von der benutzten Walze wurde eine hauchdünne Schicht abgeschliffen. Damit die Walzen möglichst lange verwendet werden konnten, waren sie stärker beschichtet als die normalen Musikwalzen.

165

Mit einem Walzenspieler konnte jedermann auch seine eigene Stimme aufnehmen — die Möglichkeit, mit zunehmender Verbreitung des Phonographen untereinander «klingende Grüße» auszutauschen, war also gegeben. Tatsächlich war es jedoch ziemlich schwierig, auf Anhieb brauchbare Aufnahmen zu machen. Die normalen Apparate waren den professionellen Aufnahmegeräten weit unterlegen. Außerdem bedurfte es einer besonderen Sprechtechnik, die nur wenige Künstler beherrschten: Man mußte sehr klar artikulieren und mit gleicher Lautstärke sprechen — und das war nichts für Onkel Otto und Tante Frieda. Außerdem war es schwierig, die zerbrechlichen Walzen zu transportieren. Im Gegensatz zu den Diktiergeräten fürs Büro verwendeten die Apparate für den Privatgebrauch deshalb meistens Platten. Mit dem *Phonopostal* zum Beispiel konnte man Aufnahmen auf Spezial-Postkarten machen, die auch noch illustriert waren. Klanglich war dieses kleine Gerät allerdings wenig zufriedenstellend. Der *Pathépost* arbeitete mit kleinen Platten. Nach dem Ersten Weltkrieg nannte man das Gerät *Pathégraph*.

KORRESPONDENZAPPARATE

Reklame für den *Phonopostal*, der spezielle Postkarten bespielen konnte. Unglücklicherweise wurden bei der Aufnahme einige Teile des Gerätes erhitzt, was bewirkte, daß sich im Lauf der Zeit Metallteile verbogen oder brachen – so insbesondere der Postkartenhalter. Daher ist es fast unmöglich, heute noch einen vollständig erhaltenen *Phonopostal* zu finden.

Mit dem *Pathépost* konnten Spezialplatten von 11 und 14 cm Durchmesser aufgenommen werden, die im Umschlag verschickt wurden. Wahrscheinlich sind diese Geräte 1908 herausgekommen. Der Erfolg dieses eigenartigen Plattenspielers war jedoch nicht sehr groß.

SPRACHLEHRGERÄTE

Schon früh erkannte man die idealen Möglichkeiten, die die neue Erfindung beim Erlernen einer Fremdsprache bietet. Die Sprechmaschine konnte einen Text so oft wiederholen, bis man die Aussprache erlernt hatte. Zahlreiche Methoden wurden entwickelt, die mit Gerät und Lehrbuch ein schnelles Lernen ohne Mühe versprachen: russisch, englisch, französisch, esperanto — oder deutsch. Der Schüler konnte seine Fortschritte überprüfen, indem er selbst Walzen besprach und sie dann abhörte.

Bereits 1893 bot die NORTH AMERICAN PHONOGRAPH COMPANY Walzen mit Kursen in Französisch, Spanisch, Englisch, Deutsch sowie in Latein und Griechisch an. Die Methode dazu hatte ein Dr. Richard S. Rosenthal entwickelt.

1912 stellte PATHÉ eine neue Entwicklung vor: Der *Pathégraphe* war ein Gerät für den Fremdsprachenunterricht nach einer audiovisuellen Methode. Der Apparat, zu dem nicht weniger als 26 Papierrollen mit den Lektionen und 26 Schallplatten mit 35 cm Durchmesser gehörten, war jedoch sehr schwer und fand keine große Verbreitung.

Hier lernt jemand eine Fremdsprache: Oben spricht der Schüler seine Lektion in den Apparat, und unten hört er sie ab. Dazu verwendet er Kopfhörer mit Gummischläuchen. Das Gerät ist ein *Class M* von Edison (aus «La Nature», September 1893).

Inschrift auf der Plakette an diesem Plattenspieler: «Internationale Schulen, Paris, Unterricht in lebenden Sprachen». Die Aufnahme auf Platte wurde mit dem Spezialarm ausgeführt, an dem der Aufnahmekopf durch Ritzel und Zahnrad mitgeführt wurde. Der Wiedergabetrichter aus Blech ist im Gehäuse integriert.

Mit dem *Pathégraphe* von 1913 ist es möglich, eine Lektion anzuhören und gleichzeitig vom Papierstreifen abzulesen. Die Übersetzung ist auf den oberen Rand des Streifens gedruckt und kann durch eine kleine Metallklappe verdeckt werden. Der Motor wird mit einer Handkurbel aufgezogen, mit der zweiten Kurbel wird der Papierstreifen aufgerollt. Der Plattenspieler ist ein *Pathé-Reflex*, als Schalltrichter dient eine Ausbuchtung im Deckel.

WECKER UND UHREN

Es ist angenehm, mit Musik aufzuwachen — das Grammophon machte es möglich. Die ersten Musikwecker wurden um 1906 in Deutschland konstruiert — so der *Tempophon*, der mit einer Pendeluhr ausgerüstet war und zur vorgewählten Stunde eine Melodie spielte. Die *Idealphon*-Weckeruhr der Schweizer Firma R. Maumary und Co. weckte den Schläfer ebenfalls mit Musik. Nach dem gleichen Prinzip arbeitete auch der *Peter-Pan*-Wecker. Die mit einer Uhr gekoppelten Grammophone wurden zu einer vorherbestimmten Zeit automatisch in Betrieb gesetzt, sie sagten aber nicht die Zeit an.

Die erste sprechende Uhr baute der Berliner Konstrukteur Hiller (1911). Er benutzte aber keine Schallplatte, sondern einen an den Rändern gelochten Zelluloidstreifen, auf dem in Tiefenschrift die Zeitangaben aufgezeichnet waren. Innerhalb von 12 Stunden las ein Tonkopf 48 verschiedene Zeitansagen ab, alle viertel, halben, dreiviertel und vollen Stunden.

Ein *Peter-Pan*-Wecker mit sehr einfacher Handhabung: Nachdem Uhr und Grammophon aufgezogen sind, genügt es, die Weckzeit einzustellen und den Tonkopf auf die erste Spurrille der Platte zu setzen – und schon wird man zur gewünschten Zeit mit Musik geweckt! Dieses in Frankreich patentierte Gerät ist mit einem Schweizer Motor und Tonkopf ausgestattet (um 1930).

1911 konstruierte B. Hiller in Berlin eine Uhr, die mit einem Zelluloidstreifen ausgestattet war, auf dem alle 48 Viertelstunden von 0 bis 12 Uhr verzeichnet waren. Indem man auf einen Knopf drückte, setzte man den Film in Bewegung, und die Uhrzeit wurde vom Tonkopf abgelesen und durch den kleinen weißen Trichter angesagt – natürlich in deutsch. Für den Export konnte die Uhr mit Bändern in anderen Sprachen versehen werden. Links die Mechanik der *Hiller-Uhr* in einem Gehäuse aus Ebenholz.

Das Gehäuse dieser *Hiller-Uhr* ist aus hellem Holz. Der Zelluloidstreifen trägt eine vertikale Tonspur. Eine spezielle Mechanik erlaubt es, eine Zeitansage mehrere Male nacheinander zu wiederholen – praktisch für Langschläfer!

SPIELZEUG-GRAMMOPHONE

Die Sprechmaschine, das neue «Spielzeug für Erwachsene», konnte auch als Kinderspielzeug verkauft werden. Emile Berliner baute bereits 1889 handgetriebene Spielzeug-Grammophone, aber sie funktionierten nur unzureichend und brachten keinen geschäftlichen Erfolg. Wie konnte man stabile und gleichzeitig billige Grammophone herstellen, geeignet für die Hände neugieriger Kinder? In Deutschland sollte man dieses Problem am besten lösen. Zwischen 1925 und 1940 erlebte die Spielzeug-Grammophon-Herstellung ihre Blüte. Die kleinen Federmotoren wurden in großen Stückzahlen fabriziert und waren daher nicht teuer, sie blieben aber immer der schwache Punkt dieser Spielzeuge, deren Tonqualität durchaus gut war.

Was die sprechenden Puppen betrifft, so mußte man nach den Versuchen von Edison, nach den *Bébés Jumeau* von Lioret, nach den deutschen Puppen mit Walzenwerk und nach der Puppe *Mea Starr* von Averill in den USA auf das Zeitalter des Transistors und der Elektronik warten, bis in großer Serie Puppen hergestellt wurden, die mehr als «Mama» sagen konnten.

Ein in Deutschland hergestellter *Eureka* – er spielte Platten aus Schokolade! Verschiedene Schokoladenfirmen, wie die belgische Stollwerck, nutzten diesen Plattenspieler zu Reklamezwecken. Im Plattenteller wurden die (süßen) Platten aufbewahrt. Dieses Gerät stammt aus dem Jahr 1903.

Der berühmte deutsche Spielzeughersteller Bing in Nürnberg baute auch Plattenspieler für Kinder. Beim *Pygmophone*, das wie die meisten dieser Spielzeuge aus bunt bemaltem Blech besteht, ist der Trichter fest mit der Schalldose verbunden.

NIRONA

Dieser bunt bedruckte Blech-Plattenspieler *Gamaphola* wurde von Bing produziert. Das Gehäuse dient hier gleichzeitig als Resonanzkörper.

◄ *Suzy* heißt dieser kleine Plattenspieler aus Metall, der in Deutschland von den Nirona-Werken (Nier und Ehmer, Beierfeld i. S.) hergestellt wurde. Der Schallverstärker in Form einer Glocke ist typisch für diese Marke.

Dieses runde Spielzeug-Grammophon von Bing nannte sich *Gamanette*. Durch die Öffnungen im Plattenteller wurde der Schlüssel zum Aufziehen eingeführt.

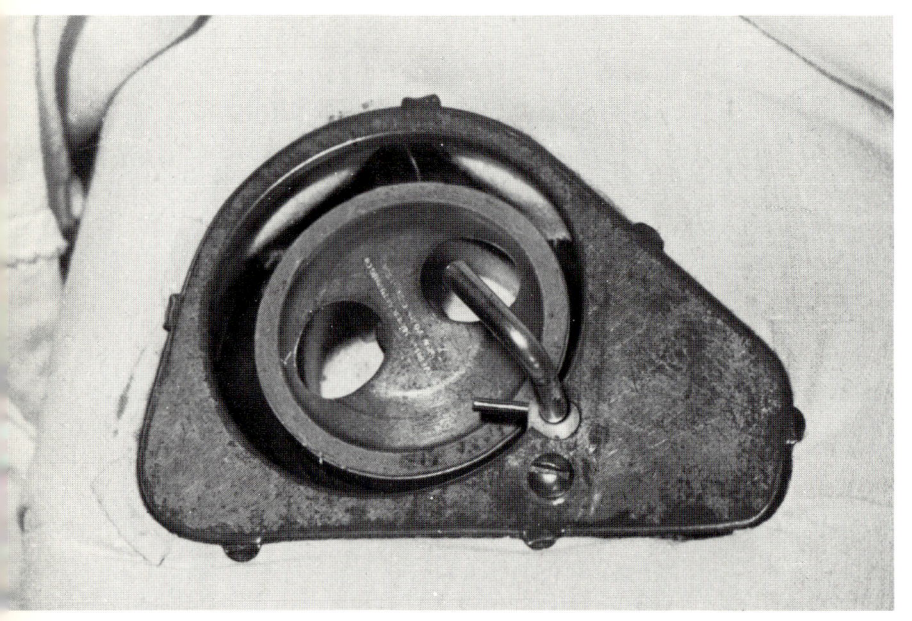

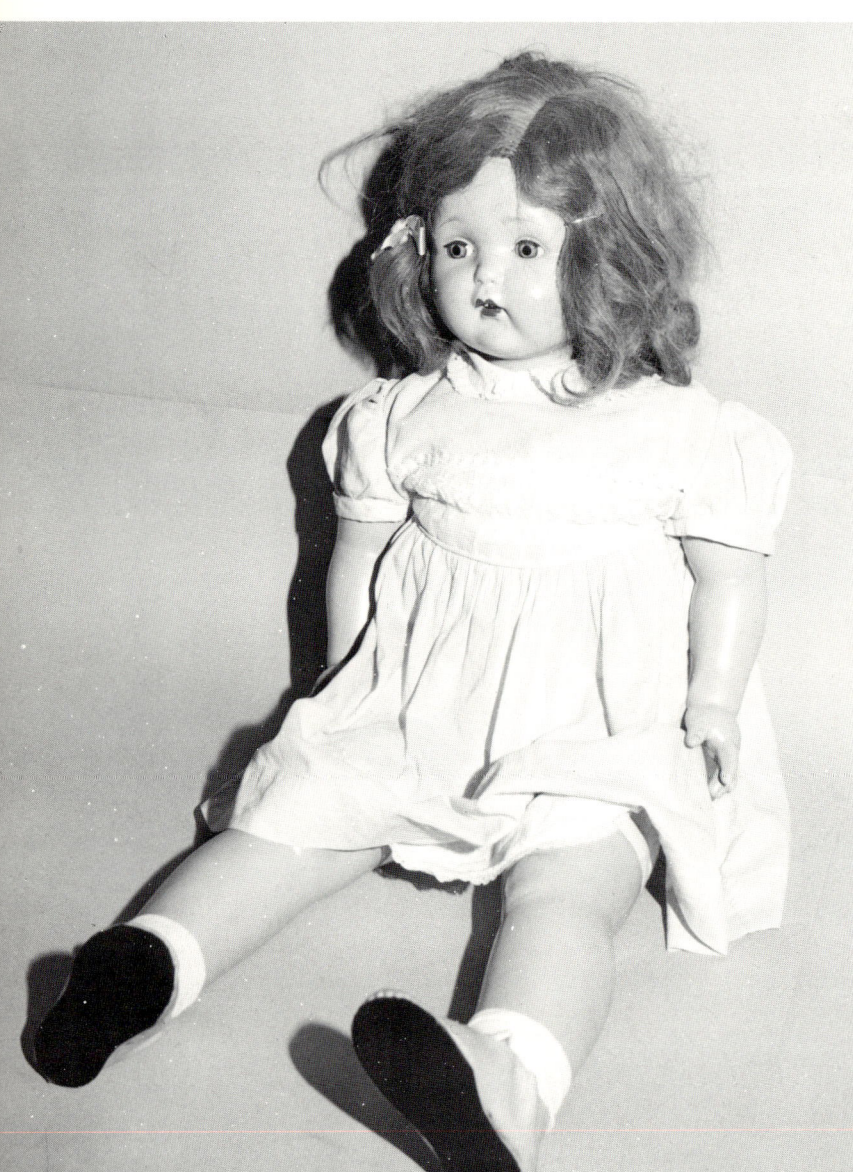

Edison hatte auch einen kleinen Phonographen für eine sprechende Puppe entwickelt. Das System war allerdings noch nicht ausgereift, und die Wachswalzen, die nicht ausgetauscht werden konnten, nutzten sich zu schnell ab.

Links: Diese Schlafaugenpuppe *Mae Starr* stammt aus den dreißiger Jahren. Sie ist 75 cm groß. Der Phonograph trägt die Bezeichnung Averill Manufacturing Co., New York City, USA. Die Walze ist himmelblau, und der Trichter befindet sich in der Brust. Oben ein Detailphoto der Mechanik.

Amerikanische Puppe mit Kopf und Gliedern aus Pappmaché und einem Körper aus Chiffon. Der Phonograph befindet sich im Rücken der Puppe, der Trichter öffnet sich oben im Kopf. Die dunkelblaue Zelluloidwalze ist durch eine innenliegende Papphöhre verstärkt. Größe der Puppe: 55 cm.

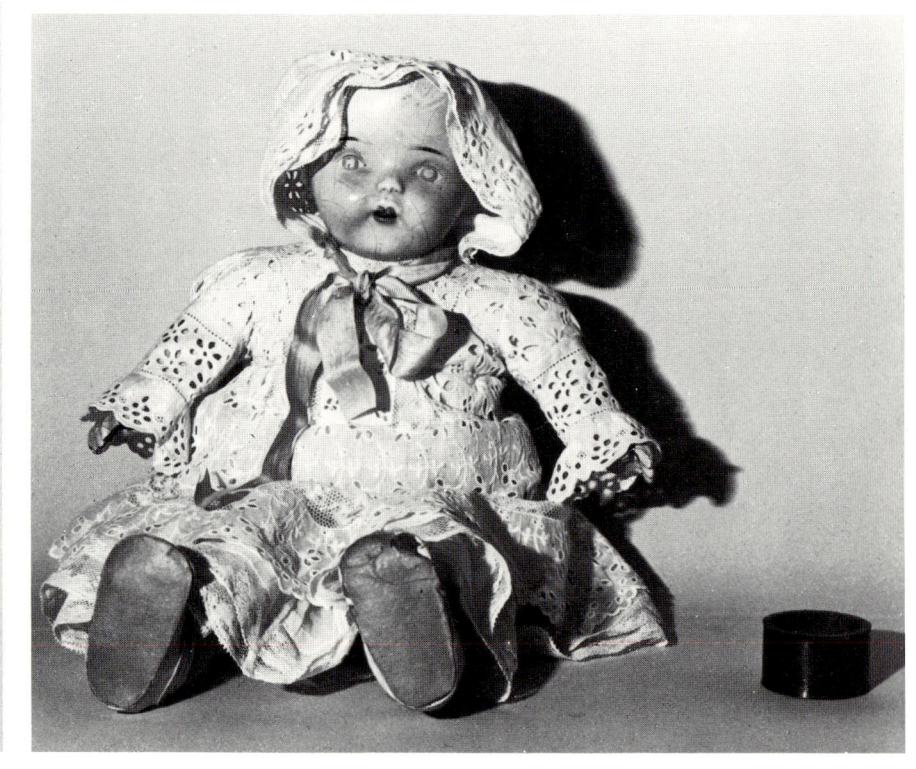

SONDERAUSFÜHRUNGEN

Grammophone, die nicht wie Grammophone aussehen — das Versteckspiel mit der Sprechmaschine trieb im wahrsten Sinne des Wortes Blüten. Als die großen Trichter außer Mode kamen, versuchte man, auch gleich das ganze Gerät zu verstecken bzw. zu tarnen. So kamen denn Grammophone als Reisekoffer heraus, sie wurden in Hutschachteln eingebaut (der tragbare *Odeon*) oder in Blumentöpfe (PHOENIX, Dresden); es gab unzählige Versionen als Bücherstapel oder als Photoapparate, deren Inneres ein Grammophon barg. Die FORTEPHON-SPRECHMASCHINENWERKE in Dresden konstruierten 1911 ein Grammophon mit Verkleidung als Ballhaus; auch das Schwarzwaldhaus mit aufklappbarem Dach oder der Miniatur-Flügel, den die Firma ZONOPHONE 1914 anbot, fanden offenbar begeisterte Käufer. Ein Plattenspieler mit sich drehendem Christbaumständer war ebenfalls sehr beliebt, und damit man ihn nicht nur zur Weihnachtszeit benutzen konnte, ließ sich bei einigen Ausführungen der Aufsatz durch einen Blumentopf ersetzen — zur Zierde des trauten Heims.

Diese drei Bücher verbergen einen Plattenspieler der Schweizer Firma Paillard (Motor *Nr. 55*). Der Tonkopf eignet sich sowohl für Saphire als auch für Stahlnadeln.

Der Reisekoffer aus Leder enthält Toilettenartikel, Briefpapier und — den Phonographen *Triumphon*, dessen Trichter wie der Balg eines Photoapparates aufgefaltet wird.

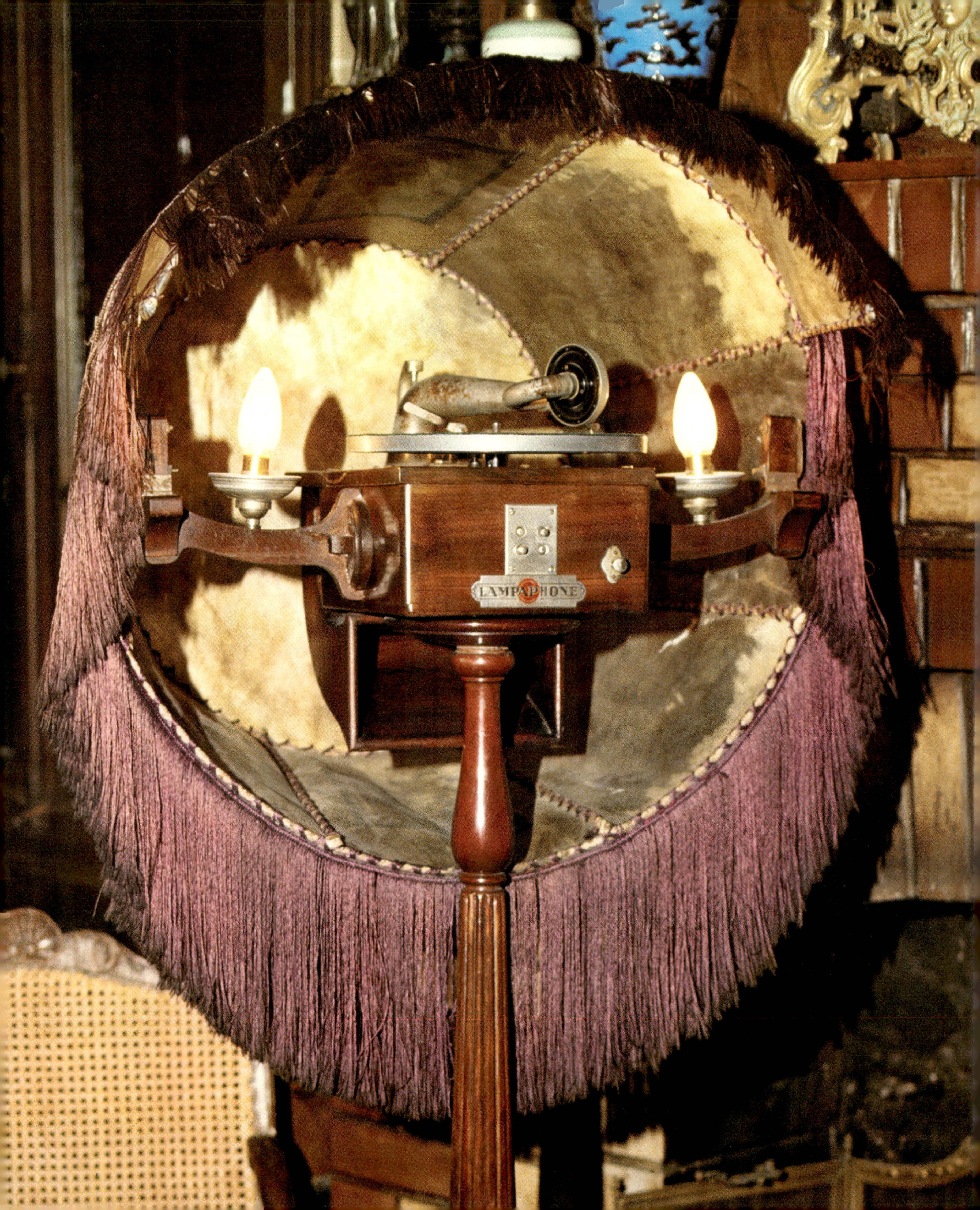
LAMPAPHONE

Gegenüberliegende Seite und oben: Die Stehlampe mit großem Schirm verbirgt ein elektrisch angetriebenes Grammophon mit einem Trichter aus Ebenholz. Der Schirm kann zum Auflegen der Platte heruntergeklappt werden. Dieses *Lampaphone* wird auf 1930 datiert.

G. G. de Andia-Yrarrazaval meldete am 20. März 1923 und am 20. September 1924 die Patente für einen im Innern einer Figur verborgenen Schalltrichter an. Hier ein Grammophon-Buddha mit dem Markenzeichen *Vocalion*, Andia Registered Patent.

Andia, Phonographes artistiques, Paris, Bruxelles, steht auf dem Tonkopf dieses Plattenspielers. Auf dem rechten Bild ist der Buddha zurückgeklappt, und man sieht die Schalldose im Innern der Figur, die als Resonanzkörper dient. Dieses Gerät wird mit einem Federwerk angetrieben, es existieren aber auch Versionen mit Elektromotor.

STROH-GEIGEN

Das Geheimnis der Schalldose, dieses kleinen Gehäuses, das Töne «lesen» und verstärken konnte, beschäftigte natürlich auch viele Erfinder auf anderen Gebieten. Der Deutsche Augustus Stroh, der sich 1851 in England niedergelassen hatte, interessierte sich bereits für die Sprechmaschine, als sie noch in den Kinderschuhen steckte, und da er selbst ein ausgezeichneter Mechaniker war, baute er nach 1878 eigene Geräte, darunter eine Maschine, die durch Gewichte angetrieben wurde und auf Zinnfolie aufzeichnete. 1899 meldete Stroh ein (1901 erweitertes) Patent für eine Violine ohne Korpus an, deren Saitenklang über eine Aluminiummembran an ein Trompetenschallstück weitergegeben wurde. Bekanntlich war es in der Frühzeit des Grammophons schwierig, den Klang von Streichinstrumenten aufzuzeichnen. Die Violinen eines Orchesters wurden deshalb bei frühen Walzen- oder Plattenaufnahmen durch Stroh-Geigen ersetzt, die ihre Töne gezielt in den Aufnahmetrichter schicken konnten. Wegen ihres ungewöhnlichen Klangs und eigenartigen Aussehens wurden Stroh-Geigen später häufig von Musik-Clowns benutzt.

Eine nach dem Prinzip von Stroh gebaute Violine.

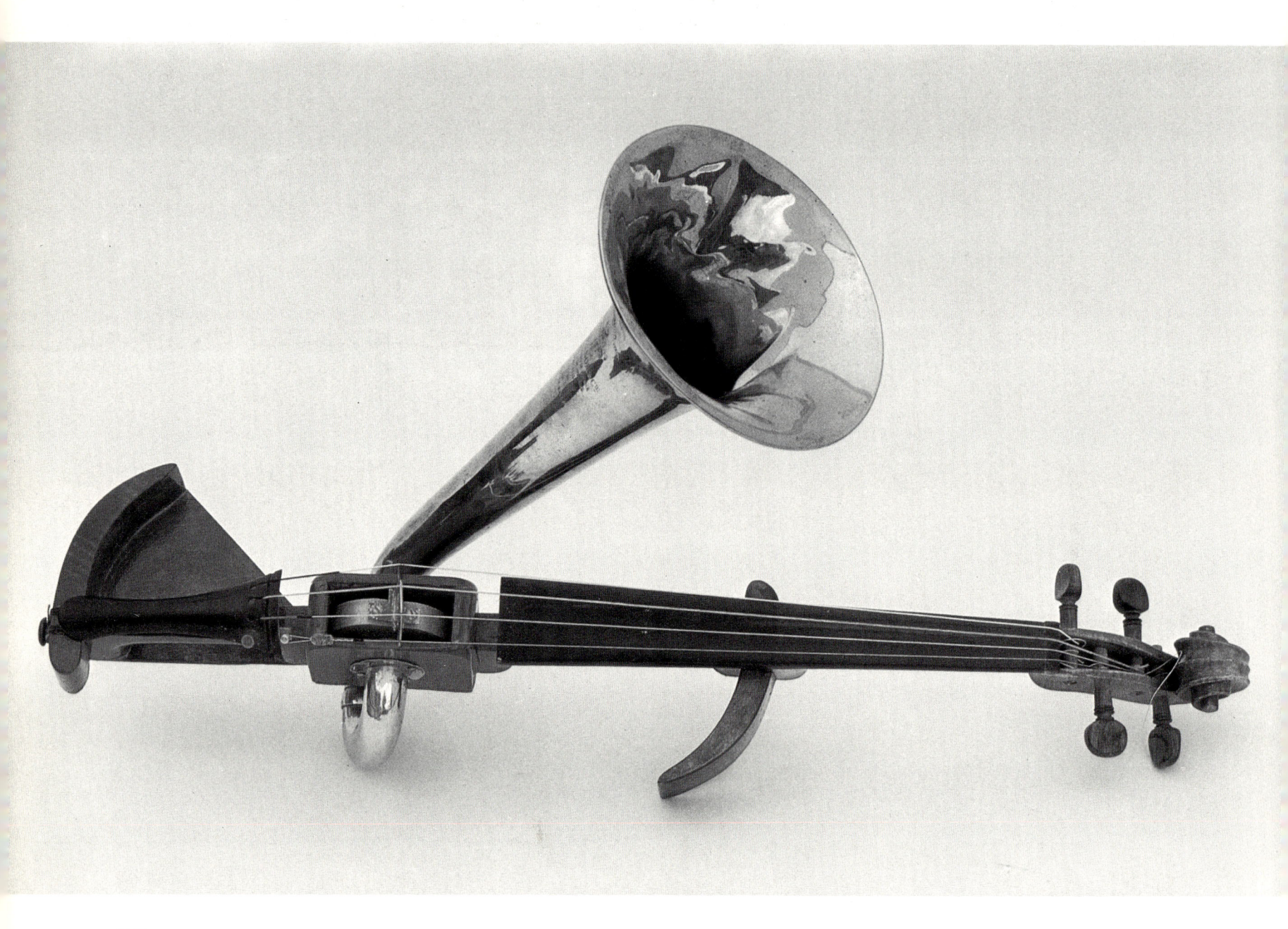

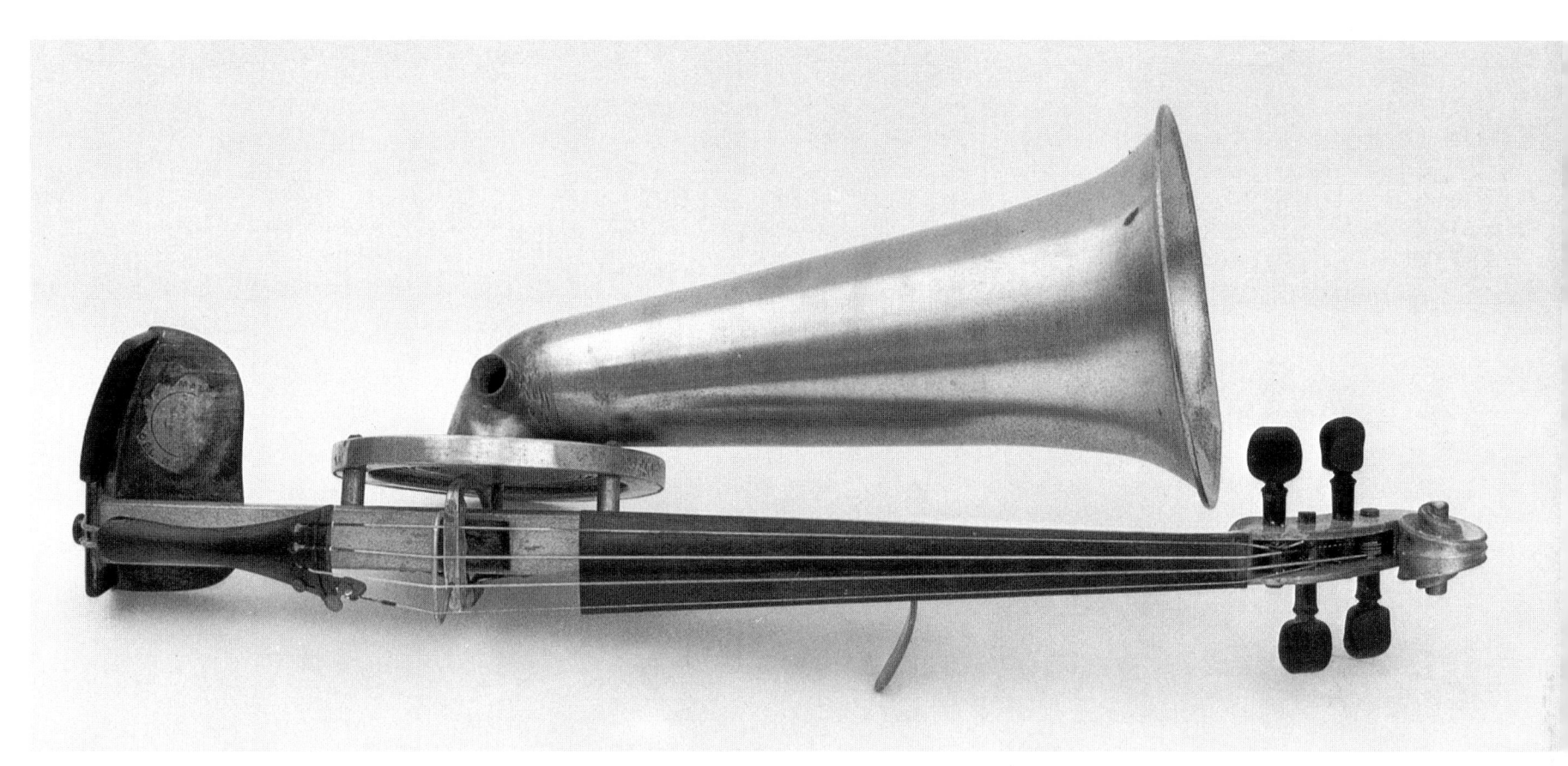

Dieses Phantasie-Instrument mit nur einer Saite wurde zwischen den Knien gehalten und mit dem Bogen gespielt. Auf der Plakette steht die Herkunftsbezeichnung Concert Model British Manufacture.

Diese Violine mit großer Aluminiummembran ist deutscher Herkunft: *Tiebel-Violine D.R.W. 2355993*. Sie trägt das Schild eines Verkäufers in - Saloniki!

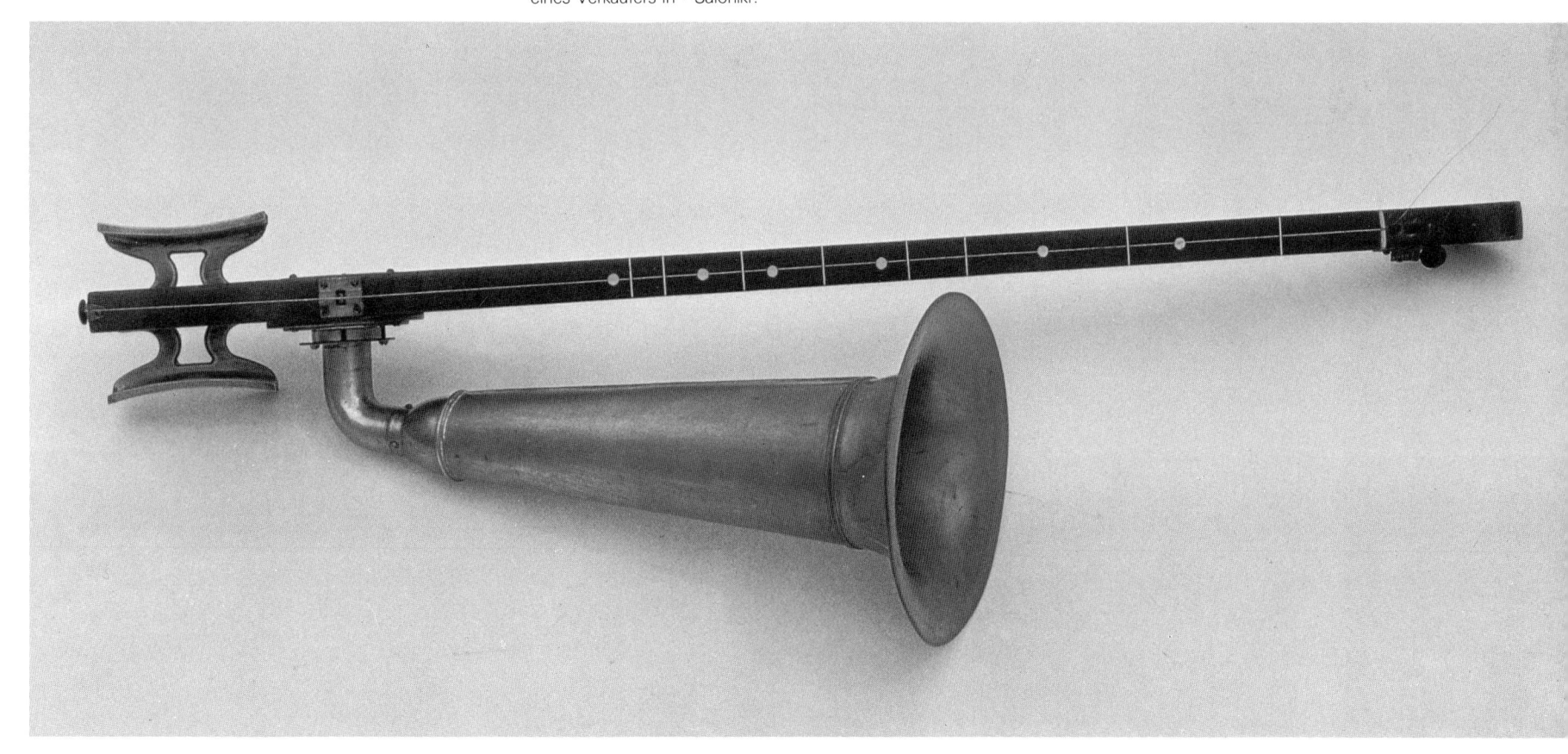

100
MARSCHALL
GOLDEN-
NEEDLES
EACH PLAYS 10 RECORDS
MADE IN GERMANY
GRAMMOPHON
Zukunft-Nadeln
sehr laut
Herold-D
200
BRITISH MANUFACTURE
POINT
EXTRA FORT
AIGUILLES SPÉCIALES
MARQUE DE FABRIQUE
SUPER NEEDLES
REGISTRED ELECTRIC
ASNIÈRES
Etabs
R. HU
BOUL
EROLD
ER SALON
r leise
'FORTES'
La Voix
FEINSTE
RSCHALL-NADELN
HEROLD
ORIGINAL
DURA
200
EXTRA FINE POINTED
„PERFECTION" NEEDLES
EVEREST
NADEL
STARKTON
POUR
Herold
Salon-Nadeln
Marke
Sem
25 AU

Rund ums Grammophon

Ein Fabrikant, der sich in den Gründerjahren im Wettbewerb behaupten wollte, mußte immer neue Fassungen und Stilvariationen des Grammophons herausbringen: Man kopierte, man kupferte die technischen Details voneinander ab, und was die Namen betrifft, so trieb man ein munteres Verwirrspiel mit *Grammophonen*, *Grimophonen* und *Graphophonen*. Leichter war es da schon, originelle Schachteln für die Nadeln oder Kästen zur Aufbewahrung der Walzen zu gestalten.

Die Plattentaschen wurden ebenfalls bald zu Werbeträgern. Die Platten der Primadonna Nellie Melba wurden 1904 in mauvefarbene, goldbedruckte Hüllen verpackt, die mit einem Photo der Sängerin verziert waren. Die Marke *Fonotipia* versah ihre Plattentaschen ebenfalls mit Künstlerphotos. Wie man uns heute antistatische Tücher anbietet, mitlaufende Plattenbesen, die den Staub aus den Mikrorillen holen sollen, usw. — so pries man auch damals Zubehör an, das manchmal nützlich, oft aber auch nur phantasievoll war. Fast alle Platten, ob nun für Saphir oder Nadel, sollten unverwüstlich sein — trotzdem verkaufte man allerlei Mittelchen, die eine Abnutzung oder Beschädigung der Platten verhindern sollten.

Noch zu Anfang des Jahrhunderts wurden Grammophone und Schallplatten in Spielwarenläden und Fahrradgeschäften verkauft. Im «Illustrierten Hauptkatalog» 1912 der Deutschland-Fahrradwerke August Stukenbrok, Einbeck, werden neben Fahrrädern, Nähmaschinen, sämtlichen «Radfahrer-Bedarfs-Artikeln» auch *Astephon*-Sprechmaschinen und Schallplatten angeboten sowie alle möglichen Ersatzteile: Trichter, Tonarme, Tellerbremsen, Zugfedernfett und natürlich auch Sprechmaschinennadeln – aus «bestem Stahlmaterial» oder aus Glas.

SCHACHTELN FÜR DIE NADELN

Bei der vertikalen Schallaufzeichnung auf Walze oder Platte wurde der Saphir mit rundem Kopf praktisch nicht benutzt, da er Stöße nicht verträgt und leicht bricht. Die für die Plattenwiedergabe verwendeten Nadeln bestanden aus gehärtetem Stahl. Da sie immer eine scharfe Spitze haben mußten, wurde die Nadel nach dem Abspielen einer Plattenseite jeweils gewechselt. Durchmesser und Länge der Nadel bestimmten die Lautstärke, so daß die Nadeln nach ihrer Leistung unterschieden wurden: leise, mittel, stark und extrastark. Daneben wurden auch immer wieder Nadeln für längeren Gebrauch angeboten: 10, 50 100 oder mehr Abspielungen. Im nächsten Kapitel werden wir erfahren, daß man die Nadeln auch selbst wieder spitzen konnte.

Die Schachteln, in denen die Nadeln verkauft wurden, trugen meist bunte Etiketten mit den Markenzeichen der Geräte, mit den Namen der Verkäufer oder mit den verschiedensten Zeichen und Symbolen, die wir hier gar nicht alle aufzählen können, so groß ist die Vielfalt: Seehund, Löwe, Bischof, Clown, Pferd, Hahn...

◄ Eine Auswahl von Schachteln zur Aufbewahrung der Nadeln. Der internationale Markt wurde von deutschen Fabrikaten beherrscht. Jeder Grammophon-Lieferant legte jedoch Wert darauf, Schachteln mit seinem Markenzeichen anzubieten.

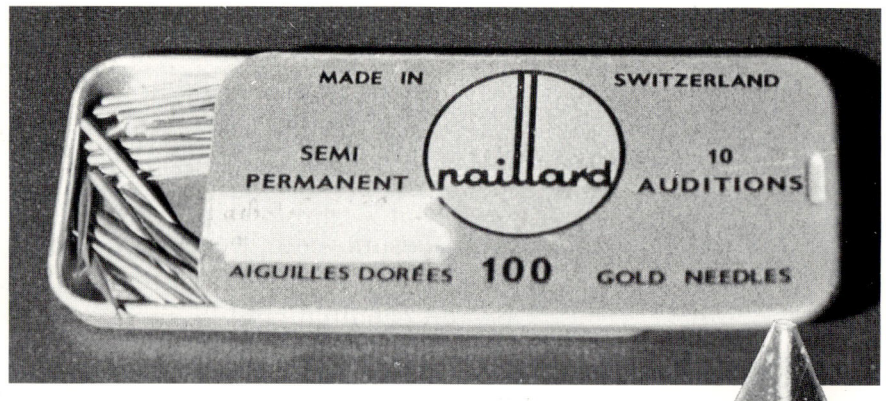

Ganz im Stil der dreißiger Jahre: eine Nadelschachtel von Pathé. Auf den Schachteln der Zonophone ist ein Plattenspieler abgebildet. Die Pyramide diente als Nadelspender, die Nadeln fielen aus ihrer Spitze. Die Gramophone brachte überall den Hund Nipper als Markenzeichen an, das auch von anderen Herstellern gefälscht wurde – siehe unten.

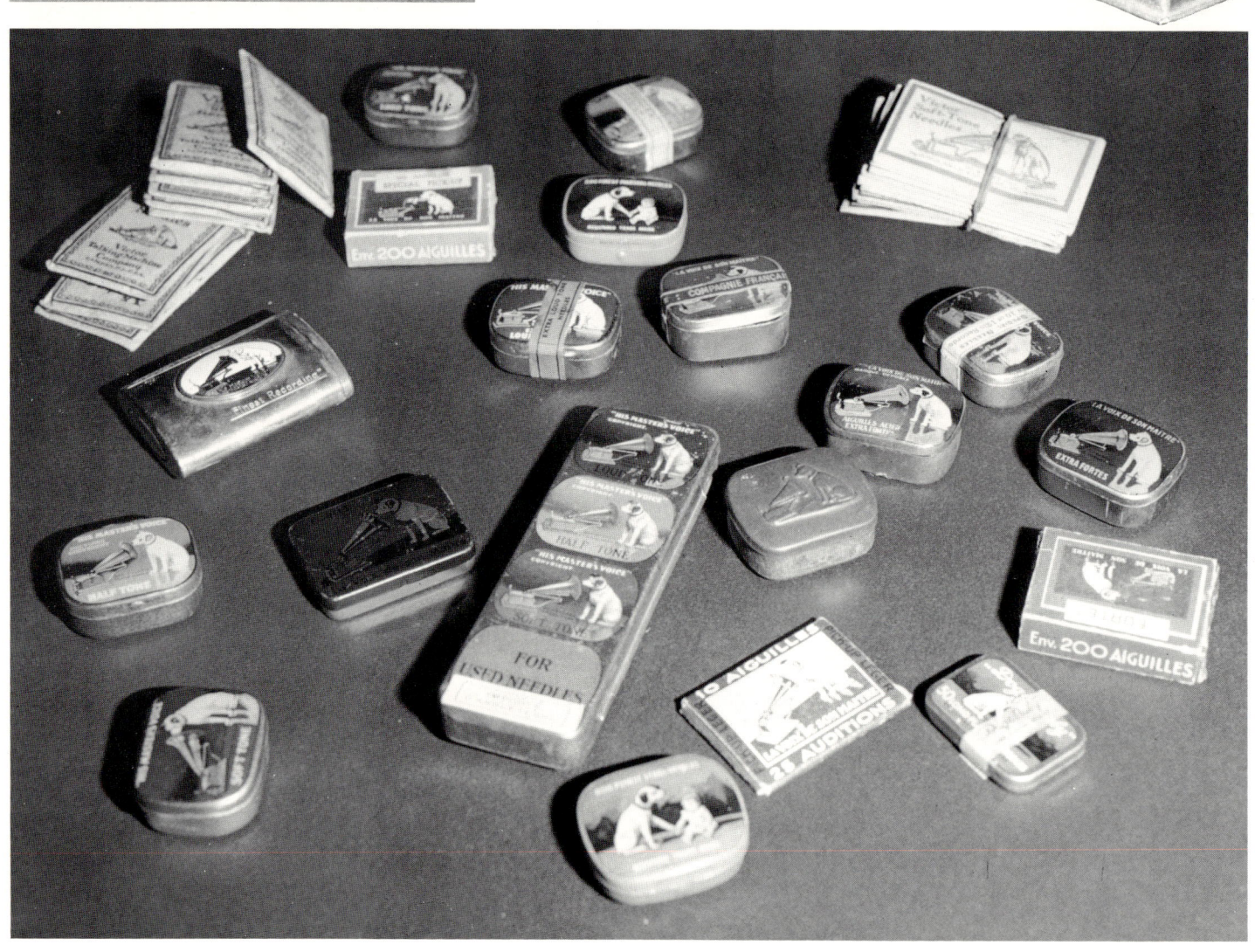

NADELSPITZER

Mit einer nicht mehr ganz spitzen Nadel ließ sich keine gute Tonqualität erreichen, außerdem wurden die Rillen der Schallplatte beschädigt. Diese Abnutzungsgefahr ließ sich verringern, indem man für jede Plattenseite eine neue Nadel einsetzte. Andere Hersteller empfahlen statt der Stahlnadel weichere Materialien: Holzstifte, Bambusfibern, Schweineborsten, Nadeln aus Knochen oder Horn usw. Die englischen Plattenliebhaber legten anscheinend ganz besonderen Wert auf Qualitätsnadeln: Das ist selbst heute noch zu merken, da die Schallplatten aus britischen Kollektionen im allgemeinen am besten erhalten sind — zur großen Freude der Sammler.

Die weichen Nadeln mußten häufig angespitzt werden, wozu es zwei Möglichkeiten gab: Die kleinen dreikantigen Bambusstücke wurden mit einer Spezialzange abgeschnitten, und die Nadeln aus Pflanzenfasern und ähnlichem Material wurden mit Schleifpapier behandelt. Der Erfindungsreichtum der Fabrikanten war erstaunlich. Bereits 1907 gab es in den USA ein Patent für Bambusnadeln. Die weichen Spitzen widerstanden nicht immer den tiefen Rillen (bei lauten und hohen Tönen) — und die Vorführung endete unter Knirschen und Jammern. Aber solche unschönen Geräusche kann es ja auch heute noch geben, wenn die Saphire und Diamanten bei unseren HiFi-Geräten nicht richtig justiert sind.

Ein Nadelschleifgerät englischer Herstellung. Ein mit Schmirgelpapier bezogenes Rad spitzt die Nadel wieder zu.

Nadeln aus Bambusfibern waren für ihre gute Tonqualität bekannt. Sie mußten häufig nachgespitzt werden, wozu dieser Apparat *His Master's Voice* diente.

GESCHWINDIGKEITSMESSER

Heute geben wir uns weit mehr Mühe, alte Platten originalgetreu abzuspielen, als man es zu Beginn des Jahrhunderts tat. Die Aufnahmeapparate, mit denen man durch Europa reiste, drehten sich nicht immer mit der gleichen Geschwindigkeit, die Wiedergabegeräte waren nicht weniger ungenau — und so waren die Unterschiede zwischen Aufnahme und Wiedergabe manchmal enorm. Bei schnellerem Lauf stieg der Ton an, er sank bei langsamem Lauf.

Ein 1965 erschienenes Buch analysierte alle von Caruso eingespielten Platten. Die Aufnahmegeschwindigkeit war alles andere als konstant: 75 Umdrehungen pro Minute bei ZONOPHONE, 71 Umdrehungen pro Minute bei den ersten GRAMOPHONE-Platten und sogar nur 67 Umdrehungen pro Minute bei den Aufnahmen von 1902. Der berühmteste Tenor der Welt konnte also nur unter Schwierigkeiten original gehört werden — oft genug mag seine Stimme verfälscht aus dem Trichter geklungen haben!

Gewöhnlich sind die Platten mit «78 tours» bezeichnet — was jedoch nur selten stimmt. Die Saphire von PATHÉ zum Beispiel waren für eine Umdrehungszahl von 80 bis 120 pro Minute gedacht.

Einige Grammophone waren mit Kontrollmarkierungen versehen. Bettini hatte für seine Walzen-Phonographen einen Drehzahlmesser herausgebracht, der nach dem Fliehkraftprinzip arbeitete. An dem Modell *Tandem* ließ sich die Drehzahl genau einstellen.

Dieses Gerät zur Kontrolle der Laufgeschwindigkeit von Paillard ist einfach zu bedienen: Es wird an der Achse des Plattentellers befestigt, der Motor wird in Gang gesetzt, und wenn der Teller sich mit 78 Umdrehungen pro Minute dreht, legt sich der Arm auf die Markierung.

WALZENBEHÄLTER

Die Walze hatte gegenüber der Schallplatte einen großen Nachteil: Die Wachswalze war sehr zerbrechlich und ließ sich daher nur schwer aufbewahren. Schon während der Herstellung mußten die (geschnittenen oder gepreßten) Walzen transportiert werden. Man entwarf also Pappkästen, die innen mit Filz ausgeschlagen waren, nur wußte man damals noch nicht, daß die Walzen gegen Feuchtigkeit empfindlich waren und daß der Filz leicht die für Walzen verheerende Feuchtigkeit anzog. Schimmelpilze überzogen die Wachswalzen, zerstörten die Oberfläche, und die Aufnahmen wurden in schreckliche Kratzgeräusche verwandelt.

Die von Lioret gefertigten unzerbrechlichen Zelluloidwalzen wurden in ungefütterten Schachteln verschickt. Die großen *Stentor*-Walzen wurden zuweilen von einem Dorn gehalten, der verhindern sollte, daß die Oberfläche der Walze mit dem Karton in Berührung kam.

Die Schachteln waren gewöhnlich nur mit einfachen Etiketten versehen, die auf den Deckel geklebt wurden. Edison ließ allerdings immer sein Porträt und sein Markenzeichen auf den Umfang der zylindrischen Behälter drucken.

Es ist unmöglich, ein komplettes Verzeichnis aller Walzenmarken aufzustellen, so viele waren es. Hersteller, Verkäufer, Wachslieferanten – alle verwendeten eigene Etiketten.

Die vier Größen der *Lioret*-Walzen: Nr. 1 Länge 1,7 cm Abspieldauer 30 Sekunden
Nr. 2 Länge 2,4 cm Abspieldauer 1 Minute
Nr. 3 Länge 4   cm Abspieldauer 2 Minuten
Nr. 4 Länge 8   cm Abspieldauer 4 Minuten

Zeichnung und Beschriftung dieser Walzenhülsen sind typisch für den Stil um 1900.

186

SCHALLPLATTEN UND PLATTENHÜLLEN

Die verschiedenartigen Plattenhüllen und Labels sind für den Sammler natürlich auch von Interesse. Die Mode wechselte: Mal waren die Etiketten reich verziert und bebildert, oft mit Künstlerphotos, mal waren sie schlicht und vornehm gestaltet.

Ein Kapitel für sich sind die farbigen, gänzlich mit Bildern bedruckten und beschrifteten Schallplatten (vor allem der Marke *Saturn*) sowie die Spezialpostkarten für Tonaufnahmen. *Photosonor*, *Radiola* und *Pastel* brachten illustrierte biegsame Platten heraus. Bei PATHÉ-MARCONI erschienen in dieser Aufmachung Kinderlieder unter dem Label *Lutin*.

Über die alten Schallplatten selbst muß natürlich ein anderes Buch geschrieben werden. Was sind nicht alles für Kostbarkeiten seit der Erfindung des Grammophons in Wachs gepreßt worden: Komponisten mit ihren eigenen Werken, Künstler, die ihre Rollen weltberühmt machten, geniale Dirigenten, unvergeßliche Interpreten, große Schauspieler, Kabarettisten, Vertreter der leichten Muse, Schlagersänger, Jazzmusiker — fürwahr ein weites Feld für den Sammler: das Programm zu Beginn des Jahrhunderts!

Verschiedene bebilderte Schallplatten. Die *Pathé*-Platte ist als einzige nur einseitig bespielt. Die anderen Platten stammen aus der Zeit zwischen 1931 und 1950.

Das Lied von der «Kleinen Eisenbahn», illustriert mit Motiven des Textes.

BIBLIOGRAPHIE

BAUER, ROBERT, *The new Catalogue of Historical Records, 1898-1908/9*, London, Sidgwick and Jackson Ltd., 1947

BESCOBY-CHAMBERS, JOHN, *The Archives of Sound*, The Oakwood Press, 1964

BLUME, FRIEDRICH, *Musik in Geschichte und Gegenwart*, hierin: REINECKE, *Schallaufzeichnung*, Kassel, o.J.

BRINCOURT, MAURICE, *L'Exposition universelle de 1889*, Firmin-Didot et Cie, 1890

CARUSO, DOROTHY and GODDARD, TORRANCE, *Wings of Song, The Story of Caruso*, Minton, Balch et Company, New York, 1928

CARUSO, DOROTHY, *Enrico Caruso, his Life and Death*, Simon and Schuster, New York, 1945

CHARBON, PAUL, *Le Phonographe à la Belle Epoque*, Sodim, Bruxelles, 1977

CHARLUS, *J'ai chanté...* Le Progrès de l'Oise, 1950

CHEW, V. K., *Talking Machine*, Her Majesty's Stationary Office, 1967

CŒUROY, ANDRÉ (JEAN-BELIME) et CLARENCE, G., *Le Phonographe*, Editions Kra, 1929

COPPOLA, PIERO, *Dix-sept Ans de Musique à Paris*, F. Rouge et Cie S.A., Lausanne, 1944

COSTER, MICHEL DE, *Le Disque, Art ou Affaires?*, Presses Universitaires de Grenoble, 1976

CROS, CHARLES, *Œuvres complètes*, Bibliothèque de la Pléiade, Gallimard, 1970

DESBEAUX, EMILE, *Physique populaire*, Flammarion, 1891

FAVIA-ARTSAY, AIDA, *Caruso on Records*, The Historic Record, Valhalla, New York, 1965

FIGUIER, LOUIS, *Les Grandes Inventions*, Hachette, 1896

FORD, HENRY, et CROWTHER, SAMUEL, *Mon Ami Mr. Edison*, Sté Parisienne d'Edition, 1932

FORESTIER, LOUIS, *Charles Cros*, Poètes d'aujourd'hui, N° 47, Pierre Seghers, 1972

GAISBERG, FRED W., *Music on Record*, Robert Hale, 1947

GAUTIER, EMILE, *Le Phonographe, son Passé, son Présent, son Avenir*, Flammarion, 1905 (?)

GELATT, ROLAND, *The Fabulous Phonograph*, Cassel and Company Ltd., London, 1956

GENARD, PAUL, *Cinéma d'où viens-tu?*, C.R.D.P. Lyon, 1975

GILOTAUX, PIERRE, *L'Industrie du Disque*, Que sais-je? Presses Universitaires de France, 1962

GUILBERT, YVETTE, *La Chanson de ma Vie*, Bernard Grasset, 1927

GUILBERT, YVETTE, *La Passante émerveillée*, Bernard Grasset, 1929

HEMARDINQUER, PIERRE, *Le Phonographe et ses Merveilleux Progrès*, Masson, 1930

HEMARDINQUER, PIERRE et DUMESNIL, RENÉ, *Le Livre du Disque*, Etienne Chiron, 1931

HETTINGER, PHILIPPE, *Travail et Progrès*, Librairie Commerciale, 1905

HURM, HORACE, *La Passionnante Histoire du Phonographe*, Les Publications techniques, 1944

HURST, P. G., *The Golden Age Recorded*, OAK Press, 1963

JOSEPHSON, MATTHEW, *Thomas Alva Edison*, München, 1969

JÜTTEMANN, HERBERT, *Phonographen und Grammophone*, Braunschweig, 1979

MEADOWCROFT, WILLIAM H., *Edison*, Payot, 1929

MONCEL, LE COMTE TH. DU, *Le Téléphone, le Microphone, et le Phonographe*, Bibliothèque des Merveilles, 1878

MOUCHON, JEAN-PIERRE, *Enrico Caruso, 1873-1921, sa Vie et sa Voix*, J.-P. Mouchon, 1966

NORTHROP MOORE, JERROLD, *A Voice in Time*, Hamish Hamilton, 1976

PARES, PHILIPPE, *Histoire du Droit de Reproduction mécanique*, La Compagnie du Livre, 1953

PATHÉ, CHARLES, *De Pathé Frères à Pathé Cinéma*, Collection Premier Plan, SERDOC, 1970

PETTS, LEONARD, *The Story of Nipper and the His Master's Voice Picture painted by Francis Barraud*, Talking Machine Review International, 1973

READ, OLIVER and WELCH, WALTER L., *From Tin Foil to Stereo*, Howard W. Sams & Co., 2° Edition, 1976

REINECKE, HANS-PETER, *Stereo-Akustik*, Köln, 1966

RIESS, CURT, *Knaurs Weltgeschichte der Schallplatte*, Zürich, 1966

ROSENBOM, E., und andere: *Das Buch der Erfindungen, Gewerbe und Industrien*, Bd. II, Leipzig, 1898, und Ergänzungsband 2, Leipzig, 1880

ROSSET, THÉODORE, *Recherches expérimentales pour l'Inscription de la Voix parlée*, Armand Colin, 1911

ROUSSELET, LOUIS, *L'Exposition universelle de 1889*, Hachette et Co., 1890

VRIES, LÉONARD DE, *Les Folles Inventions du XIXe Siècle*, Editions Planètes, 1972

WEISS, EUGÈNE H., *Phonographes et Musique mécanique*, Hachette, 1930

Festschrift: *25 Jahre Carl Lindström AG*, Berlin, 1929

Bei der Verwirklichung dieses Buches haben in dankenswerter Weise mitgewirkt: Marie-France Calas, Département de la Phonothèque Nationale et de l'audio-visuel de la Bibliothèque Nationale; M. Jean-Pierre Le Pavec, Centre culturel communal de Saint-Denis; Robert Capia, Edouard Pécourt, Georges Roussillon, Alain Vian, Bernard Gérard, Hans-Peter Reinecke, Klaus Herrmann.

Die Fotos wurden freundlicherweise zur Verfügung gestellt von:

Arbeitsausschuß «100 Jahre Tonträger», IFPI-Bildarchiv, Hamburg
Bibliothèque Nationale, Paris / Edita
Bernard Gérard
Pierre Jaccard
Daniel Marty
Polygram Record Service GmbH, Hannover